VISÕES CRÍTICAS DO PROCESSO CIVIL BRASILEIRO

uma homenagem ao Prof. Dr. José Maria Rosa Tesheiner

V485 Visões críticas do processo civil brasileiro: uma homanagem ao Prof. Dr. José Maria Rosa Tesheiner / Daisson Flach ...[et al.]; coords. Guilherme Rizzo Amaral, Márcio Louzada Carpena – Porto Alegre: Livraria do Advogado Ed., 2005.
244 p.; 16x23cm.

ISBN 85-7348-343-1

1. Processo civil. I. Amaral, Guilherme Rizzo, coord. II. Carpena, Márcio Louzada, coord. III. Daisson Flach.

CDU - 347.9

Índice para o catálogo sistemático:

Processo civil

Guilherme Rizzo Amaral
Márcio Louzada Carpena
Coordenadores

VISÕES CRÍTICAS DO PROCESSO CIVIL BRASILEIRO

Daisson Flach
Daniel Francisco Mitidiero
Guilherme Rizzo Amaral
Guilherme Tanger Jardim
Hermes Zaneti Junior
Jair Pereira Coitinho
João Paulo Lucena
Júlio Cesar Goulart Lanes
Márcio Louzada Carpena
Valternei Melo de Souza

uma homenagem ao Prof. Dr. José Maria Rosa Tesheiner

livraria DO ADVOGADO editora

Porto Alegre 2005

Capa, projeto gráfico e composição de
Livraria do Advogado Editora

Revisão de
Rosane Marques Borba

Livraria do Advogado Editora Ltda.
Rua Riachuelo, 1338
90010-273 Porto Alegre RS
Fone/fax: 0800-51-7522
livraria@doadvogado.com.br
www.doadvogado.com.br

Impresso no Brasil / Printed in Brazil

Sumário

Prefácio

"THERE IS MORE truth in law than in lawyers, more poetry in justice than in judges. But once in a while a man mounts the bench with salt of life, the spice of wisdom, and the sweetness of humor blended in him so subtly yet so successfully that those who are quite unlearned in the law glimpse some of its beauties."

LOTH, David. Chief Justice John Marshall and the Growth of the Republic. New York: WW Norton & Company Inc., 1949, p. II.

Há, como referiu LOTH, mais verdade no direito do que nos advogados, e mais poesia na justiça do que nos juízes. Mas, de vez em quando, determinadas pessoas, pela vivacidade, sabedoria e, acima de tudo, pelo bom humor com que conduzem suas vidas, permitem mesmo àqueles que não têm uma exata compreensão do direito, perceber algumas de suas belezas.

É uma destas pessoas, especialmente cara para todos nós, que pretendemos homenagear com esta obra, eis que completa 70 anos de vida, muitos dos quais dedicados a nos mostrar, com suas obras, aulas e conversas sempre amigáveis e calorosas, o direito como ele verdadeiramente é.

Nascido em Bento Gonçalves-RS, em 30 de agosto de 1934, filho de Antônio Tesheiner e de Josephina Pallauro Tesheiner, nosso querido professor José Maria Rosa Tesheiner, homenageado desta obra, é homem modesto, dificilmente visto propalando suas inúmeras virtudes. Exemplo disso ocorreu em recente programa televisivo realizado pela "TV Justiça", em Porto Alegre-RS. Indagado pelo repórter sobre seu ingresso na carreira acadêmica, o professor o atribuiu quase a um mero acaso. Afirmou ter escrito um "artigo", sobre a *coisa litigiosa*, para ser publicado em revista jurídica na qual vinha, há muito, inserindo trabalhos de sua autoria. Os editores do periódico, por entenderem que a publicação de "mais um" estudo do professor Tesheiner tornaria a revista demasiadamente identificada com o mesmo – como se isso fosse algum problema! –, recusaram-se a publicar aquele "artigo". Para provar o equívoco dos editores da revista, nosso homenageado resolveu apresentar seu trabalho como tese de livre docência na Universidade Federal do Rio Grande do Sul, com o que logrou êxito em concurso público, recebendo o título de Doutor e Livre Docente!

Ao publicar sua brilhante tese, em 1973, resolveu o professor acrescentar um ponto de exclamação ao final do título, quedando este "Cousa Litigiosa!". Indagado, em conversa particular, acerca da razão pelo qual inserira o ponto de exclamação, surpreendeu-nos mais uma vez o professor, justificando que se inspirara na produção cinematográfica norte-americana "Oklahoma!" – adaptação de musical da Broadway de 1943 – cujo ponto de exclamação no título, diziam os especialistas de Hollywood, chamaria a atenção do público e aumentaria o sucesso do filme. Talvez, confessa o professor já às gargalhadas, o mesmo júbilo estaria destinado ao livro se recebesse o acréscimo da exclamação!

Conta-nos ainda o professor Tesheiner que guardou seu diploma de livre docente em uma gaveta, somente lembrando do mesmo quando, em 1998, aposentado como Desembargador do Tribunal de Justiça do Estado do Rio Grande do Sul, foi convidado pela Pontifícia Universidade Católica do Rio Grande do Sul para lecionar no curso de mestrado daquela instituição.

Quem ouve estas histórias, na voz serena e no tom sempre bem humorado do professor Tesheiner, surpreende-se com sua maneira simples e alegre de encarar a vida, e, ao mesmo tempo, com sua impressionante modéstia, que não permite reconhecer, muitas vezes, a brilhante trajetória empreendida ao longo de seus 70 anos, em plena e constante ascendente nos dias de hoje.

Tesheiner transitou por quase todas as áreas relacionadas ao direito. Trabalhou como advogado na área privada e na área pública (1967-1978), onde chegou a Consultor-Geral do Estado (cargo hoje equivalente a Procurador-Geral do Estado). Foi Pretor na Comarca de Não Me Toque-RS (1961-1963) e nomeado, em outubro de 1978, Juiz do Tribunal de Alçada do Estado do Rio Grande do Sul. Iniciou, aí – ressalvada a anterior experiência como Pretor –, sua brilhante trajetória como magistrado, chegando a presidir aquele Tribunal entre 1981 e 1983. Nomeado Desembargador do Tribunal de Justiça do Estado do Rio Grande do Sul em 1994, lá proferiu suas memoráveis decisões até 1998, quando, então, se aposentou.

A verdade, no entanto – diferentemente do que muitas vezes nos conta o homenageado –, é que, durante a sua vida, desde sua opção pela carreira jurídica, nosso professor se fez bastante presente no meio acadêmico, marcando a vida de inúmeras pessoas, dentre as quais os que aqui se apresentam para homenageá-lo. À frente dos cursos de pós-graduação da PUCRS, após ter, por longo tempo, exercido também a docência na Universidade Federal do Rio Grande do Sul, nosso homenageado tem conduzido uma série de jovens estudiosos pelos árduos caminhos do conhecimento, empregando técnicas inovadoras, que fazem de Tesheiner um homem à frente do seu tempo.

Mantém, hoje, um *site* na internet – http://www.tex.pro.br –, onde fomenta a pesquisa científica do processo civil brasileiro, com suas críticas sobre obras jurídicas, com artigos seus e de diversos colaboradores, e, para a felicidade geral da comunidade jurídica, com a íntegra de boa parte de seus livros, disponíveis para *download*! É o conhecimento ao alcance de todos, graças ao espírito gregário, filantropo e inovador de José Maria Rosa Tesheiner.

Conduz ainda Tesheiner, além do curso de doutorado e mestrado da Pontifícia Universidade Católica, juntamente com o Professor Doutor Araken de Assis, o curso de especialização à distância em processo civil, gravando debates e aulas "multiprofessorais" em tecnologia digital – *DVD* – e permitindo a sua distribuição para bibliotecas e outras instituições. Quando muitos estão ainda ligados a métodos retrógrados e falidos de ensino, o professor Tesheiner está sempre inovando, buscando novas alternativas, e surpreendendo a todos com sua criatividade.

Em verdade, Tesheiner é daquelas pessoas que nos emociona e fortifica com seu vigor. Recentemente, quando convidado, por um dos que ora o homenageia, a ministrar uma aula magna sobre Teoria Geral do Processo (matéria sobre a qual muito escreveu em seus livros e artigos) em um curso de especialização, aceitou de pronto o convite com o entusiasmo e a alegria típicos de um professor que iria ministrar sua primeira conferência. Com grande preocupação, no entanto, pediu tempo para pensar sobre o assunto que iria desenvolver na dita aula, já que, segundo afirmou, tinha a "obrigação de trazer coisas novas. De inovar."

Não iremos, aqui, todavia, uma vez designados porta-vozes de todos que estão a homenageá-lo, sequer tentar analisar toda a sua produção cientifica e seus feitos na vida acadêmica. Isto seria impossível, no exíguo espaço destinado a um prefácio.

Aqueles que ainda não conhecem a franqueza e o rigor científico que José Maria Rosa Tesheiner imprime em seus escritos estão perdendo uma oportunidade riquíssima de vislumbrar a beleza do processo civil, assim como suas idiossincrasias, bem apontadas e criticadas pelo sábio professor.

Gostaríamos, apenas, de deixar registrados os agradecimentos de todos os escritores que colaboraram para esta obra, pela pessoa sensacional que José Maria Rosa Tesheiner é, e pela importância marcante que teve tem, e sempre terá em nossas vidas.

Professor, como frutos da semente acadêmica plantada nas mentes destes jovens articulistas, devolvemos-lhe nossas "visões críticas do processo civil brasileiro". Um feliz aniversário e, mais uma vez, muito obrigado!

Guilherme Rizzo Amaral
Márcio Louzada Carpena
(coordenadores)

— 1 —

Processo e realização constitucional: a construção do "devido processo"

DAISSON FLACH

Sumário: 1. Introdução; 2. Constituição e processo, entre realidade e normatividade; 3. O devido processo constitucional brasileiro em construção; 4. As tutelas de cognição sumária como manifestação visível do novo paradigma de efetividade; 5. O "santo de barro".

"O Direito é um modo de resolver casos concretos. Assim sendo, ele sempre teve uma particular aptidão para aderir à realidade: mesmo quando desamparado pela reflexão dos juristas, o Direito foi, ao longo da História, procurando as soluções possíveis".[1]

1. Introdução

As reflexões sobre as relações entre processo e Constituição, incrementadas a partir da segunda metade do século XX, têm oferecido aos estudos processuais contribuições inestimáveis. A chamada "constitucionalização" do processo abriu perspectivas até então inexploradas, levando a uma nova compreensão da própria função do processo na tarefa de criação e aplicação do direito.

O tema ganhou em significado, também, a partir da própria evolução do pensamento jurídico que buscou, em revisão crítica, desatrelar-se das

[1] Antonio Menezes Cordeiro, em prefácio à edição portuguesa da obra de Canaris, Claus Wilhelm. *Pensamento Sistemático e Conceito de Sistema na Ciência do Direito*. Lisboa: Calouste Gulbenkian, 1989, p. XXIV.

teias conceituais do positivismo, revalorizando o pensamento sobre problemas, passando a acompanhar mais atentamente os avanços da filosofia prática.

O caminho inevitável de reaproximação do direito com a vida, desprendendo-se da cegueira metodológica que lhe foi imposta pelos postulados do racionalismo, conduziu o constitucionalismo dito pós-moderno a uma significativa evolução em temas centrais como o dos direitos fundamentais e sua forma de concreção. A experiência do formalismo, entretanto, não foi desprezada pelo direito constitucional que, compreendendo as inegáveis contribuições do pensamento sistemático, tratou de buscar construção conciliatória que contemplasse a flexibilidade inerente a um sistema tendencialmente aderente à realidade sem, entretanto, recusar obediência a princípios fundamentais que proporcionam legitimação e unidade valorativa à ordem constitucional.

A primeira parte deste trabalho analisa a importante contribuição do direito processual na tarefa concretizadora da Constituição, na medida em que seja o elo entre o texto constitucional e seu âmbito de aplicação.

No momento seguinte, versará o estudo sobre a construção e a estrutura do processo civil brasileiro, na perspectiva de sua aptidão para a realização dos valores constitucionais, pontuando aspectos essenciais da disciplina constitucional do processo, com vista a um paradigma emergente de valorização da efetividade.

Como manifestação visível desse novo paradigma, a terceira parte do trabalho discorre sobre a disciplina processual das tutelas de urgência, objeto de intenso debate doutrinário e igualmente intensa produção normativa.

A quarta e última parte faz um breve balanço dos temas versados e provoca reflexões quanto ao futuro do processo brasileiro, seus limites e possibilidades.

2. Constituição e processo, entre realidade e normatividade

A organização social, marcada na pós-modernidade pela enorme diversidade de interesses e de formas de atuação, exerce pressão permanente sobre sua estrutura jurídica. A energia criadora que emana do convívio social impõe a toda tentativa de evolução sistemática do direito o reconhecimento da precariedade do projeto e demanda uma abertura ao novo. Sob o impacto do real, arraigadas convicções parecem afundar desajeitadas como galeões pilhados e abatidos. Tal mobilidade exige permanente esforço de revisão de setores do sistema, sob pena de se transformarem em mera representação do passado, desprovida de eficácia e utilidade prática, quando não em substanciais entraves ao desenvolvimento social.

No contexto pós-moderno, a Constituição não mais pode ser vista meramente como vértice de derivação racional do sistema, e sim como "um estatuto reflexivo que, através de certos procedimentos, do apelo a auto-regulações, de sugestões no sentido da evolução político-social, permite a existência de uma pluralidade de opções políticas, a compatibilização dos dissensos, a possibilidade de vários jogos políticos, a garantia da mudança através da construção de rupturas".[2]

A concretização da ordem constitucional não se dá em ambiente estático, imutável, com uma constelação permanente de problemas e tensões. A força normativa da Constituição é algo que se dá a conhecer de forma móvel e progressiva, agregando elementos a partir do intenso entrechoque de idéias e interesses postos em debate, em um processo de depuração conceitual informado pela experiência prática e adaptativa de operação do sistema.

A Constituição deve permanecer aberta, conservando espaços para a evolução social, ao mesmo tempo em que se lhe impõe a tarefa de fixar, com caráter vinculante, as bases do ordenamento jurídico. Como manifestação da "consciência projetante do homem e da força conformadora do direito",[3] incumbe à Constituição a criação de um núcleo normativo, com função regulativa, que ofereça as condições estruturais e procedimentais para a tomada de decisões relativas aos espaços de conflito.

Ainda que reconhecida a transitoriedade dos arranjos sociais e políticos, ainda que admitida a impossibilidade de uma regulação onicompreensiva das relações que se dão na vigência de uma determinada ordem constitucional, a Constituição deve, com base em valores assentados – não necessariamente permanentes, mas histórica e culturalmente situados – regular "os procedimentos que devem fazer possível a resolução dos conflitos, através dos quais deve ter lugar um processo de formação de unidade política e por meio dos quais a decisão de questões abertas fique submetida a regras claras, compreensíveis, garantidoras, tanto quanto possível, de um resultado adequado. A importância de tais prescrições é tanto maior quanto mais aberta se mantém a Constituição em suas determinações de conteúdo, porque, embora a necessária abertura material perante múltiplos objetivos e interesses, outorgam uma forma estável de realização destes objetivos".[4]

---

[2] Teubner, Ladeur, referidos por Canotilho, em *Tópicos de Um Curso de Mestrado Sobre Direitos Fundamentais, Procedimento, Processo e Organização*. Boletim da Faculdade de Direito de Coimbra, 1990, p. 14.

[3] Canotilho. *Direito Constitucional*.Coimbra: Almendina, 1993.

[4] Conf. Hesse, Konrad. *Escritos de Derecho Constitucional*. Madrid: Centro de Estudios Constitucionales, 1992, p. 19-20.

O direito, como elemento ordenador e instrumento de controle social, postula um modelo estrutural com tendência generalizadora vinculado às questões centrais da evolução institucional e da decidibilidade dos conflitos.

Esta profunda relação existente entre a concretização da ordem constitucional e o aspecto dinâmico, processual, de sua realização, explica a grande relevância dada aos chamados *direitos fundamentais à organização e procedimento*, dentre os quais se inserem aqueles ligados diretamente ao processo judicial.

A idéia de legitimação pelo procedimento foi tratada com propriedade por Luhmann, ao afirmar que "a legitimação é obtida ao longo de uma série de interações previamente estruturadas em subsistemas de comunicação específicos, os procedimentos".[5]

A Constituição, assim, oferece condições para "uma abertura para o futuro", na forma de legitimar-se o direito, já que "prevê as condições de sua própria modificabilidade e isso juridicamente, acima de tudo, através de regras procedimentais".[6]

Construir as necessárias rupturas e projetar a ordem jurídica para o futuro, com recurso a um modelo de racionalidade dialética e discursiva, demanda regramento do debate, de forma a estabelecer condições de suportar as transições sem pôr em risco demasiado a estrutura jurídica, equalizando as pressões sociais de forma responsável e democrática, com acatamento dos princípios estruturais da ordem constitucional.

Conforme Teubner,[7] "mesmo as mais poderosas pressões só serão levadas em conta e elaboradas juridicamente a partir das formas como aparecem nas 'telas' internas, onde se projetam as construções jurídicas da realidade (*rechtlichen Wirklicheitskonstruktionen*). Neste sentido, as grandes evoluções sociais 'modulam' a evolução do Direito, que, não obstante, segue uma lógica própria de desenvolvimento".

Não se pode estabelecer, portanto, radical separação entre a Constituição jurídica e as condições concretas de sua realização, tampouco assimilar integralmente a Constituição aos circunstanciais arranjos do poder, desconsiderando sua força prospectiva. A eficácia normativa da constituição resulta de uma relação de coordenação entre "constituição real" e "constituição jurídica", em que uma não pode ser assimilada inteiramente à outra, tendo existências autônomas e distintas, embora reciprocamente condicionadas.

---

[5] Luhmann, Niklas. *Legitimação pelo procedimento*. Brasília: Ed. UnB, 1980, p. 38.

[6] Conf. Luhmann, apud Guerra Filho, Willis Santiago. *Processo Constitucional e Direitos Fundamentais*. São Paulo: Celso Bastos Editor, 1999, p. 25.

[7] Gunther Teubner, *apud* Guerra Filho, Willis Santiago. *Autopoiese do Direito na Sociedade Pós-Moderna*. Porto Alegre: Livraria do Advogado, 1997, p. 64.

Salienta Hesse,[8] que "a norma constitucional não tem existência autônoma em face da realidade. A sua essência reside na sua vigência, ou seja, a situação por ela regulada pretende ser concretizada na realidade. Essa pretensão de eficácia (*Geltungsanspruch*) não pode ser separada das condições históricas de sua realização, que estão, de diferentes formas, numa relação de interdependência, criando regras próprias que não podem ser desconsideradas".

Trabalha Hesse[9] com as noções de "*programa normativo*" e "*âmbito normativo*", desenvolvidas por Fredrich Müller.[10] A primeira ligada ao sentido da norma constitucional (prescrição jurídica originária – o sentido do texto da norma),[11] cujo conhecimento se dá pelo continuado trabalho exegético, no esforço de precisar as possíveis variantes de sentido do texto constitucional; a segunda determinada pelos dados de realidade oferecidos pelo problema concreto em análise.

No dizer de Hesse, "a través de una actuación 'tópica' orientada y limitada por la norma (lo que es tanto como decir vinculada por la norma) habrán de encontrar-se y probar-se puntos de vista que, procurados por via de la *inventio*, sean sometidos al juego de las opiniones em favor y em contra y fundamentar la decisión de la manera más clarificadora y convincente possible (*topoi*)". Seguindo o raciocínio, refere que o intérprete constitucional "se halla obligado a la inclusión em su 'programa normativo' y em su 'ambito normativo' de los elementos de concretización que le proporciona la norma constitucional misma así como de las diretrices que la Constituición contiene em orden a la aplicación, coordinación y valoración de dichos elementos en el curso de la solución del problema".[12]

A tarefa de concretização das normas constitucionais busca estabelecer, portanto, uma "coordenação objetiva", entre o significado que a elas seja atribuído e as condições reais de sua aplicação. "As possibilidades, mas também os limites da força normativa da Constituição resultam da correlação entre ser (*sein*) e dever ser (*solen*)".[13] O âmbito normativo

---

[8] Hesse, Konrad. *A força normativa da constituição*. Tradução de Gilmar Ferreira Mendes. Porto Alegre: Sergio Fabris Editor, 1991, p. 14.

[9] Conf. Hesse. *Escritos de Derecho Constitucional*. Madrid: Centro de Estudios Constitucionales, 1992, p.44, reconhecendo e remetendo às importantes contribuições de Friedrich Müller.

[10] "O teor literal expressa o 'programa da norma', a 'ordem jurídica' tradicionalmente assim compreendida. Pertence adicionalmente à norma, em nível hierarquicamente igual, o 'âmbito da norma', i. é, o recorte da realidade social na sua estrutura básica que o programa da norma 'escolheu' para si ou em parte criou para si como seu âmbito de regulamentação (como amplamente no caso de prescrições referentes à forma e questões similares)." (Müller, Friedrich. *Métodos de Trabalho do Direito Constitucional*. Revista da Faculdade de Direito da UFRGS. Tradução de Peter Naumann. Porto Alegre: Síntese, 1999, p. 48.)

[11] Conf. Friedrich Müller, *apud* Gavara de Cara, Juan Carlos. *Derechos Fundamentales y Desarrollo Legislativo*.Madrid: Centro de Estudios Constitucionales, 1994, p. 108.

[12] Hesse, Konrad. *Escritos de Derecho Constitucional*. Op. cit., p. 43.

[13] Idem. *A força normativa da constituição*. Op. cit., p. 24.

relaciona-se com o programa normativo, oferecendo-lhe dados do setor da realidade social em que deve ser aplicado. A norma deriva deste mútuo reconhecimento, estando ambas as dimensões inseridas na norma.[14]

Ainda que se possa ser prudente quanto ao reconhecimento de que se encontra inserida no conteúdo da norma a realidade por ela regulada, há de se admitir que o conhecimento da realidade sobre a qual deva incidir a norma é indispensável à tomada de qualquer decisão que envolva a concretização de norma constitucional, tanto mais de direito fundamental, cujo enunciado, por sua generalidade, carrega grande imprecisão semântica. A definição do âmbito normativo é indispensável à compreensão dos aspectos próprios da questão a decidir, constituindo dimensão iniludível da eficácia normativa da Constituição.[15]

A relação entre a Constituição, apreendendo o aspecto dinâmico e relacional de sua realização, e a idéia geral de *processo* (ou *processos formativos*, incluindo aqui também o processo de desenvolvimento normativo), coloca-se no centro do debate sobre a eficácia normativa da Constituição (como que dimensão do "ser aí" da Constituição). Toda a negociação de sentido, fundada em um modelo de racionalidade comunicativa pressupõe um regramento fundamental do diálogo.[16] Tal missão de proporcionar a aproximação entre as normas constitucionais e a realidade que pretendem regular se apresenta em todos os níveis de construção e operação do sistema.

É o processo judicial o lugar dessa alquimia, por realizar a sensível função de conexão entre a ordem jurídica constitucional e seu âmbito de realização material. Mesmo as questões cujo encaminhamento se dá pelas vias políticas acabam encontrando no Judiciário os limites e possibilidades

---

[14] Confr. Friedrich Müller, apud Gavara de Cara, Juan Carlos. Op. cit., p. 108.

[15] "Les éléments du champ normatif forment des *niveaux métodologiques intermédiaires de caractère typologique*. Ils spécifient un champ structurel réellement possible pour les cas juridiques qui doivent être potentiellement subordonnés à la prescription normative. Une méthodologie qui intègre ces élémments médiatise le cas d'espèce par le texte de norme sur la base du niveau intermédiaire formé par la 'typique de concrétisation' dessinée selon le programme normatif et le champ normatif. Le texte de norme et le cas d'espèce ne son pas des points-limite isolés de la production de la norme; ils sont au contrire intégralement incorporés à ce processus de production. Non seulement le texte de la norme doit être médiatisé par le cas d'spèce, mais aussi, rèciproquement, le cas par le texte." Conf. Müller, Friedich. *Discours de la Méthode Juridique*. Paris, Presses Universitaires de France, 1996, p. 294-295).

[16] No dizer de Boaventura de Souza Santos, "a verdade é a retórica da verdade. Se a verdade é o resultado, provisório e momentâneo, da negociação de sentido que tem lugar na comunidade científica, a verdade é intersubjetiva e, uma vez que esta subjetividade é discursiva, o discurso retórico é o campo privilegiado da negociação de sentido. A verdade é, pois, o efeito do convencimento dos vários discursos de verdade em presença. A verdade de um discurso de verdade não é algo que lhe pertença inerentemente, acontece-lhe no curso do discurso em luta com outros discursos num auditório de participantes competentes e razoáveis". (*Introdução a uma Ciência Pós- moderna*. Rio de Janeiro: Graal, 1989, p. 96-97.)

das soluções propostas. É no Judiciário, e mais especificamente no processo judicial, por sua acessibilidade, que as pressões sociais encontram sua feição especificamente jurídica e são remetidas a critérios intra-sistemáticos de decisão.[17] Neste contexto é que se pode vislumbrar o caráter instrumental do processo como espaço e veículo do embate dialético e da definição dos critérios de solução das contendas.

No dizer de Mauro Capelletti[18] o processo "es como un espejo, en el qual se hallan fielmente reflejadas las importantes questiones de la libertad y de la justicia, los grandes temas de las relaciones entre los indivíduos, grupos y estados".

A magnitude da tarefa desempenhada exige um processo em grande medida formalizado, submisso a regras e limitações prévias destinadas a harmonizar os vários compromissos assumidos que, considerados em seu conjunto e recíprocas implicações, conduzem a uma unidade valorativa ligada à função teleológica do direito e da Constituição.[19] Em tal dimensão, o processo deve ser um espaço de liberdade sem perder de vista que a liberdade no e para o processo pressupõe a compreensão de sua finalidade e não pode dela ser desligado.

Como bem aponta Ferraz Jr.,[20] analisando o processo judicial como sistema social, "todo sistema gera uma história e essa história particular, diferenciada da história global, nasce da participação dos sujeitos. Cada ação é sempre uma contribuição à geração de uma história própria. Essa é uma estrutura espacial que determina o que faz parte e o que se exclui do sistema, quais os comportamentos admitidos e os excluídos, e uma estrutura temporal, pelo estabelecimento de prazos e ordens temporais, pois nem tudo ocorre ao mesmo tempo. A constituição histórica da estrutura é paralela ao estabelecimento de regras (formais) do procedimento. Assim, a estrutura nasce de um processo histórico e normativo."

Os escopos do processo estão diretamente vinculados à missão de realização, na maior medida possível, da ordem constitucional. O processo judicial é, assim, não só o espaço privilegiado para a construção do signi-

---

[17] Como lucidamente adverte Ada Pellegrini Grinover, "isto significa, em última análise, que o processo não é apenas instrumento técnico, mas sobretudo ético. E significa, ainda, que é profundamente influenciado por fatores históricos, sociológicos e políticos. Claro é que a história, a sociologia e a política hão de parar às portas da experiência processual, entendida como fenômeno jurídico". (*Os Princípios Constitucionais e o Código de Processo Civil.* São Paulo: Bushatsky, 1975, p. 6)

[18] Capelletti, Mauro. *Algunas Reflexiones Sobre el Rol de los Estudios Procesales en la actualidad.* Revista de Direito Processual - REPRO, n.64. São Paulo: Revista dos Tribunais, 1991, p. 146.

[19] Conforme Canotilho, em *Direito Constitucional*, ob. cit p.637 e ss. Também Alexy, Robert. *Teoria de los Derechos Fundamentales.* Madrid: Centro de Estúdios Constitucionales, 1997, p.454 e ss.

[20] Ferraz Jr., Tércio Sampaio. *Estudos de Filosofia do Direito, reflexões sobre o poder, a liberdade, a justiça e o Direito.*São Paulo: Editora Atlas, 2003, p. 65.

ficado e de atribuição de conteúdo das normas,[21] mas também onde se revelam as pressões sobre a atividade de distribuição de justiça, a existência de lacunas e também os obstáculos de ordem formal que derivam de estágios intermediários de evolução do sistema. Atuando em coordenação com os demais princípios constitucionais, os direitos fundamentais de natureza processual funcionam como mandados de otimização,[22] determinando uma "normação intrinsecamente densificadora", além de "formas de organização e regulamentação procedimentais apropriadas".[23] O sistema processual revela suas virtudes na medida em que possa conservar a necessária elasticidade sem, contudo, afastar-se de sua inegável função de garantia e instrumento de realização de direitos democraticamente reconhecidos sendo, ele mesmo, diretamente informado pelos valores constitucionais. O papel instrumental do processo impõe-lhe estruturação material e normativa compatível, bem como operação comprometida com a concretização dos princípios constitucionais.

A Constituição não só estrutura o Judiciário como Poder, definindo suas atribuições, como também dita princípios dirigidos ao legislador sobre a edição de normas processuais, determinando produção legislativa que ofereça maior densidade aos direitos fundamentais em nível infraconstitucional. São exigências do devido processo legal constitucional, além do amplo acesso à justiça e os deveres organizacionais que dele derivam, a garantia de que não serão editadas leis incompatíveis com o exercício dos direitos e liberdades constitucionalmente assegurados. Neste sentido, o devido processo legal constitucional projeta sua eficácia também em direção à atividade legislativa, determinando, simultaneamente, tarefas e restrições consistentes ao poder de legislar. Toda a produção legislativa destinada à construção e modificação do sistema a partir da Constituição se põe diante da necessidade de fixar os limites de eficácia dos direitos fundamentais, definindo intensidades e âmbitos de atuação, considerando

---

[21] Segundo Dinamarco, "a Constituição age sobre o processo, garantindo-lhe os princípios básicos, para que o processo possa, depois, atuar convenientemente os preceitos e garantias que ela própria contém e que projeta sobre todo o ordenamento jurídico. A bipolaridade dessas influências associa-se, naturalmente, ao reconhecimento do poder que os juízes exercem, como guardas da Constituição e responsáveis por sua interpretação fiel e cumprimento estrito. Assim inserido nas estruturas estatais do exercício do poder, o juiz põe as suas pressões destinadas a definir e precisar o sentido dos textos, a suprir-lhes eventuais lacunas e a determinar a evolução do conteúdo substancial das normas constitucionais." (Dinamarco, Cândido Rangel. *A Instrumentalidade do Processo*. São Paulo: Malheiros, 1996, p. 149)

[22] Os princípios são mandados de otimização que determinam cumprimento na maior medida possível, observadas as condições concretas. Sobre a distinção entre regras e princípios e sua forma de operação, ver Dworkin (*Los Derechos en Serio*.Barcelona: Planeta De Agostini, 1993). Também Alexy (*Teoria de los Derechos Fundamentales*, ob. cit.), entre tantos outros.

[23] Hesse, referido por Canotilho, em *Tópicos de Um Curso de Mestrado Sobre Direitos Fundamentais, Procedimento, Processo e Organização*. Boletim da Faculdade de Direito de Coimbra. Coimbra, 1990.

os dados que advêm da experiência de operação do sistema.[24] Neste esforço de análise e crítica das instituições processuais, fazem-se evidentes também as pressões exercidas pela enorme demanda e pelas limitações de ordem estrutural. As soluções práticas no sentido da evolução do sistema agregam a critérios de justiça material e procedimental outros de cunho eminentemente pragmático, ligados à sustentabilidade da atividade de distribuição de justiça e suas possibilidades estruturais.

Também os agentes do poder jurisdicional submetem-se à eficácia direta dos direitos fundamentais no sentido de vincular a atividade de interpretação e aplicação do direito aos valores jusfundamentais.[25] Princípios processuais são elevados à categoria de garantias fundamentais por sua missão vital de conexão da ordem constitucional com a realidade, estabelecendo formas de mediação de relações sociais concretas, atuando histórica e culturalmente. A participação em um processo estruturado segundo os princípios constitucionais é, em si, o exercício de um direito fundamental ao "devido processo".

Não se contenta o direito processual, neste diapasão, apenas em oferecer condições de decidibilidade a casos particulares, fixando o procedimento a ser observado, mas avoca a tarefa de referencial sistemático, apontando uma trajetória que se desenhe a partir de fundamentos axiológicos e teleológicos que lhe confiram legitimidade e permitam, tanto quanto possível, o controle racional dos resultados obtidos.[26]

Com efeito, a adequação da decisão às normas jusfundamentais, ou seja, a correção material do julgado, é elemento indissociável da idéia de justiça. A vinculação da atividade judiciária à Constituição projeta-se para

---

[24] Aqui, uma vez mais, a referência ao pensamento de Friedrich Müller, para quem a questão central "no es determinar asta dónde puede ser limitado um derecho fundamental, sino hasta dónde se puede desarrolhar el contenido de um derecho fundamental." (Friedrich Müller, *apud* Gavara de Cara, Juan Carlos Op. cit., p. 108)

[25] Bem adverte Tesheiner que "o juiz que afasta a lei com um piparote trai a missão que lhe foi confiada e se arroga um poder que não tem. Freqüentemente, porém, o que se afirma lei injusta não passa de interpretação tola. Nosso sistema, fundado em leis gerais e abstratas, é, por isso mesmo, um sistema flexível. A hermenêutica abre amplo espaço para a adequação da norma geral ao caso concreto, afastando-se injustiças decorrentes da imprevisão do legislador relativamente às peculiaridades de cada caso. Para isso, aliás, existem os juízes: para que cada um possa ter examinado o seu caso, com as suas circunstâncias próprias". (Tesheiner, José Maria. *Elementos para Uma Teoria Geral do Processo.* São Paulo: Saraiva, 1993, p. 23)

[26] Conf. Comoglio "Dalla medesima fonte e matrice derivano, altresì, le idee piu avanzate di uma moderna instrumentalità del processo, la quale sia caratterizzata da precise connotazioni deontologiche e tenda a preservare no soltanto gli scopi ed i profili tecnici, ma anche gli aspetti etici del procedimento giudiziario, pur necessariamente soggetto al principio di legalità ed alla sancita osservanza di determinate forme. Tale instrumentalità esige che le guarentigie formali del processo non siano mai finì a se stesse, ma debbano sempre concorrere, sul piano instituzionale, al conseguimento di resultati decisori coerenti com i valori di equità sostanziale e di giustizia procedurale, consacrati dal lê norme constituzionali o da quelle internazionali.". (Comoglio, Luigi Paolo. *Garanzie Constitucionali e "Giusto Processo".* REPRO, n.90. São Paulo: Revista dos Tribunais, 1998, p. 106.)

além do mero procedimento e torna-se dimensão fundamental do fenômeno constitucional. Bem adverte Alexy que "aun quando el procedimiento no garantice la conformedad iusfundamental del resultado, aumenta la probabilidad de un resultado conforme al derecho fundamental. Pero, es claro que el simple aumento de la probabilidad de un resultado conforme al derecho fundamental no puede ser nunca una razón para renunciar al examen judicial de la conciliabilidade meterial de los resultados com las normas iusfundamentales."[27] Prossegue referindo a formulação do Tribunal Constitucional Federal alemão para descrever a função do processo: "El derecho processal sirve para la producción de decisiones conformes a la lei y, desde este punto de vista, correctas pero, ademas, dentro do marco de esta corrección, justas".[28]

O *direito ao devido processo legal*, ou ao *justo processo*, garantia que, de certa forma, sintetiza as demais, é, portanto, entendido em suas duas dimensões: formal e material. Deve o processo estruturar-se formalmente[29] de modo a dar cumprimento, tanto quanto possível, aos vários princípios implicados, estabelecendo, a cada passo, a sua devida ponderação. A noção atual de instrumentalidade[30] postula um processo tecnicamente estruturado que possa atender aos aspectos éticos da atividade judiciária. As garantias formais não são um fim em si mesmas, devendo oferecer, dentro das possibilidades, resultado materialmente justo.

O atual estágio de desenvolvimento da teoria dos direitos fundamentais implica visualizá-los como "direitos constitutivos institucionais, com ampla e forte potencialização",[31] tratando-se de "garantias em sentido atuativo".[32]

---

[27] Alexy, Robert. *Teoria de los Derechos Fundamentales.* Madrid: Centro de Estudios Constitucionales, 1997, p. 473.

[28] Idem, p. 472.

[29] Sobre a idéia de formalismo processual e suas relações constitucionais, amplamente, Alvaro de Oliveira, Carlos Alberto. *Do Formalismo no Processo Civil* . São Paulo: Saraiva, 1997.

[30] Embora utilize o termo, por sua tradição e por expressar um grupo de conceitos mais ou menos conhecidos, não posso deixar de dar razão a Calmon de Passos quando afirma: "Falar-se, pois, em instrumentalidade do processo é incorrer-se, mesmo que inconsciente e involuntariamente, em um equívoco de graves conseqüências, porque indutor do falso e perigoso entendimento de que é possível dissociar-se o *ser* do direito do *dizer* sobre o direito, o *ser* do direito do *processo* de sua produção, o *direito material* do *direito processual.* Uma e outra coisa fazem um. Parodiando Gadamer, ao afirmar que 'ser' que pode ser compreendido é linguagem, também observo que o processo (comunicação, palavra) nada mais é do que a linguagem que dá concreção (pensamento) ao direito". (Calmon de Passos, J. J. *Instrumentalidade do Processo e Devido Processo Legal.* REPRO, n. 102. São Paulo: RT, 2000, p. 64)

[31] Alvaro de Oliveira, Carlos Alberto. *O Processo Civil na Perspectiva dos Direitos Fundamentais.* Revista da Faculdade de Direito da Universidade Federal do Rio Grande do Sul. Vol. 22, p. 34.

[32] Conforme Luigi Paolo Comoglio, "garantia" é não só um direito reconhecido ou atribuído *in abstrato* pela norma, senão um direito efetivamente protegido em concreto, suscetível de plena atuação ou reintegração quando resulte violado. As garantias processuais não são, assim, apenas

A construção de uma noção de *devido processo constitucional*, por tudo quanto foi dito, desafia o enfrentamento responsável e atento da mobilidade social, o permanente jogo de pressões internas que são reveladas na própria atividade de operação do sistema, bem como a permanente revisão de sua estrutura normativa. A casuística forense é rica em oferecer situações em que se faz inevitável o devido balanço dos princípios jurídicos implicados, apontando para a necessidade se estabelecer relações de adequação à realidade, com vista à idéia de justiça material, considerando, ainda, limites estruturais e aspectos eminentemente pragmáticos de operação do sistema.

3. O devido processo constitucional brasileiro em construção

A partir da vinculação da Constituição de 1988 à idéia de Estado Democrático de Direito, com esteio no princípio fundante da dignidade da pessoa humana (art.1º, III, da Constituição Federal), o modelo brasileiro de processo alinhou-se a determinadas "cláusulas paradigmáticas",[33] em harmonia com vários sistemas internacionais (ressalvadas, evidentemente, diferenças que derivam da história própria de desenvolvimento interno de cada país).

A Constituição brasileira incluiu em seu Título II, Capítulo I, entre os direitos e garantias fundamentais estampados no art. 5º, vários princípios de natureza processual, vinculados ao processo civil e criminal, com destaque para o princípio do acesso à jurisdição (CF, art.5º, XXXV), estabelecendo que "a lei não excluirá da apreciação do Poder Judiciário qualquer lesão ou ameaça a direito". O gizamento constitucional do pro-

---

garantias no sentido formal ou estático, mas garantias em sentido atuativo e dinâmico que assegurem condições efetivas de fruição de qualquer direito atribuído ou reconhecido". (*Garanzie Constituzionali e Giusto Processo*. REPRO n.90. São Paulo: Revista dos Tribunais, 1998, p. 100).

[33] A noção de Estado de Direito fundado sobre as bases do liberalismo pós-Revolução Francesa, consagra o primado da lei, a estruturação de um estado com divisão de poderes, com Judiciário imparcial, independente e autônomo (esta uma conquista mais recente em termos de efetiva atuação do Judiciário com possibilidade, inclusive, de controle de constitucionalidade das leis e atos da administração, em renovada visão sobre a separação de Poderes, com introdução da noção de *cheks and balances*). A Constituição reflete sempre um modelo de Estado e, por conseqüência, um modelo de processo. Tal modelo de processo, em que pesem eventuais diferenças e peculiaridades, encontra, em dimensão comparatística, grandes pontos de afinidade de entre diversos Estados democráticos atuais, mantendo certos princípios comuns materializados em "cláusulas paradigmáticas" identificáveis em vários textos constitucionais, mesmo em países que abraçaram diferentes tradições jurídicas como é o caso da família da *common law* e do *civil law*. Sobre o tema, ver Taruffo, Michele *Observações sobre os modelos processuais da clivil law* e da *common law*. REPRO n. 110. São Paulo: Revista dos Tribunais, 2003.

cesso, além disso, se fez presente em vários setores do texto constitucional, mormente em seu Título IV, capítulo III, em que definiu a estrutura e as atribuições do Poder Judiciário.

O exercício constitucional da cidadania está, assim, a depender da possibilidade de acesso à jurisdição, pressupondo participação efetiva e paritária no processo. Além de exigir um poder judiciário firmemente estruturado e independente, com amplas atribuições, inclusive a de exercer jurisdição constitucional, o acesso à justiça impõe a criação de institutos que tornem possível equilibrar ou minorar o efeito de diferenças de ordem material, potencialmente excludentes de indivíduos ou grupos. A proteção jurídica individual e coletiva é, assim, condição mesma de existência do Estado de Direito e pressupõe "justo e adequado acesso à jurisdição", além de uma ordem processual que se encarregue de concretizar o direito "segundo os meios e métodos de um processo juridicamente adequado".[34] O devido processo legal (CF, art.5o, LIV)[35] contempla a igualdade de tratamento (princípio isonômico que deriva diretamente do *caput* do art. 5o da CF), a possibilidade do exercício do contraditório (CF, art.5°, LV),[36] a licitude da prova (CF, art. 5°, LVI) a fundamentação consistente das decisões[37] (CF, art. 93, IX), a publicidade dos atos processuais (CF, art. 83, IX).

A submissão do juiz à lei, o direito de recorrer, o desenvolvimento de instrumentos de participação coletiva,[38] a fixação de critérios de liti-

---

[34] Conf. Canotilho, em *Direito Constitucional,* ob. cit. p. 385-6.

[35] Garantia que sintetiza, na verdade um feixe de garantias, dentre elas o direito a uma duração razoável do processo (ligado à questão central da efetividade).

[36] O exercício do direito de defesa, no âmbito penal, é entendido em seu aspecto material, considerando a efetiva formulação de defesa. No âmbito civil, prepondera ainda a idéia de que o exercício do contraditório deve ser entendido como uma faculdade, exigindo-se, tão-somente, que seja oportunizada a bilateralidade. Embora o caráter marcadamente publicístico, enquanto instrumento de jurisdição, o processo civil conserva grande espaço de disponibilidade.

[37] A fundamentação é indispensável elemento de controle da atividade judicial. Sendo o direito e sua aplicação atividade de grande complexidade, envolvendo prementes necessidades de justificação e legitimação das decisões, sejam elas relativas a aspectos fáticos ou normativos do litígio, está a exigir-se maior consistência e observância do dever de fundamentação. Tal exigência, entretanto, contrasta com as enormes dificuldades estruturais em que se vê envolvida a tarefa de distribuição de justiça, amassada por invencível demanda. Embora a atual sofisticação do arsenal hermenêutico proporcione base teórico-dogmática para a aplicação razoável do direito, evidentes são as deficiências materiais e mesmo de política judiciária para o enfrentamento da litigância maciça. Sobre o dever constitucional de fundamentação das decisões judiciais e o controle do convencimento judicial, ver Gascón Abellán Marina, *Los Hechos em el Drecho*. Madrid: Marcial Pons, 1999. Também Serra Bavaresco, Andréa. *Notas Sobre o Controle do Convencimento Judicial*. Destaque Jurídico – Revista de Estudos Jurídicos. Gravataí : Ed. Síntese, 2002, p.135 e ss.

[38] Nosso sistema processual oferece hoje, resultado de grande produção legislativa, um verdadeiro sistema de tutela coletiva formado por sucessivos diplomas: Lei 7.347/85 (Ação Civil Pública), que visa à proteção do meio ambiente, do consumidor, de bens de valor artístico, estético, histórico, turístico, paisagístico e, atualmente, apta à proteção de qualquer interesse difuso ou coletivo (com alteração do art. 1°, introduzida pelo CDC e Lei 8.884/94 – abuso do poder econômico). Lei 8.078/90

gância gratuita,[39] a oferta de formas alternativas de composição de litígios,[40] a criação de juizados especiais,[41] são todos institutos que derivam da concepção constitucional de acesso ao processo justo.[42]

É interessante notar que o texto constitucional não traz dispositivo que expresse diretamente os valores fundamentais da efetividade e da tutela em tempo razoável. Evidentemente, qualquer interpretação concretizadora da Constituição leva naturalmente a estes princípios que, como valores fundamentais que são, prescindem de formulação textual. Embora inexpressos, são princípios inerentes ao sistema, emanações diretas da autoridade da Constituição.

O que hoje parece mais do que evidente, não o era à época da promulgação do Código de Processo Civil, em 1973. O processo judicial no Brasil, visto a partir de sua disciplina constitucional, foi por muito tempo focalizado como um sistema de garantias contra o arbítrio e o personalismo, impondo limitações ao poder de julgar em nome da idéia de segurança jurídica, tão cara ao pensamento moderno. Respaldada pelo discurso científico da modernidade, essa visão forjou processo tendencialmente plenário, de feição cognitivista e pródiga recursividade. Tal modelo buscava proteger os indivíduos contra os avanços do "Estado Juiz", impondo a "certeza" como condição de atuação efetiva do Estado, projetando enormemente a eficácia do princípio do contraditório e da ampla defesa, fixando consistentes limites formais à atividade jurisdicional e oferecendo amplas possibilidades de revisão hierárquica das decisões. A vocação à ordinariedade se fez evidente na própria estrutura do Código,[43] com certa

---

(Código de Defesa do Consumidor), diploma que deu grande abrangência à tutela coletiva, trazendo importantes definições, como as de *direitos difusos, coletivos e individuais homogêneos* (estes últimos individuais, mas coletivamente exercíveis pela via de ações coletivas). O seu art.83 consagra o direito à *adequada tutela jurisdicional* dos direitos coletivos dotado das ações que lhe são próprias. Trouxe, também, em seu art.90, dispositivo que entrelaça o CDC com a LACP e CCB, formando um sistema dogmaticamente alinhado de proteção coletiva. No mesmo sentido, o art. 21 da LACP, introduzido pelo art. 117 do CDC. Ainda: Lei de Abuso Econômico (8.884/94, art. 29 e ss.), Estatuto da Criança e do Adolescente (Lei n.8.069/90, art 208 e ss.). Cabe lembrar, ainda, em nível constitucional, o art. 5º LXX, da CF, que disciplina o Mandado de Segurança Coletivo. (Ver Zaneti Junior, Hermes. *Mandado de segurança coletivo, aspectos processuais controvertidos*. Porto Alegre: Sérgio Antonio Fabris Editor, 2001)

[39] Lei n. 1060/50, que dispõe sobre a assistência judiciária gratuita.

[40] Lei n. 9.307/96 – Lei da arbitragem.

[41] Lei n. 9.099/95, Juizados Especiais Cíveis e Criminais estaduais e Lei 10.259/2001, Juizados Especiais Cíveis e Criminais federais.

[42] Conf. Mauro Capelletti, *Algunas Reflexiones Sobre el Rol de los Estudios Procesales en La Actualidad.* REPRO, n.64. São Paulo: RT, 1991, p.145 e ss.

[43] Aqui, por todos, Ovídio Baptista da Silva, em muito do que disse e escreveu: "Sem uma profunda e corajosa revisão de nosso *paradigma*, capaz de torná-lo harmônico com a sociedade complexa, pluralista e democrática da experiência contemporânea, devolvendo ao juiz os poderes que o iluminismo lhe recusara, todas as reformas de superfície cedo ou tarde resultarão em novas desilusões". (Jurisdição e Execução na Tradição Romano-canônica. São Paulo: Revista dos Tribunais, 1996, p. 219).

mesquinhez no que se refere aos instrumentos de tutela de cognição sumária (principalmente de caráter satisfativo, limitados a alguns dos procedimentos previstos no Livro IV), além de nítida cisão entre as atividades de cognição e execução. Pouca atenção se deu ao aspecto temporal do processo e ao seu descompasso, logo evidenciado, com a velocidade real da vida e com as exigências dos novos direitos em afirmação.[44]

A grande luta, desde então e ainda agora, tem sido a da conquista da *efetividade*.[45] A equalização do tenso binômio *segurança/efetividade é*, sem dúvida, *o problema* a enfrentar.

Nesse aspecto, aliás, é de se ressaltar o incessante e qualificado labor de aprimoramento dos comparatistas, brasileiros e estrangeiros, a partir da experiência e do diálogo internacional.[46] Como aponta Dinamarco,[47] "a segunda metade do século XX caracterizou-se, na doutrina internacional do Processo Civil, como um tempo de mudanças. O monumental esforço dos idealistas portadores da bandeira da *efetividade do processo* abriu espaço para a consciência da necessidade de pensar o processo como algo dotado de bem definidas destinações institucionais e que deve cumprir os seus objetivos, sob pena de tornar-se menos útil e menos legítimo".

O processo civil brasileiro vem, assim, buscando alinhar-se a tais concepções, sobremaneira a partir da década de oitenta,[48] trabalho inten-

---

[44] "É chegado o momento do tempo do processo' tomar o seu efetivo lugar dentro da ciência processual, pois este não pode deixar de influir sobre a elaboração dogmática preocupada com a reconstrução do processo justo ou com aquele destinado a realizar concretamente os valores e os princípios contidos na Constituição da República." (Marinoni, Luiz Guilherme. *Tutela Antecipatória, Julgamento Antecipado, e Execução Imediata da Sentença*. São Paulo, Revista dos Tribunais, 1998, p. 16)

[45] Como diz Marinoni "uma evolução adequada do sistema de distribuição de justiça equivaleria à predisposição de procedimentos adequados à tutela dos novos direitos. A inércia do legislador – ao menos para dar tutela efetiva às novas situações carentes de tutela – conduz a uma incessante e generosa produção doutrinária: a do direito à adequada tutela jurisdicional". (Marinoni, Luiz Guilherme. *Efetividade do Processo e Tutela de Urgência*. Porto Alegre: Fabris, 1994, p. 7)

[46] O diálogo intenso da doutrina nacional com comparatistas internacionais, principalmente italianos, mais recentemente estudiosos do processo civil europeu, assim também no âmbito ibero-americano, tem aproximado cada vez mais os sistemas, incrementando a idéia da formação de códigos-modelo que reflitam as tendências atuais e sirvam de orientação para o desenvolvimento dogmático das várias ordens internas (ver recente trabalho de Bedaque, José dos Santos, sobre *O Código Modelo na América Latina e na Europa – Relatório Brasileiro*. REPRO n.113, p. 147 e ss.). Influências que só se manifestavam indiretamente, em razão da barreira de linguagem, como a do direito processual alemão (conf. Barbosa Moreira. *A Influência do Direito Processual Civil Alemão em Portugal e no Brasil*. REPRO n.56, p. 100 e ss.), têm sido cada vez mais constantes, com a crescente preocupação dos tratadistas em trazer a lume a doutrina tedesca, fazendo referências expressas aos textos do ZPO. No âmbito do direito processual constitucional, tal aproximação já tem-se manifestado há mais tempo, pelo indesmentível avanço do constitcionalismo alemão, cuja influência já é generalizada.

[47] Dinamarco, Cândido Rangel. *A Reforma do Código de Processo Civil*. São Paulo: Malheiros, 1995, p. 19.

[48] Data de 1985 a designação, pelo Governo da República da Comissão para elaboração do Anteprojeto de Reforma do Código de Processo Civil de 1973, presidida originalmente por Luís Antônio de

sificado com a promulgação da Constituição de 1988. Apesar dos limites culturais e ideológicos que lhe são impostos,[49] o processo civil nacional tem apresentado importantes avanços, colhendo a experiência das reformas já implementadas e buscando soluções para problemas ainda não resolvidos, em significativa revisão crítica do sistema. Os últimos quinze anos têm sido marcados por profundas mudanças, com a introdução de novos institutos que, embora desafiem melhor definição dogmática, com ajustes de texto e precisões conceituais, apontam para uma progressiva alteração de paradigma.

4. As tutelas de cognição sumária como manifestação visível do novo paradigma de efetividade

Entre as mais alvissareiras modificações do processo, em termos de efetividade, encontra-se a que autorizou a concessão de provimentos liminares, de caráter satisfativo, no bojo do processo de conhecimento. Introduzido no Código de Processo Civil pela Lei 8.952/94, que alterou, entre outros dispositivos, os arts. 273 e 461, do CPC,[50] o instituto da antecipação de tutela abriu a possibilidade de, presentes certos requisitos, obter o bem da vida perseguido em momento anterior ao trânsito em julgado da decisão final, sem a necessidade de execução em procedimento autônomo e posterior. Com isso, minoraram-se significativamente os prejuízos experimentados pelo autor em razão da demora do processo, possibilitando uma

---

Andrade e, posteriormente, pelo Min. Sálvio de Figueiredo Teixeira, com a participação de muitos dos mais proeminentes processualistas nacionais. Deixo de fazer a completa nominata, sob pena de desconsiderar importantes contribuições à tarefa que prossegue ainda, reunindo pioneiros e novos colaboradores no esforço de aperfeiçoamento do processo brasileiro. Desde então, diversas propostas, de diferentes origens, têm sido debatidas, muitas delas redundando em alterações legislativas.

[49] Sobre os entraves ideológicos que brecam o avanço, pondo o dedo no ponto álgico do sistema universitário, vale referir recente ensaio de Ovídio Baptista em que afirma: "entretanto, o que se pode fazer contra o sistema? Como poderá a cátedra operar alguma transformação significativa, se nossas autoridades educacionais encontram-se satisfeitas com as virtudes do ensino universitário?" (*Ideologia e Processo*. REPRO n.110. São Paulo: RT, 2003, p. 35). No mesmo viés crítico, Kazuo Watanabe: "Lamentavelmente, no Brasil, as tentativas de busca de novas alternativas esbarram em vários obstáculos – dos quais os mais sérios são o imobilismo e a cultura mental marcada pelo excessivo conservadorismo, que se traduz no apego irracional às fórmulas do passado..." (*Da Cognição no Processo Civil*, 2ª ed. Campinas: Bookseller, 2000, p. 30).

[50] Deve-se ressaltar aqui o pioneirismo do art. 84 do Código de Defesa do Consumidor, que disciplinou a tutela específica das obrigações de fazer e não-fazer, formulando já o meio processual adequado à tutela inibitória, de caráter preventivo, em redação quase idêntica à do posterior art, 461, do CPC. O mesmo dispositivo do diploma consumeirista já previu também, em seu § 4º, a possibilidade de antecipação de tutela. O CDC, aliás, serve como paradigma do avanço legislativo rumo a um processo orientado pelos valores constitucionais do acesso á jurisdição (pela disciplina da tutela coletiva) e da efetividade.

divisão mais justa do tempo no curso do litígio. Reduziu-se, também, a incompreensível barreira entre as atividades de cognição e execução, característica do modelo adotado pelo Código de 1973, abrandando a exigência da coisa julgada como condição da atividade executiva, tormento maior dos que buscam efetividade. O problema não está, evidentemente, no exercício do contraditório, garantia constitucional fundamental que se faz exigir em qualquer processo, mas sim na impossibilidade de qualquer alteração concreta de realidade antes de seu pleno exercício. Isso não só onera injustamente o autor como inviabiliza a tutela de direitos que exigem maior imediatidade na intervenção estatal.

Fundados em juízo de probabilidade (verossimilhança), resultantes de cognição sumária, os provimentos antecipatórios possibilitam atuar o direito "mais provável", quando assim se afigure ao exame judicial, em detrimento do "menos provável" (e até por vezes, "improvável"). Com a inversão da lógica até então vigente, vê-se o réu obrigado a uma atitude mais ativa no processo, em contraste com a postura de retardamento do feito que habitualmente caracteriza o comportamento do litigante desprovido de razão.

A inviabilidade desses provimentos no âmbito do processo de conhecimento gerava, nos apuros da prática forense, a utilização do processo cautelar (pela disponibilidade de liminares) para obtenção de resultado que não lhe era próprio.[51] Tal uso, aliás, esbarrava muitas vezes em argumentos de ordem formal, no sentido da inadequação do meio processual. O inconveniente era de dupla ordem: primeiro, porque o processo cautelar não fora configurado propriamente para contemplar tutela satisfativa, conclusão que deriva da interpretação sistemática da disciplina cautelar do CPC; segundo, porque, mesmo admitida a possibilidade de obter provimento satisfativo via cautelar, era necessária a instauração de *ação cautelar*, distinta do processo de conhecimento[52] e procedimentalmente autônoma. Ao oferecer disciplina específica para a concessão de antecipação de efeitos executivos da tutela de mérito, a alteração permitiu que tal decisão fosse exarada no âmbito do próprio processo de conhecimento, além de fixar requisitos mais precisos e próximos de sua verdadeira natureza, oferecendo parâmetros de segurança, sem prejuízo do exercício do contraditório.

Igualmente relevante foi a introdução no Código, pela redação dada ao art. 461, do CPC, de instrumentos de tutela específica, contemplando

---

[51] Conforme Ovídio Baptista, tratando das "cautelares inominadas", na introdução de seu *Do Processo Cautelar* (Rio de Janeiro, Forense, 1999), em que analisa a matéria longamente, como parte de sua "teoria da ação cautelar".

[52] Sobre o tema, amplamente, Marinoni, Luiz Guilherme. *Antecipação de tutela*, 3ª ed. São Paulo: Malheiros, 1997. Também Zavaski, Teori Albino. *Antecipação de Tutela.* São Paulo: Saraiva, 1997.

a tutela inibitória, entendida como tutela de prevenção do ilícito,[53] assim também a de remoção do ilícito.

Ao disciplinar os instrumentos de tutela das obrigações de fazer e não-fazer, o dispositivo disponibilizou instrumentos executivos amplos (§§ 4º e 5º), privilegiando o adimplemento específico da prestação devida, em detrimento de sua conversão em pecúnia.

Assim fazendo, preencheu o legislador enorme lacuna. Muito embora assegurasse a Constituição que a lei não excluiria da apreciação judiciária "lesão ou ameaça a direito", não havia instrumento processual idôneo (com definição dogmática suficiente para minorar os efeitos do irracional formalismo) para a tutela preventiva, de caráter satisfativo, que disponibilizasse liminares e meios eficazes de concretização. A reforma no ponto foi essencial para a proteção adequada dos direitos fundamentais na medida em que, com inegáveis vantagens, privilegiou a tutela preventiva em relação à tutela reparatória, resguardando bens de incerta ou mesmo impossível reparação. A eficácia característica dos provimentos preventivos, oferece resultados muito superiores aos da tutela condenatória, seja por sua imediata executoriedade (eficácia executiva *lato sensu*), seja pela preservação específica do direito ameaçado.

Embora desafiando certa desconfiança inicial, os novos institutos foram muito bem recebidos pela comunidade jurídica. Seguiu-se à sua introdução maciça produção doutrinária e jurisprudencial que, contados dez anos, já rendeu aperfeiçoamentos, alguns deles convertidos em lei.

Refiro-me, aqui à recente Lei n.10.444/2002. Tal diploma, entre outras providências, alterou a redação do § 3º do art. 273 do CPC, o qual estabeleceu comunicabilidade entre os meios executivos previstos no art. 461 e 461-A (este último também novo, dando às obrigações de entrega de coisa o mesmo tratamento já oferecido às obrigações de fazer e não-fazer, disponibilizando, inclusive, o mesmo arsenal de meios executivos). Criou-se, assim, com expressa formulação normativa, elo sistemático entre os dispositivos que cuidam de tutela de urgência.

Outra alteração importante trazida pela referida lei foi a introdução dos §§ 6º e 7º do art. 273, até então inexistentes. O § 6º cria, na realidade, nova hipótese de antecipação de tutela quando "um ou mais pedidos cumulados, ou parcela deles, se mostrar incontroverso" a somar-se às duas

---

[53] Conforme Marinoni, analisando profundamente a doutrina italiana, a idéia de ilícito, para fins de tutela inibitória, desprende-se da idéia de dano e liga-se à idéia de ato contrário ao direito, em que a existência ou não de dano é desimportante. A Constituição assegura a proteção jurídica em caso de ameaça a direito, sem qualquer vinculação com a idéia de dano. A tutela preventiva, nesse sentido, pressupõe somente a ameaça, a probabilidade de ato contrário ao direito. (*Antecipação de Tutela*. Op. cit., p. 61). Do mesmo autor, com maior amplitude de análise, *Tutela Inibitória*. São Paulo, Revista dos Tribunais, p. 30 e ss.

outras já existentes (dano irreparável ou de difícil reparação e abuso do direito de defesa). Com isso, não se faz mais necessário que o autor aguarde todo o debate sobre matéria litigiosa antes de poder praticar atos de execução relativamente à pretensão, ou parcela dela, que não tenha sido objeto de controvérsia.[54] O § 7º, por sua vez, autoriza o juiz a deferir, incidentalmente, medida cautelar que tenha sido pleiteada pelo autor a título de antecipação de tutela, desde que presentes os respectivos pressupostos. O novo dispositivo foi rapidamente interpretado como reconhecimento de uma "fungibilidade" entre as tutelas cautelar e antecipatória.[55] Um dos principais artífices da redação do dispositivo, Min. Teori Albino Zavascki, afirmou, entretanto, em recente encontro na Universidade Federal do Rio Grande do Sul, com sua habitual clareza e serenidade, que "a intenção, pelo menos a minha, foi a de, como quem não quer nada, acabar com a autonomia procedimental das cautelares".[56] A questão, portanto, seria mais ligada à intenção de progressiva unificação procedimental, desarticulando, por decrépita, a disjunção que o CPC consagrou. Ainda que reconhecidas as distintas naturezas (cautelar e antecipatória) dos provimentos, é certo que não existe razão apreciável, salvo em poucos casos, para que não sejam concedidos incidentalmente também os provimentos cautelares, atendidos os requisitos que lhe são próprios.

Equivalente tendência se mostra, como já se disse, em relação às atividades de conhecimento e execução. Prova disso é a migração para o processo dito de conhecimento das execuções das obrigações de fazer e não-fazer (art. 461), bem como das obrigações de entrega de coisa (art. 461-A), sem a necessidade de processo executivo autônomo e diferido.

A disciplina das tutelas de urgência gerou também alterações no regramento dos recursos, permitindo a concessão (e também a suspensão da execução) de medidas urgentes pelo relator, ainda antes de apreciada a matéria pelo colegiado (art. 527, III).

---

[54] Sobre o ponto, ver Didier Jr. Fredie. *Inovações na antecipação dos efeitos da tutela e a resolução parcial de mérito.* Revista de Processo n. 110. São Paulo: RT, 2003, p. 225 e ss. De bate-pronto, Mitidiero *Sentenças parciais de mérito e resolução definitiva-fracionada da causa – lendo um ensaio de Fredie Didier Jr,* (Zaneti Júnior, Hermes e Mitidiero, Daniel Francisco. *Introdução ao Estudo do Processo Civil, primeiras linhas de um paradigma emergente.* Porto Alegre: Fabris Editor, 2004, p.165 e ss.)

[55] Neste sentido, Bedaque, José dos Santos: "Essa alteração revela a necessidade de aproximação das modalidades de tutela sumária, urgente e provisória, a fim de que recebam o mesmo tratamento jurídico. Adotou-se, em relação às tutelas de urgência, cautelares ou antecipatórias, o princípio da fungibilidade..." (em *Código de Processo Civil Interpretado.* Org. Antônio Carlos Marcato. São Paulo: Editora Atlas, 2004, p. 807-808). Também Tucci, José Rogério Cruz e. *Lineamentos da Nova Reforma do CPC.* 2.ed. São Paulo: Revista dos Tribunais, 2002.

[56] A referência é produto de anotação minha, atento à literalidade da formulação. Peço escusas se em algo me equivoco. Posso assegurar, todavia, que a intenção pareceu mesmo esta.

Cabe salientar que, lamentavelmente, ainda é tímida a utilização da tutela genuinamente preventiva do ilícito (a que oferece o art. 461, do CPC), por razões de cultura jurídica, habituados que estão os operadores às tutelas de cunho reparatório. Pouco se pede e, quando pedida, é por vezes negada a proteção por não vislumbrar o juiz a ameaça de dano, condição prevista para as antecipações fundadas no art. 273, I, mas totalmente dispensável para a tutela inibitória. O avanço dessa espécie de tutela está diretamente vinculado ao incremento da cidadania e à consciência das esferas de proteção jurídica.

Também pouco comuns têm sido as antecipações fundadas no inciso II do art. 273 do CPC, que autoriza o provimento quando se caracterize exercício abusivo de defesa ou manifesto propósito protelatório. Pode-se creditar tal fato a mais de um fator, entre eles a noção arraigada de que o exercício do direito de defesa não pode sofrer qualquer limitação, muito menos sob argumentos de efetividade. Existe muita parcimônia na aplicação do instituto, reflexo da velha vocação cultural para a ordinariedade que estas duas últimas décadas ainda não conseguiram superar. Neste ponto, impõe-se admitir, todo um conjunto de normas voltadas à conduta processual ética[57] e colaborativa carece de aplicação mais constante. De qualquer modo, os dispositivos existem e estão à disposição de quem a eles queira dar vida (o que também demanda responsabilidade e sensatez). Talvez, também, tal parcimônia se deva a um certo espírito "macunaímico" de tolerância que flexibiliza sobremodo os deveres de conduta em geral.

5. O "santo de barro"

Nos processos humanos, parece ser inevitável a contingência, a relatividade, a evolução por tentativa e erro e acertos efêmeros. Em dias tão voláteis, recusam-se os espíritos inquietos à estagnação, fazendo do pensamento crítico um permanente aliado na busca de novas posições existenciais, melhores ou piores, tecendo a história e sendo por ela julgados.

O processo civil brasileiro, insuflado pelo espírito constitucional, lançou-se à conquista da efetividade, idéia que tem produzido literatura maciça e trabalho incessante de revisão dogmática. Ao final de cada ba-

[57] Entre eles o art. 14, do CPC (introduzido pela Lei n. 10.358/ 2001) que, em seu parágrafo único, inseriu no sistema brasileiro instituto similar ao *contempt of court* norte-americano, apenando manobras de protelação.Curiosamente, excluiu das sanções os advogados, tradicionais mentores e realizadores das chincanas, Refira-se, ainda, a título exemplificativo, o art. 17, do CPC, que trata da litigância de má-fe, o art. 125, III, do CPC, dirigido ao juiz, atribuindo-lhe o dever de reprimir atos atentatórios à dignidade da justiça. Muitos mais existem, com semelhante finalidade.

talha travada, a definição de um novo objetivo. As execuções ... os recursos ... a estrutura do Poder Judiciário ... Avante! Não faltam, de outro lado, vozes experientes e zelosas a clamar menos ímpeto na condução do "santo de barro" que, se esfacelado, porá em cacos a fé de todos.

Não parece, todavia, que se justifique o receio de que as mudanças em curso venham a ferir de morte a função de garantia do processo, abrindo flanco para o decisionismo irresponsável. O debate das reformas tem sido sempre reconduzido aos direitos fundamentais, conquistados a grande custo, sobre os quais não estão autorizados a transigir de todo nem os reformadores, nem os conservadores. A construção dogmática rumo a um processo mais efetivo não é tarefa singela e, certamente, oferecerá na prática suas dificuldades. Ainda que assim seja, buscar efetividade significa, longe do afã de pôr a perigo o "santo de barro", visualizar as garantias constitucionais do processo em sua dimensão atuativa. O atual estágio de desenvolvimento do pensamento constitucional, ressaltando a importância da noção de proporcionalidade, oferece suporte adequado para a construção das rupturas necessárias, sem abandonar as garantias tradicionais.

É fato que a efetividade do processo depende, em muitos aspectos, da ampliação dos poderes do juiz e da confiança que neles se tenha. Os dias em que se vive, de qualquer modo, não oferecem possibilidades muito distintas, dada a precariedade das demais funções do Estado e as enormes dificuldades de uma organização social espontânea que seja humanamente justa.

Necessário reconhecer também que, embora as tensões sociais batam inexoravelmente às portas do Judiciário, por ser o mais acessível e democrático dos Poderes, as soluções oferecidas são limitadas. Ainda que se dêem aos juízes mais poderes do que recomendaria a prudência, na crença de que o poder de julgar tenha também o poder de redimir, não se pode ignorar a dura advertência de Augusto Mario Morello quando diz que "*se espera de los jueces mucho más de lo que éstos estan em condiciones (y además dispuestos) de dar*".[58]

A evolução possível do processo e da Justiça brasileira não se dará apenas por mudanças de texto ou pelo desenvolvimento de instrumentos mais efetivos, mas também por uma progressiva construção de mentalidade orientada à colaboração e à qualificação das relações internas e externas ao processo.

O foro... trata de sobreviver como pode, abarrotado e febril como um santuário ao fim da romaria, entre graças alcançadas e esperanças derretidas.

[58] Morello, Augusto Mario. *Proceso y Realidad*. REPRO n. 56. São Paulo: RT, 1999, p. 63.

— 2 —

Da (Des)lealdade no Processo Civil

MÁRCIO LOUZADA CARPENA

Sumário: 1. Introdução; 2. Do dever de lealdade processual; 3. A quem se dirige o dever de lealdade; 4. Conseqüências decorrentes da quebra ao dever de lealdade; 4.1. Da multa por prática de ato atentatório ao exercício da jurisdição; 4.2. Da multa, indenização, pagamento de custas e honorários advocatícios por ato eivado de má-fé; 4.3. Multa por atentado ao processo de execução; 5. Conclusão.

1. Introdução

No Brasil, nos últimos tempos, fixou-se pontual e inegável fortificação à idéia de efetividade da prestação jurisdicional a partir de conduta processual socialmente exigível ou aceitável dos cidadãos nas lides.

De fato, por meio do prosseguimento à reforma do Código Processual Civil pátrio, mais especificamente pela Lei 10.358, de 27 de dezembro de 2001, definiu-se de forma absoluta o dever de colaboração de todos, partes ou não, com a operacionalidade e efetividade do processo; tonificou-se a exigência de posturas essencialmente éticas por parte dos litigantes e terceiros, instando-os a cooperar com a celeridade do procedimento judicial o que, em última análise, reflete na atuação e eficiência do órgão jurisdicional na aplicação do direito.[1]

Hoje, há a disposição do dever de lealdade e probidade no processo como um dos pilares de sustentação do sistema jurídico-processual, motivo pelo qual se afigura de importância continental não só a sua correta

[1] TUCCI, José Rogério Cruz e. Repressão ao dolo processual: o novo art. 14 do CPC. Revista Jurídica, Porto Alegre: Notadez, ano 50, nº 292, pp. 15 –27, fev. 2002, p. 15 –17.

compreensão, como também a dos instrumentos processuais existentes que garantem a sua fixação.[2]

2. Do dever de lealdade processual

A lealdade compreende postura ética, honesta, franca, de boa-fé, proba que se exige em um estado de direito; ser leal é ser digno, proceder de forma correta, lisa, sem se valer de artimanhas, embustes ou artifícios.

Em sede de direito processual, a lealdade, na concepção teleológica, significa a fidelidade à boa-fé e ao respeito à justiça, que, entre outras formas, se traduz não só pela veracidade do que se diz no processo, mas também pela forma geral como nele se atua, incluindo-se aí, o que não se omite.[3]

Trata-se, em realidade, a lealdade de um dever a ser observado pelo jurisdicionado. Está intimamente ligada ao princípio da probidade processual, segundo o qual cabe às partes sustentarem suas razões dentro da ética e da moral, na observação de Nery e Nery, não se utilizando da chicana e fraude processual. Divide-se a probidade em: a) dever de agir de acordo com a verdade; b) dever de agir com lealdade e boa-fé; c) dever de praticar somente atos necessários à sua defesa.[4]

Parte da doutrina italiana, entre ela Virgílio Andrioli, difere lealdade de probidade, salientando que a primeira corresponde ao fato de se ser sincero, não compactuando com a má-fé e a traição, ao passo que a segunda diria respeito à atuação com retidão.[5] A doutrina brasileira, no entanto, não tem feito tal distinção, tratando a lealdade e a probidade como sinônimos.

Seja como for, tem-se, hoje, que tanto as partes como terceiros que participam da lide têm o dever de firmar postura socialmente adequada,

---

[2] A alocação da boa-fé é característica dos diplomas processuais modernos que reimplantaram o princípio do *jusjurandum calumniae* do direito romano, segundo o qual o jurisdicionado se comprometia, mediante juramento, a litigar com boa-fé. Tal princípio que fora acolhido pelo direito canônico e pelo direito comum, acabou sendo enfraquecido diante das idéias liberais individualistas do século XIX, vindo no século XX, com a propagação da concepção de processo publicístico, retomar sua importante colocação. (Vide: Buzaid, Alfredo. *Estudos e pareceres de direito processual civil.* São Paulo: Revista dos Tribunais, 2002, p. 37.)

[3] PONTES DE MIRANDA, *Comentários ao Código de Processo Civil.* Rio de Janeiro: Forense, p. 461.

[4] NERY JUNIOR, Nelson; NERY, Rosa Maria Andrade. *Código de Processo Civil comentado e legislação processual civil extravagante em vigor.* 3. ed., São Paulo: Revista dos Tribunais, 1997, p. 196.

[5] ANDRIOLI, Virgilio. *Lezioni di Diritto processuale Civile*, 1973, vol. I, nº 62, p. 328.

colaborando[6] com o Poder Judiciário na busca da efetivação da Justiça. Tal concepção fundamenta-se na idéia fecunda de bem comum, a partir da eficácia do sistema jurídico-social empregado hodiernamente, sendo pressuposto exigível básico de uma sociedade que deseja ser justa e solidária.

Com efeito, a partir do momento em que se definiu que o processo civil se situa no ramo do direito público,[7] tendo perspectiva coletiva fundada no bem comum da sociedade, afastando-se das idéias de liberalismo e individualismo,[8] sucumbiu a perspectiva defendida por doutrina mais antiga, cuja orientação era no sentido de não haver dever de colaboração das partes, principalmente, da demandada, por considerar que tal circunstância se assemelharia a um instituto inquisitivo e contrário à livre disponibilidade das partes, podendo até mesmo ser considerado um "instrumento de tortura moral".[9] Ora, hoje, a idéia de que a mentira pode ser cogitada como arma legítima, de fato, não encontra mais espaço, seja no direito pátrio, seja na doutrina moderna[10] alienígena.[11]

Particularmente, pode-se afirmar que, no Brasil, há no processo civil, ao contrário do que se evidencia no processo penal por razões lógicas,[12] o dever de colaboração, que emerge não só das regras infraconstitucionais

---

[6] "Para se atingir a justiça não bastam os juízes e tribunais, dirigindo o processo entre as partes, que visam à tutela de seus interesses, mas necessária se faz a ajuda dos cidadãos em geral, compenetrados de que são membros da sociedade e lhes cumpre participar de todos os atos que se destinam a realizar o seu bem-estar. Daí a ereção, como princípio do *dever de todos colaborar* com a Justiça, tornando-se um *dever cívico*, na qualificação de Calamandrei (...)". (SANTOS, Moacyr Amaral. *Comentários ao Código de Processo Civil*. 2ª ed., Rio de Janeiro: Forense, 1977, v. 4, p. 71).

[7] Neste sentido: Buzaid, Alfredo. *Estudos e pareceres de direito processual civil*. São Paulo: Revista dos Tribunais, 2002, p. 37; e, ALVIM, Arruda. Deveres das partes e dos procuradores, no direito processual civil brasileiro. *Revista de Processo*, São Paulo: Revista dos Tribunais, ano 18, nº 69, jan-mar. 1993, p. 7 e segs.

[8] Segundo bem refere Enrico Túlio Liebman, em comentários, em notas de rodapé à obra de Chiovenda: "A partir do famoso § 178 da Ord. Proc. austríaca, que sanciona a obrigação das partes de dizer a verdade, vasto movimento para moralização do processo manifestou-se por toda parte, tanto na legislação quanto na doutrina. Destinado a fazer triunfar a verdade e o direito, não deve o processo constituir meio ou ocasião para prática da má-fé ou da fraude. Essa orientação das legislações mais recentes equivalente a outra manifestação do abandono da concepção individualística do processo, substituída por uma concepção publicística, não hesitante em limite à liberdade das partes em consideração ao princípio da conduta processual honesta, e que, portanto, estabelece a obrigação de só se utilizar do processo para fins e com meios lícitos. (Chiovenda, Giuseppe. *Instituições de direito processual civil*. Trad. Paolo Capitano. Campinas: Bookseller. 1998, p. 437)

[9] DINAMARCO, Cândido Rangel. *Teoria geral do processo*. São Paulo: Revista dos Tribunais, p. 72.

[10] ALVIM, Arruda. Deveres das partes e dos procuradores, no direito processual civil brasileiro. *Revista de Processo*, São Paulo: Revista dos Tribunais, ano 18, nº 69, jan-mar. 1993, p. 7.

[11] MOREIRA, José Carlos Barbosa. *Abuso dos direitos processuais*. Rio de Janeiro: Forense, 2000.

[12] Sérgio Gilberto Porto bem consigna que no processo penal não há o dever de veracidade, ao contrário do que se observa no processo civil, motivo pelo qual há uma "impossibilidade de serem compreendidos e tratados como se fossem um único instrumento." (*Comentários ao Código de Processo Civil*. São Paulo: Revista dos Tribunais, vol. VI, 2000, p. 120.)

(art. 339 do CPC),[13] mas da própria Constituição quando define, no art. 3º, inc. I, o propósito de construir uma sociedade "justa e solidária"[14] e dispõe, como um dos fundamentos do estado de direito o princípio da inafastabilidade do controle jurisdicional, cuja conotação dada pela doutrina moderna tem sido, como já se disse em outra oportunidade,[15] no sentido de que o mesmo garante não somente acesso à justiça, mas sim a consagração do direito de o jurisdicionado receber, em uma lide, a declaração do que faz jus da forma mais rápida e efetiva possível, cumprindo o Estado um anseio social de ver distribuída a justiça de forma adequada e célere. A perspectiva de acesso à justiça está atrelada ao de uso adequado e racional do processo, enquanto instrumento posto a serviço dos litigantes para dirimir conflitos.

É absolutamente correto afirmar que o dever de cooperação deriva da publicização[16] do processo civil, como conseqüência da natural evolução do estado liberal para o estado social.[17]

A deslealdade, o abuso de direito e a chicana processual, de fato, descredibilizam a prestação da Justiça, não só porque maltratam a parte adversa que sofre os seus efeitos, mas também porque prejudicam o Estado[18] e a própria sociedade, que acabam pagando o preço de ter uma prestação jurisdicional que perde tempo e dinheiro com atitudes desarrazoadas e absolutamente despropositadas, deixando-se de atender, nesse momento, pleitos legítimos.

Ora, conforme bem lembra Mauro Cappelletti, o processo está "ao serviço do direito substancial, do qual tende a garantir a efetividade, ou melhor, a observância, e para os casos de inobservância, a reintegração."[19]

---

[13] Art. 339: "ninguém se exime do dever de colaborar com o Poder Judiciário para o descobrimento da verdade."

[14] Neste sentido vide: Rodrigues, Marcelo Abelha. *Elementos de direito processual civil*. São Paulo: Saraiva, 2002, p. 117.

[15] CARPENA, Márcio Louzada. Da garantia da inafastabilidade do controle jurisdicional e o processo contemporâneo. PORTO, Sérgio Gilberto (org.). *As garantias do cidadão no processo civil*. Porto Alegre: Livraria Advogado, 2003.

[16] STJ, 3ª. Turma: "O processo é instrumento de satisfação do interesse público na composição dos litígios e dois princípios de igual importância convivem e precisam ser respeitados – O da celeridade e do contraditório, que, muitas vezes, tidos como antagônicos, em verdade, não o são. Deve o magistrado usando de seu bom senso, para não infringir o princípio do contraditório, coibir atos que atentem contra a dignidade da justiça, impedindo que o processo se transforme em meio de eternização das ações e seja utilizado como arma para o não-cumprimento das decisões judiciais." (REsp 165285 – SP– Rel. Min. Waldemar Zveiter – DJU 02.08.1999 – p. 184)

[17] ARAÚJO, Justino Magno. *A renovação do processo civil*. São Paulo: Método, 2004, p. 111.

[18] A perda de recursos pelo Estado com expedientes infundados é inaceitável por si só, mas, em países em desenvolvimento, como o Brasil, recebe um agravante no momento em que se denota que tais recursos são escassos.

[19] CAPPELLETTI, Mauro. *Ideologie nel diritto processuale*. Processo e ideologie, Bologna: Mulino, 1969, p. 21.

Tem absoluta razão Barbosa Moreira quando leciona que o processo é "social" e, enquanto tal, não se verifica contraposição entre juiz e partes, mas sim a colaboração entre estes.[20]

Sem dúvida, o travamento do litígio dentro da boa-fé e lealdade conduz à entrega da justiça de forma mais eficiente,[21] motivo pela qual se encontram como exigências nas mais diversas legislações processuais dos países da Europa Ocidental,[22] bem como das Américas.[23] A concepção de ética no processo encontra suporte no delineamento de duração do mesmo *de acordo com o uso racional do tempo processual*, aliás, perspectiva essa bem desenvolvida pela doutrina italiana[24] e tipificada no art. 111 da Constituição peninsular.

A inteligência doutrinária contemporânea e atualizada, com efeito, tem de forma pacífica propugnado essa orientação de colaboração que, no nosso sentir, nasce como fenômeno natural de um sentimento de exigibilidade de honestidade, bem como de procura do justo ao menor custo possível. Ada Pellegrini Grinover, a propósito, corretamente afirma que o processo contemporâneo é informado por princípios éticos, ficando ultrapassada a concepção de que seria mero instrumento técnico. É meio ético voltado à pacificação social, tendo as partes, embora empenhadas em obter a vitória, convencendo o juiz de suas razões, dever de cooperação com o órgão judiciário, de modo que sua posição dialética no processo possa emanar um provimento jurisdicional o mais aderente possível à verdade.[25]

---

[20] MOREIRA, José Carlos Barbosa. A função social do processo civil e o papel do juiz e das partes na direção e na instrução do processo. *In Tema de direito processual*. 3. ed. São Paulo: Saraiva, 1974, p. 46.

[21] Aliás, a própria exposição de motivos do diploma processual deixa claro tal norte ao salientar: "Posto que o processo civil seja, de sua índole, eminentemente dialético, é reprovável que as partes se sirvam dele, faltando ao dever de lealdade e empregando artifícios fraudulentos; porque tal conduta não se compadece com a dignidade de um instrumento que o Estado põe à disposição dos contentores para atuação do direito e realização da justiça."

[22] Pode-se lembrar o § 138 da ZPO, CPC alemão, que refere: *"Die Parteien haben ihre Erklärungen über tatsächliche Umstände vollständig und der Wahrheit gemäß abzugeben."* (Trad. Livre: As partes devem fazer suas declarações sobre as circunstâncias de fato com nitidez sobre considerações do seu contentor.)

No diploma italiano: *"Le parti e i loro difensori hanno il dovere di comportarsi in giudizio con lealtà e probità"* (Trad. Livre: As partes e seus defensores têm o dever de comportar-se em juízo com lealdade e probidade.)

Ainda, no diploma austríaco: §§ 178, 408, 313 e 512; no português: arts. 154, 264 e 456; etc.

[23] No diploma venezuelano, art. 170: *"Las partes y los terceros que actúem en el proceso com temeridad o mala fe son responsables por los daños y perjuicios que causaren"*.

Releva salientar que o Código de Processo Civil Modelo idealizado para América Latina traz norma específica parecida com a redação dada agora ao CPC brasileiro. Mais especificamente é a redação: "as partes, seus representantes ou assistentes e, em geral, todos os partícipes do processo, pautarão sua conduta pela dignidade da justiça, pelo respeito devido entre os litigantes e pela lealdade e boa-fé."

[24] TARZIA, Giuseppe. L'art. 111 Cost. e le garanzie europee del processo civile. *Rivista di Diritto Processuale*, 2002, p. 1.

[25] GRINOVER, Ada Pellegrini. "Paixão e morte do *contempt of court* brasileiro". Calmon, Eliana; Bulos, Uadi Lâmmego (orgs.). *Direito Processual – inovações e perspectivas*. São Paulo: Saraiva, 2003, p. 1.

Podem-se apontar, no Código Processual Civil em vigor, diversas obrigações que decorrem do princípio de lealdade e probidade processual, entre elas, os de:

- expor os fatos em juízo conforme a verdade (art. 14, I);
- proceder com lealdade e boa-fé (art. 14, II);
- não formular pretensões, nem alegar defesa, cientes de que são destituídas de fundamento (art. 14, III);
- não produzir provas, nem praticar atos inúteis ou desnecessários à declaração ou defesa do direito (art. 14, IV);
- cumprir com exatidão os provimentos mandamentais (art. 14, V, primeira parte)
- não criar embaraço à efetivação de provimentos judiciais, de natureza antecipatória ou final (art. 14, V, segunda parte);
- não empregar expressões injuriosas (art. 15);
- não lançar, nos autos, cotas marginais ou interlineares (art. 161);
- não usar do processo para conseguir objetivo ilegal (art. 17, III);
- não opor resistência injustificada ao andamento da lide (art. 17, IV);
- não proceder de modo temerário em qualquer incidente ou ato do processo (art. 17, V);
- não provocar incidentes manifestamente infundados (art. 17, VI);
- não interpor recurso com intuito manifestamente protelatório (art. 17, VII);
- colaborar com o Poder Judiciário para o descumprimento da verdade (art. 339)
- comparecer em juízo, respondendo ao que for interrogado (art. 340, I);
- submeter-se à inspeção judicial, que for julgada necessária (art. 340, II);
- praticar o ato que lhe for determinado (art. 340, III);
- tratar as testemunhas com urbanidade, não lhes fazendo perguntas ou considerações impertinentes, capciosas ou vexatórias (art. 416, § 1º);
- não fraudar a execução (art. 600, I);
- não se opor maliciosamente à execução, empregando ardis e meios artificiosos (art. 600, II);
- não resistir injustificadamente às ordens judiciais na execução (art. 600, III);
- indicar ao juiz onde se encontram os bens sujeitos à execução (art. 600, IV).

O descumprimento de tais disposições imperativas, por lógico, afronta o princípio da lealdade processual, devendo ensejar conseqüências aos seus autores. Em verdade, deve-se reprimir a deslealdade, porquanto ela coloca em risco a correção da manifestação jurisdicional,[26] à medida que, além de protelar o desfecho da lide, na linguagem de Alcides de Mendonça Lima, pode iludir, mal orientar ou burlar a atuação do Estado no seu propósito de fazer justiça e preservar a legalidade.[27]

Como bem observou Alcalá–Zamora "el proceso debe servir para discutir lo discutible, pero no para negar la evidencia, ni para rendir por cansacio al adversario que tenga razón; há de representar um camino breve y seguro para obtener una sentencia justa y no un vericueto interminable y peligroso para consumar um atropello".[28]

3. A quem se dirige o dever de lealdade

Não há sentido exigir-se conduta proba somente daqueles que têm o seu direito material posto em lide – as partes – deixando-se de lado outros que podem ter atuação primordial no litígio ou na satisfação da ordem judicial emitida.

O diploma processual brasileiro, neste diapasão, foi extremamente feliz ao incluir expressamente responsabilidade de terceiros no processo. A partir da redação do art. 14 do Código Processual Civil, introduzida pela Lei 10.358/01, verifica-se que o dever de lealdade é não só daquele que pleiteia no processo (autor) como daquele a quem é pedido algo (réu), mas também de terceiros, pessoas estranhas à lide que, por qualquer razão, acabam participando do feito, isto é, advogados, procuradores, membros do Ministério Público, magistrados, oficiais de justiça, testemunhas, peritos, intérpretes, escrivães, auxiliares da justiça, autoridades coatoras (em caso de mandado de segurança), entre outros.

Seguindo a orientação de impor lealdade a todos que participam da lide é que o legislador brasileiro dispôs, no artigo acima aludido, um parágrafo, no sentido de que quem não cumprir com exatidão os preceitos mandamentais ou criar embaraço à efetivação de provimentos judiciais, de natureza antecipatória ou final, incorrerá em ato qualificado como "atentatório ao exercício da jurisdição", podendo responder por multa, sem prejuízo de outras sanções de natureza criminal, civil ou processual. Os

---

[26] STJ, 6ª Turma: "O policiamento do processo é impositivo que reclama incentivo. Atos protelatórios ou que atendem contra a dignidade da justiça precisam ser coibidos, sem falar-se na afronta ao princípio da brevidade processual." (REsp 33598/PR – Min. Luiz Vicente Cernicchiaro – DJ 31/05/1993)

[27] TUCCI, José Rogério Cruz e. *Repressão ao dolo processual: o novo art. 14 do CPC.* Revista Jurídica, Porto Alegre: Notadez, ano 50, nº 292, p. 15-27, fev. 2002, p. 10.

[28] ALCALÁ-ZAMORA y CASTILLO, Niceto. *Proceso, autocomposición y autodefesa.* México: UNAM, 1970, p. 221.

advogados, todavia, segundo a redação de tal dispositivo legal, sujeitam-se unicamente aos estatutos da Ordem dos Advogados do Brasil.

Cumpre esclarecer que os advogados não tiveram seu dever de lealdade afastado pela redação de tal norma. Interpretação nesse sentido, por certo, não apresenta qualquer lógica. O fato de a nova lei ter disposto que compete às "partes e a todos aqueles que de qualquer forma participam do processo", alterando a redação que antes impunha dever de lealdade às "partes e de seus procuradores", deve ser interpretado no sentido de que o dever dos procuradores se insere entre a dos terceiros e não que tenha sido afastada.

Ora, não se pode cogitar a exigibilidade de conduta íntegra de todos que participam do processo excluindo-se, justamente, a dos advogados, cuja atuação é imprescindível, devendo respeito não só ao processo, mas também ao seu exercício profissional.[29] Aliás, tal obrigação dos causídicos decorre de uma interpretação sistemática do próprio CPC, calhando ler-se o art. 14 em consonância com o próprio art. 15 (é defeso às partes e seus advogados) e o título do Capítulo II do Livro I (Dos deveres das partes e seus procuradores), onde também estão inseridos os deveres de conduta. Os advogados estão sujeitos sim à lealdade e, inclusive, a um código de ética próprio.[30]

Corretamente observa José Eduardo Carreira Alvim que o princípio da lealdade processual passa, sem dúvida, pela pessoa dos procuradores das partes, motivo pelo qual não haveria razão para retirar qualquer dever deles. Muito pelo contrário, os advogados são geralmente os verdadeiros autores dos atos protelatórios, atentatórios e emulativos, que "fazem o processo correr fora dos trilhos da boa-fé processual".[31]

Ora, pela interpretação do parágrafo único do art. 14 em consonância com outros artigos do CPC, conclui-se que há dever de lealdade, sim, dos advogados. O que não há é a possibilidade de serem eles diretamente punidos pelos magistrados caso atuem de maneira ímproba. A atitude de má-fé do causídico configura, não há dúvida, falta disciplinar, cujo palco de julgamento, todavia, será, a teor do que se verifica em outros ordena-

---

[29] A conduta ética é ponto central na questão processual. A "Unión Iberoamericana de Colegios y Agrupaciones de Abogados" aprovou um código comum de Ética na "Declaración de Mar del plata", o qual refere o dever ao profissional de "contribuir a la celeridad de los procesos que intervegna, observando los plazos y términos legales. Se abstendrá de recursos o médios que, aunque formalmente legales, importen uma violación a las presentes normas y sean perjudiciales al normal desarollo del proceso y de toda gestión puramente dilatoria que, sin ningún propósito justo, lo entrpezca y de causar aflicciones o perjuicios innecesarios."

[30] Publicado no Diário de Justiça, Seção I, do dia 1.3.1995, p. 4000 a 4004.

[31] ALVIM, José Eduardo Carreira. *Código de Processo Civil reformado*. 5 ed. Rio de Janeiro: Forense, p. 6.

mentos, o seu órgão de classe que tem por função apreciar a conduta ética empregada no exercício da profissão.

No ordenamento processual civil italiano, por exemplo, a situação é idêntica, referindo o art. 88 daquele diploma que há o dever *di lealtà* e *di probità* e que *"In caso di mancanza dei difensori a tale dovere, il giudice deve riferirne alle autorità che esercitano il potere disciplinare su di essi"*.[32]

No direito português, de igual maneira, verifica-se que, a fim de preservar a independência do advogado, não se dá ao juiz poderes de puni-lo, mas sim à Ordem dos Advogados, a qual lá poderá, inclusive, definir indenização.[33]

Com o devido respeito, não se concorda com parte da doutrina,[34] segundo a qual é criticável a exclusão dos advogados da regra do parágrafo único do art. 14 do diploma processual pátrio. Ao contrário do que sustentado, *concessa venia*, não se trata de corporativismo, a fim de imunizar os atos ímprobos dos advogados, até porque a responsabilidade pessoal pelos atos praticados existe, e pode trazer efeitos não só perante ao Órgão de Classe (OAB), mas também por virtude de ação judicial, regressiva, proposta pelo mandante (cliente) que respondeu pelos atos ímprobos do mandatário.

De fato, a regra do art. 14 segue a orientação preconizada de há muito no próprio diploma instrumental pátrio, calhando referir a disposição do parágrafo único do art. 196[35] que remete a responsabilidade do profissional, por falta judicial, à apreciação da Ordem dos Advogados do Brasil.

A não-responsabilização tem razão lógica, qual seja, a de evitar prejuízo à própria efetivação da justiça. Sendo os advogados indispensáveis à prestação jurisdicional e necessariamente devendo ostentar autonomia de pensamentos, não se pode permitir que fiquem adstritos a punições pessoais por juízes, situação que, sem dúvida, poderia inibir a amplitude de suas atuações. Não há, e não pode haver, hierarquia entre juízes e advogados, preservando o direito destes de lutar livremente na defesa dos direitos de seus constituintes, mesmo que isso desagrade ao juízo.

---

[32] Tradução livre: "No caso de os defensores faltarem com os seus deveres, o juiz deve relatar às autoridades que exercitam o poder de disciplinar sobre eles."

[33] Código Processual Civil português: "Art. 459º (Responsabilidade do Mandatário). Quando se reconheça que o mandatário da parte teve responsabilidade pessoal e directa nos actos pelos quais se revelou a má-fé na causa, dar-se-á conhecimento do facto à Ordem dos Advogados ou à Câmara de Solicitadores, para que estas possam aplicar as sanções respectivas e condenar o mandatário na quota-parte das custas, multa e indemnização que lhes parecer justa."

[34] DINAMARCO, Cândido Rangel. *A reforma da reforma*. 6ª ed., São Paulo: Malheiros, 2003, p. 68; ALVIM, José Eduardo Carreira. *Código de processo civil reformado*. 5ª ed., Rio de Janeiro: Forense, p. 7.

[35] Art. 196, parágrafo único. "Apurada a falta, o juiz comunicará o fato à seção local da Ordem dos Advogados do Brasil, para o procedimento disciplinar e imposição da multa."

O que se está dizendo, frise-se, não é que os advogados não tenham, ou não devam ter, responsabilidade nos litígios em que atuam. Muito pelo contrário, têm e podem ser responsabilizados, em processo próprio, caso, independente de sindicância administrativa disciplinar perante a OAB, seu constituinte julgue que o ato cometido, e pelo qual foi prejudicado, é de responsabilidade exclusiva ou proporcional do procurador. O que, aqui, se está a afirmar é que não se pode permitir, na vida forense, quando geralmente, na luta pelo direito e pela justiça, os ânimos ficam acirrados entre juízes e advogados – os quais, antes de mais nada, são humanos (com sentimentos, defeitos e virtudes) –, um possa exercer supremacia sobre outro podendo pessoalmente puni-lo.

Se isso ocorresse, certamente, haveria um prejuízo à liberdade de atuação e pensamento dos advogados e, ao fim, dano à própria justiça, da qual aquele faz parte indissociável, sendo constitucionalmente[36] imprescindível.[37]

A Lei 8.906/94 bem define a preocupação de se manter a inviolabilidade do advogado por razões lógicas, cabendo relembrar alguns princípios dispostos no art. 2º: "O advogado é indispensável à administração da justiça"; "no seu ministério privado, o advogado presta serviço público e exerce função social"; "no processo judicial, o advogado contribui, na postulação de decisão favorável ao seu constituinte, ao convencimento do julgador, e seus atos constituem múnus público"; "no exercício da profissão, o advogado é inviolável por seus atos e manifestações, nos limites desta lei". Da mesma forma, o art. 31 do mesmo Estatuto refere: "o advogado, no exercício da profissão, deve manter independência em qualquer circunstância"; "nenhum receio de desagradar a magistrado ou a qualquer autoridade, nem de incorrer em impopularidade, deve deter o advogado no exercício da profissão."

José Rogério Cruz e Tucci, de forma absolutamente precisa, consigna que a exceção do parágrafo único do art. 14 se justifica plenamente pela experiência que o foro traz, porquanto, "na mão de juízes rancorosos", se possível fosse punir pessoalmente os advogados, o dispositivo legal "acabaria sendo instrumento de ameaça e constrangimento para o livre exercício da advocacia." É que, infelizmente, conforme bem expõe o douto

---

[36] Constituição Federal de 1988: "Art. 133. O advogado é *indispensável* à administração da justiça, sendo *inviolável* por seus atos e manifestações no exercício da profissão, nos limites da lei."

[37] O advogado, segundo corretamente expõe Valentina Jungmann Cintra Alla, "defende a liberdade, luta contra todas as manifestações de arbítrio, partam elas dos governantes ou dos Tribunais. Em todos os períodos de nossa história, tem criado e cria liberdade. E por criar a liberdade, muitas vezes incomoda poderosos e afronta a opinião pública. É o único profissional que é obrigado a enfrentar o poder." (Independência do advogado. *Revista de processo*, nº 103. São Paulo: Revista dos Tribunais, 2001, p. 225).

professor, "o ideal de isenção que deveria triunfar durante todo o desenrolar do procedimento judicial e sobretudo no momento de o magistrado proferir o julgamento, por força de inexoráveis determinantes do relacionamento humano, nem sempre é verificado."

Mauro Cappelletti,[38] conforme bem lembrado por Tucci, já afirmara que as decisões judiciais, porque prolatadas por homens (juízes), vêm consubstanciadas de sentimentos que vão muito além da *ratio decidendi.*

Por tais razões, a norma excepciona a responsabilidade do procurador nos mesmos autos, não podendo o juiz puni-lo, mas, nem por isso pode-se afirmar que não há dever de lealdade nem há responsabilidade, na medida em que, frise-se, nada impede que a parte constituinte, prejudicada, exerça, nos termos do art. 32 da Lei 8.906/94, ação contra aquele pelo ato imponderado realizado, fonte de dano material ou processual, sem prejuízo do julgamento da falta disciplinar perante o órgão de classe.[39]

Avaliza tal pensamento Ovídio Baptista da Silva, ao lecionar que os procuradores não respondem por má-fé diante dos prejudicados, mas sim os mandatários, pelo princípio que impera no direito pátrio, segundo o qual o procurador age em nome do mandatário, "de modo que este há de responder pelos atos de má-fé porventura praticados pelo advogado". Em última análise, "sendo a parte obrigada a indenizar em virtude de má-fé processual de seu procurador, somente através de ação regressiva poderá reaver deste o que tenha desembolsado".[40]

Assim como as multas não atingem os causídicos, sejam eles particulares ou públicos, também, pelo mesmo princípio, não atingirão os membros do Ministério Público, quando atuando em atividades que se assemelham à daqueles. Pode-se registrar que a responsabilidade dos membros do *parquet*, em tal circunstância, fica relegada à apuração em processo administrativo, sem prejuízo de ação própria intentada contra ele pelo eventual prejudicado. Atuando, todavia, como mero fiscal da lei, por exemplo em ações que envolvem interesses de incapazes (art. 82, inc. I, do CPC), configurado ato desleal de sua parte no sentido de causar obstáculo à efetivação da decisão judicial, devem, com certeza, responder por multa a ser fixada pelo juiz nos próprios autos.

De se ver que a exceção à responsabilidade pessoal de advogados, dos membros do Ministério Público, nos termos acima, e até de defensores públicos, se dá com o propósito de impedir represálias e inibições a estes

---

[38] CAPPELLETTI, Mauro. *Ideologie nel diritto processuale*. Processo e ideologie, Bologna: Mulino, 1969, p. 23.

[39] Lei 8.906/94, art. 32: "O advogado é responsável pelos atos que, no exercício profissional, praticar com dolo ou culpa".

[40] SILVA, Ovídio Baptista da. *Curso de Direito Processual Civil*. São Paulo: Revista dos Tribunais, p. 110.

quando postulam em juízo em nome alheio, e somente a estes. Por tal razão, tem-se que o juiz não escapa da responsabilidade[41] pessoal em razão do ato tido por afrontoso ao dever de lealdade. A doutrina mais avançada[42] tem defendido essa orientação, muito embora ainda tenha incerteza quanto a sua aplicação prática,[43] na medida em que, de fato, mostra-se improvável ver o próprio juiz da causa se auto-aplicando multa por comportamento indigno...

Particularmente, temos que, na prática, a responsabilidade dos magistrados será sempre definida ou pelo tribunal, quando apreciar algum recurso ou sucedâneo recursal, ou por outro juiz, como por exemplo, o deprecante em face do deprecado.

Cumpre registrar, contudo, que antes de haver qualquer condenação, seja do juiz, seja de qualquer outro, preciso é abrir-se o contraditório, permitindo a ampla defesa, até por respeito aos princípios constitucionais e infraconstitucionais que reinam em um Estado Democrático de Direito.

A fim de não se tumultuar o processo, afigura-se prudente abrir-se incidente, procedimento em apartado, a fim de processar-se a situação sem prejuízo ao desenvolver da lide principal.

Caso julgado injustificado o ato, deverá ser imposta a penalidade cabível.

4. Conseqüências decorrentes da quebra ao dever de lealdade

Segundo pensamos, o dever de lealdade é um dos pilares do direito processual contemporâneo, tendo sua fixação o propósito de adequar a conduta dos cidadãos "à dignidade do instrumento de que se servem para obter a administração da justiça".[44] O desrespeito a essa obrigação de lealdade configura, sem dúvida, ato atentatório à dignidade da justiça e, por tal razão, necessita receber juízo exemplar de reprovação pelo Judiciário.

É que, como bem referiu Alfredo Buzaid, é verdadeiramente intolerável que, destinado a realizar uma atividade primordial do Estado, tenha

---

[41] No mesmo sentido: SILVA, Ovídio Baptista da. *Comentários do Código de Processo Civil.* São Paulo: Revista dos Tribunais 2003. p. 8.

[42] Wambier, Teresa Arruda Alvim & Wambier, Luiz Rodrigues. *Breves comentários a 2ª. Fase da reforma do código de processo civil.* São Paulo: Revista dos Tribunais, 2002, p. 32.

[43] Candido Rangel Dinamarco sugere que o juiz não responde pela multa "até porque na prática ficar-se-ia sem saber quem a aplicaria (o próprio juiz?). (A reforma da reforma. São Paulo: Malheiros, 2003, p. 70.)

[44] Buzaid, Alfredo. Processo e Verdade no Direito Brasileiro. *Revista de Processo*, nº. 47, p. 95.

o Judiciário que suportar, sem reação vigorosa, as manobras tendenciosas de litigantes ímprobos.[45]

O art. 125, inc. III, do diploma processual, aliás, claramente estipula que o juiz deve reprimir atos atentatórios à dignidade da justiça, ao mesmo tempo que outros dispositivos processuais prevêem sanções aplicáveis aos jurisdicionados desleais, podendo-se arrolar, entre outras: a) multa por prática de ato atentatório ao exercício da jurisdição (art. 14, parágrafo único); b) multa, indenização, pagamento de custas e honorários por prática de ato eivado de má-fé (art. 18); c) multa por atentado ao processo de execução (art. 600).

Contemporaneamente, sem dúvida, o sistema não admite que o juiz figure na posição de mero espectador do processo, mas sim como verdadeiro diretor, conduzindo a lide para que dela se possa obter decisão justa.[46]

Essa orientação fora implantada, inegavelmente, já no Código de 1939 que, na sua exposição de motivos, salientara: "A direção do processo deve caber ao juiz; a este não compete apenas o papel de zelar pela observância formal das regras processuais por parte dos litigantes, mas o de interferir no processo de maneira que este atinja, pelos meios adequados, o objetivo da investigação dos fatos e descoberta da verdade".[47]

Vejamos, destarte, alguns instrumentos de repreensão a atos inidôneos e desleais que o legislador pátrio elegeu, buscando garantir resultado profícuo ao processo:

4.1. Da multa por prática de ato atentatório ao exercício da jurisdição

O parágrafo único do art. 14 do CPC, conforme já visto, prevê a possibilidade de apenar-se às partes e a terceiros (com exceção dos advogados, defensores públicos e os membros do Ministério Público,[48] pelas razões já expostas) pela prática de atos atentatórios ao exercício da jurisdição, em quantia equivalente a até 20% do valor da causa, arbitrada segundo a gravidade do ato, sem prejuízo de outras sanções civis, processuais e criminais a que está sujeito o agente.

---

[45] Buzaid, Alfredo. *Estudos e Pareceres de Direito Processual Civil*. São Paulo: Revista dos Tribunais, 2002, p. 38.

[46] Marinoni, Luiz Guilherme. *Novas Linhas do Processo Civil*, 3ª. ed., São Paulo: Malheiros, 1999, p. 101 e segs.

[47] No mesmo sentido, na doutrina estrangeira, vide: OITEZA, Eduardo. Abuso de los derechos procesales en América Latina. MOREIRA, José Carlos Barbosa (coord.). *Abuso dos direitos processuais*. Rio de Janeiro: Forense. 2000, p. 17.

[48] Salvo quando atua como fiscal da lei.

Trata-se de multa, cujo valor, limitado nos moldes acima, será arbitrado pelo juiz, levando em consideração a gravidade da conduta de desrespeito do agente. O produto de tal sanção reverterá em favor do Estado ou da União ao final da causa, como dívida ativa, caso não haja o pagamento espontâneo no prazo fixado após o trânsito em julgado.

Logicamente, a multa reverterá em favor dos Estados (e do Distrito Federal) quando for arbitrada em processo tramitando na justiça comum; por conseguinte reverterá em favor da União, quando for fixada em processo que se desenvolve na Justiça Federal. A norma, muito embora não tenha caráter reparatório, acaba revertendo ao Estado lesado o valor da multa o que, sem dúvida, demonstra a natureza pública e social do prejuízo, suportado a partir do ato temerário, desonesto.

A redação do art. 14 considerou atentatório ao exercício da jurisdição, com possibilidade de sanção, apenas o ato daquele que "não cumpre com exatidão os provimentos mandamentais" ou "cria embaraços à efetivação de provimentos judiciais, de natureza antecipatória ou final."

Somente o ato ímprobo, representado pela negativa de cumprimento de mandamentos ou efetivação de medidas, possibilita a multa, tendo o legislador deixado de fora, infelizmente, todos os demais atos impróprios e desonestos, ainda que, igualmente, atentem contra o exercício da jurisdição, tais como: não expor os fatos conforme a verdade; proceder de maneira desleal ou de má-fé, formular pretensões cientes de que são destituídas de fundamento; produzir prova ou praticar atos inúteis ou desnecessários à declaração ou defesa do direito...

Ora, sendo o propósito da norma do parágrafo único do art. 14 trazer a ética para o processo e reprimir atitudes que atentem contra a jurisdição, parece-nos absolutamente imprópria a redação legal atribuída que prevê vários deveres de lealdade, mas só pune o descumprimento de um deles.[49] Vale dizer, se, por exemplo, o perito judicial não cumprir o provimento judicial, responde por multa; todavia, se não expuser os fatos conforme a verdade, protelando o desfecho da lide, não sofre qualquer sanção a ser honrada perante o Estado.

O equívoco legislativo parece claro, mormente quando se lê, na exposição de motivos do anteprojeto da Lei 10.358/01 (que deu redação ao art. 14), a orientação de "reforçar a ética no processo, os deveres de lealdade e de probidade que devem presidir ao desenvolvimento do con-

---

[49] Correta, destarte, a observação de Helio Tornaghi: "Alguns preceitos meramente cívicos ou éticos são recolhidos no campo do direito, sem cominação de pena para o descumprimento, tornando-se destarte verdadeiros conselhos legais. Outros se fazem acompanhar de sanções e criam verdadeiros deveres jurídicos." (*Comentários ao Código de Processo Civil*, 2ª. ed. São Paulo, 1976, p. 139).

traditório, e isso não apenas em relação às partes e seus procuradores, mas também a quaisquer outros participantes do processo".[50]

Por outro lado, a fim de melhor efetivar o propósito de tal orientação, parece-nos que, igualmente, teria sido mais adequado que o legislador tivesse determinado a multa do art. 14 proporcionalmente ao desrespeito à decisão,[51] a teor do que ocorre na *common law*, e não ao valor da causa, já que, muitas vezes, esse é absolutamente irrisório.

Seja como for, o fato é que nesses termos a multa será fixada tanto à parte quanto ao terceiro que descumprira o preceito aludido. Quanto à imposição de multa ao terceiro, questão interessante emerge sob o ponto de vista recursal, qual seja: não sendo interessado no litígio, teria legitimidade recursal, à luz do art. 499?

A resposta não se afigura fácil.

É que, pela redação do art. 499 somente o terceiro interessado, ou seja, aquele que, na conceituação de Nery & Nery, "tem interesse jurídico em impugnar a decisão, isto é, aquele que poderia ter ingressado no processo como assistente simples ou litisconsorcial"[52] teria interesse recursal.

Perante tal situação, parte da doutrina[53] tem-se posicionado pela impossibilidade de interposição de agravo de instrumento ou de recurso de apelação pelo terceiro que sofreu a penalidade, cabendo a este, no máximo, mandado de segurança.

Há quem defenda, como Cândido Rangel Dinamarco[54] e Fredie Didier Júnior,[55] que a legitimidade recursal do terceiro nasce em relação àquele incidente, em que de fato participa como parte podendo, nesta senda, se insurgir contra a condenação por meio do recurso próprio, geralmente agravo ou apelação.

Particularmente, cremos que, a teor da legislação vigente, não se verifica possibilidade de se qualificar o terceiro como parte, sequer em relação ao incidente,[56] de forma que, estaria esse em posição análoga

---

[50] TEIXEIRA, Sálvio de Figueiredo & CARNEIRO, Athos Gusmão. Exposição de Motivos (anteprojeto n. 14). *Revista Síntese de Direito Civil e Processual Civil*, nº 2, p. 149.

[51] LEORNARDO, Rodrigo Xavier. Os deveres das partes, dos advogados e dos terceiros na reforma do código de processo civil. MARINONI, Luiz Guilherme; DIDIER JÚNIOR, Fredie. (coords.), *A segunda etapa da reforma Processual Civil*, p. 422.

[52] NERY JUNIOR, Nelson; NERY, Rosa Maria Andrade. *Código de Processo Civil comentado e legislação processual civil extravagante em vigor*. 3. ed., São Paulo, Revista dos Tribunais, 1997, p. 724.

[53] LEORNARDO, Rodrigo Xavier. Ob. cit., p. 419.

[54] DINAMARCO, Cândido Rangel. *A reforma da reforma*. 6ª ed., São Paulo: Revista dos Tribunais, 2003, p. 71.

[55] Didier Júnior, Fredie. *A nova reforma processual*. São Paulo: Revista dos Tribunais. 2002, p. 17 e segs.

[56] Neste sentido: MARINONI, Luiz Guilherme; ARENHART, Sérgio. *Comentários ao Código de Processo Civil*, v. 5. t. 2, p. 345.

àquela do perito judicial (terceiro sem interesse na lide) que teve seus honorários arbitrados pelo juiz em quantia não razoável, isto é, muito embora não tenha recurso de agravo ou de apelação, pode-se valer de mandado de segurança, aliás, conforme já decidiu a 3ª. Turma do STJ.[57]

4.2. Da multa, indenização, pagamento de custas e honorários advocatícios por ato eivado de má-fé

Não obstante a aplicação de eventual multa em favor do Estado, nos termos acima definidos, o autor, réu ou interveniente, *e somente estes,*[58] podem ser penalizados por atitudes temerárias, consideradas de má-fé, as quais estão definidas pelo Código Processual.[59]

O ato de má-fé qualifica-se como ato desleal, pernicioso, malévolo, temerário que, pelas mesmas razões aventadas alhures, merece ser recriminado. A pena por litigância temerária, obviamente, pode ser aplicada mais de uma vez ao litigante ímprobo, todavia deverá ter por origem atos diversos, sob pena de se verificar *bis in idem.*[60]

O estatuto processual dispôs no art. 17 os atos que configuram o *improbus litigator.* O rol é taxativo, todavia, por seu conteúdo amplo, acaba abarcando praticamente todas as situações de deslealdade que se pode verificar nos foros.

Com efeito, configurada a litigância temerária responderá a parte, nos termos do art. 18 do CPC, ou seja, poderá ser condenada a pagar: a) multa não excedente a 1% do valor da causa; b) indenização; c) honorários da parte adversa; e, d) despesas do processo.

---

[57] STJ, 3ª. turma: "A atuação do perito subordina-se ao magistrado condutor do feito, não guardando qualquer relação com as partes, razão pela qual não pode ser considerado terceiro prejudicado. Falta-lhe, portanto, legitimidade para recorrer, devendo buscar a defesa de seus interesses contra atos do juiz por meio de mandado de segurança." (REsp 166.976/SP. Rel. Min. Eduardo Ribeiro. J. 06/06/2000)

[58] PONTES DE MIRANDA, ao comentar o art. 17 do Código de Processo Civil, afirma que o litigante ali referido "é quem peça ou quem tenha de responder: o autor; o reconvinte; o terceiro embargante; aquele a quem a lei dá direito de recurso; aquele que se apresentou como se tivesse tal direito; qualquer autor nos processos acessórios; o que pede homologação de sentença estrangeira; o que suscita conflito de jurisdição; o que interpõe recurso extraordinário; o que executa sentença, não tendo sido o autor da ação, como o sucessor, se o abuso do direito processual é seu." (MIRANDA, Francisco Cavalcanti Pontes de. *Comentários ao Código de Processo Civil.* 4ª ed., Rio de Janeiro: Forense, 1995, Tomo I, p. 366-367.)

[59] A legislação esparsa também prevê a litigância de má-fé, cabendo lembrar: art. 17 da Lei nº 7347/85 (Ação Civil Pública); art. 13, da Lei 4.717/65 (Ação Popular); art. 27, da Lei 9307/96 (Lei de Arbitragem) etc.

[60] RT 623/113: Para coibir abusos processuais, o legislador considerou várias hipóteses, reproduzidas nos incisos do art. 17 do CPC, visando a dar ao juiz o instrumento eficaz na administração da Justiça e na preservação dos princípios da lealdade processual. A sanção de litigância de má-fé aplicada anteriormente não imuniza a parte que a sofreu de outros tantos quantos forem os atos praticados em flagrante violação das normas processuais de conduta (1ª TACSP - 5ª C. - AP. 372.279-4 - Rel. Laserte Nordi - 24.04.1987).

Extrai-se de tal disposição normativa o claro propósito de buscar dar resposta adequada àquele litigante que, de fato, afronta à postura desejável no processo dialético. A condenação de que trata pode ser deferida *ex officio* pelo juiz ou pelo tribunal, o que bem evidencia o espírito construtivista de se imporem limites éticos ao processo, velando pela lealdade e probidade. Procede a observação de Carreira Alvim ao referir que "o objetivo do preceito é prestigiar a lealdade processual e a boa-fé".[61]

É possível cumular-se a indenização, a multa e as despesas, porquanto cada uma delas tem natureza jurídica diversa.

A condenação em *multa* de 1% sobre o valor da causa possui, particularmente, natureza punitiva[62] e reflete o aspecto moral de repreensão contra o agente faltoso,[63] independentemente de o fato por ele cometido ter causado dano ou não.

Além da multa, o juiz, de pronto, poderá condenar o litigante ímprobo a pagar uma *indenização* em importância não superior a 20% ao valor da causa, ou remeter os prejuízos para liquidação por arbitramento (art. 18, parág. 2º.).

Essa *indenização* tem sido fonte de divergências no meio jurídico, muito especialmente no que pertine a sua natureza jurídica. Calha referir que o próprio Superior Tribunal de Justiça já chegou a registrar que a mesma teria caráter de multa[64] ou de pena pecuniária.[65]

---

[61] ALVIM, José Eduardo Carreira. *Código de processo civil reformado.* 5ª ed., Rio de Janeiro: Forense, p. 18.

[62] AMARAL, Guilherme Rizzo. *As astreintes e o processo civil brasileiro.* Porto Alegre: Livraria do Advogado, 2004, p. 155.
No mesmo sentido, vide: NETTO, Nelson Rodrigues. A fase atual da reforma processual e a ética no processo. *Revista de Direito Processual Civil.* Curitiba: Gênesis, vol. 31, Ano VIII, janeiro–março 2004. p. 169.

[63] Assim como o art. 18, o art. 538, parágrafo único, do CPC impõe multa contra a propositura de embargos de declaração protelatórios, cujo valor não excederá 1% (um por cento) sobre o valor da causa. Reiterado o ato tido pelo legislador como ímprobo, isto é, reiterados embargos procrastinatórios, há a possibilidade de o juiz fixar a multa em até 10% (dez por cento) do valor da causa, ficando condicionada a interposição de qualquer outro recurso ao depósito do valor respectivo.

[64] STJ, 6ª Turma: "O § 2º do art. 18 do CPC, ao estabelecer que o juiz poderá, de pronto, fixar o valor da indenização em quantia não superior a 20% do valor da causa tem, indubitavelmente, o caráter de multa, tanto que não isenta a parte desleal da responsabilidade civil aquiliana. É que, em caso como os trazido a lume, o juiz, diante das dificuldades para investigar os danos supôs pela parte inocente, usa da faculdade prevista no citado dispositivo, simplificando e acelerando os atos e procedimentos, com vistas à efetividade do processo." (AgRg 138.100 – Rel. Min. Fernando Gonçalves – DJU 30.06.1997).

[65] STJ, 4ª. Turma: "Cabe ao magistrado reprimir os atos atentatórios à dignidade da Justiça, e assim poderá impor ao litigante de má-fé, no mesmo processo e independentemente de solicitação da outra parte, a indenização ferida no 18 do CPC, que apresenta caráter nítido de pena pecuniária." (REsp. 17.608 – Athos Gusmão Carneiro – j. 24.06.1992) No mesmo sentido: 2ª Turma, REsp 13.722-SP. Min. Pádua Ribeiro. DJU 13.06.1994.

Segundo nossa concepção, trata-se de indenização propriamente dita. Diz respeito, justamente, à reparação do prejuízo ao direito do litigante adverso de ter um processo desenvolvendo-se, de forma digna, no estrito tempo em que necessário e dentro da lealdade. A indenização será arbitrada em percentual sobre o valor da causa, levando em conta o dano que a atitude ímproba ocasionou ao andar do processo. Ora, se o processo é o instrumento para o alcance do direito material, tendo por propósito entregá-lo a quem faz jus da forma mais rápida, efetiva e menos onerosa possível, obviamente que, não cumprindo tal desiderato em razão de atitudes descabidas realizadas por um dos litigantes em prejuízo do outro, deve haver obrigação daquele de compensar este.

A indenização tem por fundamento o prejuízo experimentado pela parte em face do protelamento no desenrolar da lide (prejuízo à administração da Justiça),[66] ou seja, indeniza-se a injusta procrastinação que o ato malévolo causou, pouco importando que a decisão da lide seja favorável ao agente ou não,[67] uma vez que a indenização se origina do dano ao direito de ter prestação jurisdicional efetiva, nada tendo a ver com o mérito da lide.

Muito embora não haja previsão legal, a teor do que ocorre no direito italiano (art. 88 e 92),[68] a doutrina e a jurisprudência são absolutamente convergentes ao sustentarem que a penalização por litigância de má-fé pode ser aplicada ao vencedor da causa,[69] já que aquela está fulcrada no comportamento desleal durante o processo, e não no seu resultado final. O fato de se ter vencido a ação não faz desaparecer o ato reprovável que prejudicou a tramitação da mesma, violando o direito da parte adversa de ter um processo rápido, ainda que desfavorável.

Destarte, para que haja condenação ao pagamento de indenização em face de litigância de má-fé basta que seja possível se verificarem prejuízos ao processo, originários daquela conduta, vale dizer, que se denote dano

---

[66] ALVIM, José Eduardo Carreira. *Código de Processo Civil reformado.* 5ª ed., Rio de Janeiro: Forense, p. 16.

[67] Neste sentido, ver: Barbi, Celso Agrícola. *Comentários ao Código de Processo Civil*, 10ª. ed., Rio de Janeiro: Forense, 1998, v. 1, p. 105.

[68] Art. 92 Condanna alle spese per singoli atti. Compensazione delle spese Il giudice, nel pronunciare la condanna di cui all'articolo precedente, può escludere la ripetizione delle spese sostenute dalla parte vincitrice, se le ritiene eccessive o superflue (184, 216) e può, indipendentemente dalla soccombenza (345), condannare una parte al rimborso delle spese, anche non ripetibili, che, per trasgressione al dovere di cui all'art. 88, essa ha causato all'altra parte.
Art. 88 Dovere di lealtà e di probità
Le parti e i loro difensori hanno il dovere di comportarsi in giudizio con lealtà e probità (Cod. Pen. 92, 395 598).
In caso di mancanza dei difensori a tale dovere, il giudice deve riferirne alle autorità che esercitano il potere disciplinare su di essi.

[69] JTARGS 83/239.

ao desenrolar do feito, violando o direito subjacente de todo litigante de ver a causa ser resolvida da forma ética e honesta.[70] A mera demora no desfecho da ação decorrente da interposição de recurso manifestamente infundado ou procrastinatório por uma das partes, por exemplo, configura dano ao direito da adversa, cabendo aplicação da condenação, a requerimento ou *ex officio*.

Em outras palavras, o juiz, ponderará a conduta desleal e ímproba do agente e, verificando o prejuízo ao desenvolvimento hígido do feito, emitirá juízo de reprovação punindo o ofensor, revertendo a pena a favor da parte adversa que, *a fortiori*, suportou os efeitos do ato (representados pela procrastinação, criação de dificuldades ao esclarecimento dos fatos, etc.).

A indenização deverá ser arbitrada de forma capaz a *compensar* o litigante que teve furtado o seu direito de ter prestação jurisdicional efetiva e rápida, ao mesmo tempo em que apresenta caráter punitivo e pedagógico ao ofensor.

O prejuízo será aferível pelo juiz com base nos elementos constantes nos próprios autos. Verificando quais foram os efeitos da atitude desqualificada perante o escorreito tramitar da lide, fixará indenização proporcional ao dano constatado. Ora, se a atitude desleal simplesmente protelou o feito, a indenização será uma; se o ato, além de protelar o processo, induziu o juiz em erro no deferimento de uma prova desnecessária, trazendo com isso notável tumulto à lide, sem dúvida a pena será outra. Nesses termos, prudente foi a referência do legislador no tocante ao arbitramento em percentual variável, aferível a cada situação.

Prudente também se afigurou a fixação de multa, independentemente de indenização, porque, se o ato desleal não causou prejuízo algum ao desenvolvimento do processo, não restará o litigante ímprobo impune, na medida em que, muito embora não responda pela indenização,[71] responderá ao menos pela multa.

Aliás, segundo o STJ "se o fato, que seria ensejador de má-fé processual, não causou, no caso, qualquer prejuízo às partes quer ao processo, não há identificar ofensa aos arts. 18 e 22 do CPC", pela não-fixação de reparação.[72]

---

[70] "A conduta temerária em incidente ou ato processual, a par do elemento subjetivo, verificado no dolo ou culpa grave, pressupõe elemento objetivo, consubstanciado no prejuízo causado à parte adversa". (STJ – 1ª Turma – REsp 21.549-7-SP – Rel. Min. Humberto Gomes de Barros – DJ 8.11.93, p. 23.520).

[71] STJ. 1ª Turma: "Para a condenação em litigância de má-fé, faz-se necessário o preenchimento de três requisitos, quais sejam: a conduta da parte que subsuma a uma das hipóteses taxativamente elencadas no art. 17 do CPC; que à parte tenha sido oportunidade de defesa (CF, art. 5º, LV) e que sua conduta resulte prejuízo à adversa" (REsp 250.781 – Rel. Min. José Delgado – j. 23.05.2000).

[72] STJ, 3ª Turma – REsp 277.929- Rel. Min. Antônio Pádua Ribeiro – j. 03.05.2001.

Havendo dano à tramitação do processo e sendo arbitrada indenização de pronto, ou remetida para fase liquidatória (caso as extensões dos danos à lide tenham sido complexos), sem dúvida tal fato não afeta o direito de a parte prejudicada pelo ato desleal deduzir ação autônoma buscando perdas e danos decorrentes, não do prejuízo ao processo, mas daqueles verificados fora dele.

Em outras palavras, pode-se afirmar que o fato de a parte litigante de má-fé ter sido condenada, nos termos do art. 18, ao pagamento de multa e indenização, não retira o direito de a vítima buscar, não obstante o pagamento da condenação processual aludida, perdas e danos, derivados da conduta desautorizada, que se encontram fora do processo e que, por tal razão, não foram objeto de apreciação pelo juiz no momento de arbitrar o valor da indenização.[73]

A condenação fixada nos termos do art. 18 refere-se, de regra, somente aos danos processuais, e é por tal razão que, inclusive, recebe limitação com base nos valores constantes do processo, expressos no valor da causa.[74] Danos outros que não ao "direito ao processo efetivo", podem ser buscados em ação própria e, quanto a eles, obviamente não há limitação ao valor da causa, até porque, se assim houvesse, ter-se-ia afronta ao princípio da *restitutio in integrum* e enriquecimento sem causa por parte do ofensor.

Além da multa e da indenização, pela litigância de má-fé responderá a parte faltosa com os ônus dos honorários advocatícios e das custas processuais, proporcionais à falta. Mesmo vencedor na ação, o litigante ímprobo deverá adimplir com os honorários do advogado da parte adversa, derrotada, proporcional ao trabalho por ela desenvolvido contra a atitude desleal, a teor do que se verifica também no direito português.[75]

---

[73] Leonardo Cunha leciona que os danos do art. 18, que serão arbitrados nos próprios autos, são os "endoprocessuais. Os que se verificarem fora do processo, ou seja, os que são extraprocessuais, haverão de ser indenizados em ação autônoma". (CUNHA, Leonardo José Carneiro da. *Inovações no processo civil.* São Paulo: Dialética, 2002, p. 15.)

[74] Nery leciona que o valor da condenação de até 20% sobre o valor da causa se dá "Caso o juiz reconheça a litigância de má-fé, mas não tenha parâmetros para fixar o valor da condenação". "Na hipótese de os prejuízos excederem esse limite, o juiz deverá reconhecer a litigância de má-fé (*an debeatur*) e remeter a apuração do *quantum debeatur* para a liquidação por arbitramento. Neste último caso o prejudicado deverá demonstrar a extensão do dano na ação de liquidação por arbitramento, que se dará nos mesmos autos." Segundo ao autor: "O limite de 20% sobre o valor da causa, portanto, é para que o juiz possa, de imediato, fixar a indenização. Não significa que não possa haver prejuízo maior do que 20% do valor da causa, pelos atos do litigante malicioso. Havendo prejuízo, qualquer que seja o seu montante, deve ser indenizado integralmente pelo causador do dano. Entender-se o contrário é permitir que, pelo comportamento malicioso da parte, haja lesão a direito de outrem não inteiramente reparável, o que se nos afigura motivo de empobrecimento indevido da parte inocente, escopo que, por certo, não é perseguido pelo direito processual civil". (NERY JUNIOR, Nelson; NERY, Rosa Maria Andrade. *Código de processo civil comentado e legislação processual civil extravagante em vigor.* 3ª ed., São Paulo, Revista dos Tribunais, 1997, p. 32)

[75] Art. 459 do CPC português, visto linhas atrás em nota da roda-pé.

Sendo dois ou mais os litigantes de má-fé, o juiz condenará cada um na proporção do seu respectivo interesse na causa ou de acordo com sua participação no ato danoso. A condenação, outrossim, não sendo possível individuar as participações malévolas, será solidária entre os partícipes.

O beneficiário da assistência judiciária gratuita responde pelas perdas e danos, tanto os verificados no processo, quando os denotados fora dele, já que tal benefício se refere unicamente à isenção de custas e honorários advocatícios, nada tendo a ver com indenização e multa.

A imposição da condenação por litigância de má-fé depende do subjetivismo do juiz ou tribunal, todavia recebe linhas condutoras na legislação e, principalmente, na correta compreensão do que seja lealdade processual e abuso de direito. Há limites que devem ser observados pelas partes, sob pena de se transformar o Judiciário num palco de teratologias e até mesmo inviabilizá-lo no cumprimento de seus propósitos.

Nesse diapasão, absolutamente equivocado parece-nos o julgado: "A pena de litigante de má-fé não se aplica a quem ingressa em juízo para reclamar a prestação jurisdicional ainda que absurda, tendo em vista o direito que todos têm de provocar a manifestação do Poder Judiciário quando se sintam lesados".[76]

4.3. Multa por atentado ao processo de execução

A fim de garantir maior efetividade ao processo de execução, cujo objetivo é realizar o adimplemento forçado de uma obrigação, com natural deslocamento patrimonial, previu o legislador possibilidade de aplicação de pena mais severa do que as constantes no art. 18 do Código ao litigante que comete certos atos a fim de frustrar ou dificultar o resultado final da ação, configurando-se como litigante desleal.

O reforço legislativo é fruto de situação de há muito observada pela doutrina[77] no sentido de que "a execução é campo fértil para as chicanas, por via de procrastinações e formulação de incidentes infundados."

Conforme bem expõe Teori Albino Zavascki,[78] "o emprego, pelo demandado, de malícia, de ardis, de artifícios, para fugir à execução, não constitui certamente ato enquadrável, legitimamente, no âmbito de qualquer das cláusulas constitucionais do devido processo legal", muito pelo contrário, devendo, por tal razão, ser reprimido.

---

[76] RJTAMG 40/205.

[77] LIMA, Alcides de Mendonça. "O princípio da probidade no CPC Brasileiro", *in processo de conhecimento e processo de execução*, Uberaba: Vitória, p. 40.

[78] Zavascki, Teori Albino. *Comentários ao Código de Processo Civil*. São Paulo: Revista dos Tribunais, v. 8, 2000, p. 310.

No próprio livro II do Código, referente ao processo de execução, nesta senda, estabeleceu-se a possibilidade de o juiz, verificando a ocorrência de determinadas atitudes, cuja essência revela atentado à prestação jurisdicional, aplicar multa pela deslealdade em montante equivalente a até 20% do valor atualizado do débito em execução.

Dentre os atos do executado tidos por repreensíveis, se encontram, no art. 600, os de: I) fraudar a execução (art. 593); II) opor-se maliciosamente à execução, empregando ardis e meios artificiosos; III) resistir injustificadamente às ordens judiciais; IV) não indicar ao juiz onde se encontram os bens sujeitos à execução.

O rol acima referido nos parece exaustivo,[79] sendo que qualquer outra atitude de má-fé do executado fora das prescrições nele referidas não poderá ser penalizadas com multa no percentual de 20% (vinte por cento), mas, no máximo, em 1% (dez por cento), sem prejuízo de indenização, de acordo com a disposição do Livro I do Código (art. 18), que se aplica subsidiariamente.

O propósito de tal pena do art. 600 ao executado, ainda que, em um primeiro momento, possa parecer ser o de puni-lo, como ocorre com aquelas dos arts. 14 e 18 do Código, em verdade não é. O real desiderato é forçar a cooperação do devedor e propiciar a satisfação do direito do credor, tanto é que prevê o parágrafo único do art. 601: "O juiz relevará a pena, se o devedor se comprometer a não mais praticar qualquer dos atos definidos no artigo antecedente e der fiador idôneo, que responda ao credor pela dívida principal, juros, despesas e honorários advocatícios." Poder-se-ia afirmar que, antes de recriminar, o art. 600 teria por finalidade dissuadir atos ilícitos, afigurando-se modalidade *sui generis* de "tutela de inibição" ou "tutela de remoção do ilícito".

Por tal razão é que a doutrina tem observado que, antes de aplicar a multa, deve o juiz atentar para o art. 599, I, isto é, deve advertir o devedor sobre seu comportamento, dando-lhe oportunidade para desfazer os atos. Araken de Assis, a propósito, refere que "a aplicação da pena de multa reclama procedimento gradativo" tendo o juiz que "advertir o devedor que seu ato é reprovável", somente aplicando a multa em um segundo momento, caso não desfaça o ato. Somente após observada a ampla defesa, "a teor da cláusula inicial do art. 601, *caput*, incidirá multa e se originará o dever de indenizar".[80]

---

[79] Sustentando posicionamento diferenciado, Francisco Fernandes de Araújo, leciona: "é possível a ocorrência de atos atentatórios à dignidade da justiça, caracterizadores de uma ilicitude *lato sensu*, que justifiquem, inclusive, advertência judicial com base no art. 599, I e II, do Código de Processo Civil, e portanto, não inteiramente jungidos aos limites das descrições dos quatro incisos do art. 600." (*O abuso do direito processual e o princípio da proporcionalidade na execução*. Rio de Janeiro: Forense, 2004, p. 60).

[80] ASSIS, Araken de. *Comentários ao Código de Processo Civil*. 2ª ed., Rio de Janeiro: Forense, 2004. p. 282 e segs.

Nesse diapasão, diferem as sanções dos arts. 14 e 18 com a do art. 600. As primeiras, de início, punem o ato desleal. Já essa tem a perspectiva de desfazer ou tornar sem efeito a atitude do jurisdicionado a partir de sua própria colaboração, garantindo também o resultado profícuo à ação executiva, por meio de *indicação* de fiador, somente apenando o réu se assim não agir.

Apenas se o executado não se redimir, a multa incidirá como verdadeira sanção. Quando nessa hipótese, o juiz levará em conta, não necessariamente a existência ou montante do dano que o credor (a favor de quem reverte a multa) possa ter sofrido, mas sim a gravidade da culpa ou do dolo com que agiu o devedor.[81]

A multa do art. 600 se cumula àquela do art. 14, bem como com a indenização de que trata o art. 18, já que possui natureza jurídica diferente. Não se cumula, todavia, com aquela multa do art. 18, sob pena de constituir-se *bis in idem*.

Infelizmente, o art. 600 do CPC tem sido interpretado com um certo ceticismo pelos tribunais que têm deixado de aplicar multa, por exemplo, ao executado que não indica onde se encontra o seu patrimônio penhorável, sob a alegação de que teria ele tal direito. O argumento utilizado tem sido de que a única penalidade, pela não-indicação, seria a preclusão quanto à indicação, não podendo impugnar os bens apontados pelo credor.

Data venia, não se nega o direito de o devedor não nomear bens à penhora, todavia isso não se confunde com sua negativa de salientar onde se encontram os bens penhoráveis. Há dever de colaboração e lealdade do executado, enquanto jurisdicionado. O argumento segundo o qual o réu não responderia por multa pela não-indicação de bens, sujeitando-se meramente à preclusão de não poder impugnar aqueles nomeados pelo credor, *permissa venia*, não encontra respaldo lógico. A multa deve incidir pelo fato de o réu não colaborar já que se configura como ato abusivo o conhecimento do patrimônio e a negativa de sua apresentação, em claro intuito de, no mínimo, procrastinar a prestação jurisdicional.[82]

Nesses termos, não se concorda com o posicionamento exteriorizado pela 4ª Turma do Superior Tribunal de Justiça no sentido de que "o executado não está obrigado a relacionar seus bens passíveis de penhora, sob pena de sofrer a multa do art. 601 do CPC"[83] porquanto, *data venia*,

---

[81] Zavascki, Teori Albino. *Comentários ao Código de Processo Civil*. São Paulo: Revista dos Tribunais, v. 8, 2000, p. 315.

[82] Sobre a problemática da falta de cogência à indicação de bens à penhora pela devedor, vide: CARPENA, Márcio Louzada. Da efetividade do processo de execução. *Revista da AJURIS*, Porto Alegre, AJURIS, ano 26, p. 380, mar., 2000.

[83] STJ, 4a. Turma: REsp 152.737/MG – Rel. Min. Ruy Rosado de Aguiar – DJU 10.12.97.

entendimento nesse sentido representa um desserviço à efetivação da justiça.

Frise-se, na nossa concepção: é direito do devedor não escolher bens para indicar à penhora, todavia não é direito seu deixar de colaborar apresentando ao juízo o rol de bens que possui a fim de que o credor, que deseja satisfazer seu direito, possa fazer a indicação em menor espaço de tempo e a menor custo.

Não há o mínimo sentido em permitir que o executado não colabore com a prestação jurisdicional executiva, em claro ato de abuso de direito e prejuízo à sociedade que arca com os custos de um processo que, por capricho, se estende no tempo, penalizando severamente o credor que, muitas vezes, já se encontra em juízo há anos esperando receber o que de direito.

5. Conclusão

O aprimoramento da concepção do direito processual civil felizmente trouxe consigo a correta conclusão de que a efetividade da prestação jurisdicional – não só desejada, mas também aclamada pela sociedade moderna – encontra-se intimamente ligada à lealdade e probidade daqueles que participam do processo.

Pode-se afirmar que, nos tempos modernos, passa-se a fixar a idéia de que a postura leal na lide é uma exigência fundamental para que a prestação jurisdicional possa cumprir seu desiderato de entregar a cada um o que é seu de forma menos gravosa possível, propósito esse que se encontra expresso na Constituição Federal, no art. 5º inc. XXXV, como princípio processual constitucional.[84]

Com base nessa disposição, cumpre ao juiz utilizar os instrumentos processuais de repressão a atos temerários, abusivos, desleais e antiéticos de forma correta, punindo exemplarmente aqueles que afrontam, em última análise, a dignidade da Justiça, em prejuízo não só dos que participam do processo, mas de toda sociedade que paga o custo de uma justiça morosa e retardada.

[84] O Art. 5º, inc. XXXV, da CF/88 tem sido visto pela doutrina moderna não só como disposição de simples acesso à Justiça, mas, sim, de direito à tutela jurisdicional efetiva, em razoável espaço de tempo. Neste sentido,ver: Marinoni, Luiz Guilherme. Técnica processual e tutela dos direitos. São Paulo: Revista dos Tribunais, 2004, p. 179 e segs. AMARAL, Guilherme Rizzo. *As astreintes e o processo civil brasileiro*. Porto Alegre: Livraria do Advogado, 2004, p. 22.

— 3 —

O problema da invalidade dos atos processuais no Direito Processual Civil brasileiro contemporâneo

DANIEL FRANCISCO MITIDIERO

Sumário: 1. Introdução; 2. Processo, cultura e lógica jurídica; 3. Existência, validade e eficácia dos atos processuais; 4. Especificamente o problema da forma e da invalidade no Direito Processual Civil brasileiro; 5. Conclusões.

1. Introdução

O presente estudo tem por desiderato discutir algumas questões a respeito do problema da invalidade dos atos processuais no direito processual civil brasileiro contemporâneo, tema espinhoso e fértil em dificuldades, embalado pela tentativa de apresentar algumas soluções coerentes a respeito do assunto. Com esse propósito, cumpre enfrentar a cinca.

2. Processo, cultura e lógica jurídica

O Direito Processual Civil, como o Direito em geral, é produto da cultura de um povo, tendo assento na história dos homens como algo específico que participa de sua visão de mundo. Esta particular constatação, que nada tem de nova,[1] fica ainda mais aguda quando se está a tratar

---

[1] Assim, entre muitos, Ovídio Araújo Baptista da Silva, *Jurisdição e Execução na Tradição Romano-Canônica*, 2ª ed. São Paulo: Revista dos Tribunais, 1997, p. 192/219; Galeno Lacerda, "Processo e Cultura". *In: Revista de Direito Processual Civil*. São Paulo: Saraiva, 1961, p. 74, vol. 03; Carlos Alberto Alvaro de Oliveira, *Do Formalismo no Processo Civil*, 2ª ed. São Paulo: Saraiva, 2003, p.

do processo civil, "ramo das leis mais rente à vida", como ensinava o inigualável Pontes de Miranda,[2] podendo esse ser encarado, assim, como o retrato político, social e cultural da civilização em dado tempo.

Dada essa perspectiva, trabalha-se a temática proposta levando-se em conta a historicidade inerente ao fenômeno jurídico, que não aspira a foros de verdade e perenidade, mas sim e tão-somente à condição de resposta contingente e provisória aos problemas sociais. O processo civil, nessa vereda, assume a estatura de um instrumento ético, informado pela vivência do povo, repudiando o rótulo de mera técnica, alheia a estes ou àqueles valores. A concepção da relação jurídica processual em contraditório, destinada a buscar a justiça no caso concreto, parece-nos um bom exemplo dessa realidade, uma vez que construída em um autêntico ambiente democrático, aliando-se a célebre teoria de Oskar Bülow com o relevo que a garantia do contraditório veio de galgar contemporaneamente nos países de inspiração democrática.[3]

Nesse especial, também a racionalidade jurídica que informa e outorga a pauta lógica aos sujeitos processuais tende a sofrer uma sensível modificação: passa-se de uma racionalidade puramente teórica (em qualquer de suas manifestações, como o positivismo, o jusnaturalismo, o realismo) a uma racionalidade prática (processual ou material, problema que agora não se põe), assumida como a mais adequada para deslindar os problemas que se colocam nessa nova postura de processo.[4] O Direito deixa de ser visto como um objeto que o homem tem de conhecer para alcançar a verdade e passa a ser encarado como um problema que o jurista tem de resolver em uma atividade dialética, comunicativa, visando à obtenção do consenso.[5] Guardadas essas orientações iniciais, cumpre enfrentar o tema de nosso ensaio propriamente dito.

73/76; Luiz Guilherme Marinoni, *Tutela Inibitória*, 2ª ed. São Paulo: Revista dos Tribunais, 2000, p. 267; Daniel Francisco Mitidiero e Hermes Zaneti Júnior, "Entre o Passado e o Futuro: Uma Breve Introdução às Incertas Dimensões do Presente em Direito Processual Civil". *In: Introdução ao Estudo do Processo Civil – Primeiras Linhas de um Paradigma Emergente*. Porto Alegre: Sergio Antonio Fabris Editor, 2004, p. 11/12.

[2] *Comentários ao Código de Processo Civil*, 5ª ed. Rio de Janeiro: Forense, 1997, p. XIII, tomo I.

[3] Acerca do assunto, com as devidas indicações bibliográficas, consulte-se Daniel Francisco Mitidiero, *Comentários ao Código de Processo Civil*. São Paulo: Memória Jurídica Editora, 2004, p. 16/20, tomo I.

[4] Uma excelente aplicação de padrões de racionalidade prática processual à ciência jurídica pode ser encontrada em Hermes Zaneti Júnior, "O Problema da Verdade no Processo Civil: Modelos de Prova e de Procedimento Probatório". *In: Introdução ao Estudo do Processo Civil – Primeiras Linhas de um Paradigma Emergente*. Porto Alegre: Sergio Antonio Fabris Editor, 2004, p. 115/164.

[5] Para um escorço geral a respeito do problema da racionalidade jurídica, consulte-se Antônio Castanheira Neves, *Metodologia Jurídica – Problemas Fundamentais*. Coimbra: Coimbra Editora, 1993, p. 34/81. Especificamente sobre a racionalidade teórica positiva, pelo vulto que possui na formação jurídica brasileira, consulte-se Luís Fernando Barzotto, *O Positivismo Jurídico Contemporâneo – Uma Introdução a Kelsen*, Ross e Hart. São Leopoldo: Editora Unisinos, 2004 e Cláudio

3. Existência, validade e eficácia dos atos processuais

Tal como se dá a propósito dos atos jurídicos do plano do direito material,[6] também no que concerne aos atos processuais se mostra possível e adequado engendrar uma análise que leve em linha de conta os três planos do mundo jurídico: o plano da existência, o plano da validade e o plano da eficácia, nada obstante Ovídio Araújo Baptista da Silva[7] e Fábio Luiz Gomes[8] neguem a possibilidade de trabalharmos com a categoria da inexistência acerca dos atos do processo. Com efeito, consoante destaca Carlos Alberto Alvaro de Oliveira, os três planos retratam "fenômenos inconfundíveis",[9] calhando breve incursão a respeito.

Partindo de uma interessante distinção ensaiada por José Joaquim Calmon de Passos, parece-nos conveniente dividir os elementos do ato processual em pressupostos, supostos (alude Calmon de Passos a "requisitos") e condições. Os primeiros determinariam a existência do ato; os segundos, a validade e os terceiros a eficácia. Os pressupostos precedem ao ato, mostrando-se juridicamente relevantes na composição do suporte fáctico (na sua suficiência), ao passo que os supostos participariam da estrutura íntima do ato (diria Calmon de Passos, "estrutura executiva"), convocados para espancar de qualquer deficiência o suporte fáctico respectivo, sobrando às condições, por fim, o papel de outorgar eficácia ao ato, integrando o suporte fáctico, dando-lhe eficiência, identificando-se com tudo aquilo que é posterior ao mesmo, condicionando-lhe os efeitos.[10] Dessarte, temos que os pressupostos são precedentes e possibilitam a existência; os supostos são concomitantes e proporcionam a validade e as condições são posteriores e determinam a eficácia (vê-se, portanto, que se mostra no mínimo inadequado aludir a inexistência como um vício do ato, tal como o fazem, entre outros, Sérgio Costa[11] a propósito do direito italiano – que chega ao cúmulo de aludir à inexistência como uma "gra-

---

Fortunato Michelon Júnior, *Aceitação e Objetividade – Uma Comparação entre as Teses de Hart e do Positivismo Precedente sobre a Linguagem e o Conhecimento do Direito*. São Paulo: Revista dos Tribunais, 2004.

[6] Sobre o assunto, Pontes de Miranda, *Tratado de Direito Privado*, 3ª ed. Rio de Janeiro: Borsoi, 1970, tomo I (plano da existência); tomo II (plano da existência); tomo III (plano da existência); tomo IV (plano da validade); tomo V (plano da eficácia) e tomo VI (plano da eficácia).

[7] *Curso de Processo Civil*, 5ª ed. São Paulo: Revista dos Tribunais, 2000, p. 218/221, vol. I.

[8] *Comentários ao Código de Processo Civil*. São Paulo: Revista dos Tribunais, 2000, p. 24/30, vol. III.

[9] "Execução de Título Judicial e Defeito ou Ineficácia da Sentença". *In: Revista da Ajuris*. Porto Alegre: s/ed., 1994, p. 94, n. 62.

[10] *Esboço de uma Teoria das Nulidades Aplicada às Nulidades Processuais*. Rio de Janeiro: Forense, 2002, p. 35.

[11] *Manuale di Diritto Processuale Civile*, 4ª ed. Torino: UTET, 1973, p. 226.

duação de nulidade" – e Jônatas Luiz Moreira de Paula[12] e Pedro da Silva Dinamarco[13] a respeito do direito brasileiro, porquanto nessa hipótese sequer se pode falar em ato processual, uma vez que somente o que existe pode existir viciadamente. Pior alvitre, ainda, adotou José Cretella Neto, ao referir que "a nulidade absoluta de um ato processual remete à inexistência do ato",[14] equívoco, aliás, do qual igualmente não escapou Adolfo Gelsi Bidart ao escrever que "el acto calificado de nulo, no tiene significación jurídica, no es, no existe, para el Derecho",[15] no que acabaram por embaralhar imperdoavelmente os dois conceitos).

À guisa de exemplificação, trabalhemos com a sentença, ato processual do juiz para o qual, segundo Pontes de Miranda, segue toda a "existentia fluens" da relação processual.[16]

A doutrina costuma referir que a sentença proferida por quem não é juiz, por quem não se encontra investido em jurisdição, é um ato processual de todo inexistente. Como lembra Enrico Redenti, em célebre passagem, "qualunque pseudo-attività processuale, qualunque pseudo-provvedimento di un sedicente ufficio che difettasse di quella investidura, sarebbe, come bene si comprende, giuridicamente inesistente in modo assoluto. La sentenza di Porzia nel Mercante di Venezia non è una sentenza, perchè Porzia non è un giudice".[17] Falta-lhe, à evidência, um pressuposto (diria Calmon de Passos, um "pressuposto subjetivo"[18]). Qualquer sentença, para sê-lo, deve ser proferida por quem regularmente investido no poder jurisdicional. Mais: para que tenhamos ato de tal monta, é de rigor que se tenha certeza a respeito da autoria desse (de sua autenticidade), razão pela qual a doutrina igualmente costuma qualificar de inexistente a sentença não-assinada pelo juiz.[19]

---

[12] *Comentários ao Código de Processo Civil*, 2ª ed. Barueri: Manole, 2003, p. 806/807, vol. I.

[13] Antônio Carlos Marcato (coord.), *Código de Processo Civil Interpretado*. São Paulo: Atlas, 2004, p. 676.

[14] *Fundamentos Principiológicos do Processo Civil*. Rio de Janeiro: Forense, 2002, p. 225.

[15] *De Las Nulidades en Los Actos Procesales*. Montevideo: García Morales, 1949, p. 77.

[16] *Comentários ao Código de Processo Civil*, 3ª ed. Rio de Janeiro: Forense, 1997, p. 37, tomo V.

[17] *Diritto Processuale Civile*, 3ª ed. Milano: Giuffrè, 1980, p. 143, vol. I.

[18] *Esboço de uma Teoria das Nulidades Aplicada às Nulidades Processuais*. Rio de Janeiro: Forense, 2002, p. 36.

[19] A propósito da categoria da inexistência processual, nosso Código alude a essa uma única vez, fazendo-o a respeito dos atos praticados por advogado nos termos do art. 37, e nada obstante Cândido Rangel Dinamarco lembre da hipótese acerca do tema, endossando-a (*Instituições de Direito Processual Civil*, 3ª ed. São Paulo: Malheiros, 2003, p. 586/587, vol. II), assim como, mais recentemente, também o faz Pedro da Silva Dinamarco (*In*: Antônio Carlos Marcato (coord.), *Código de Processo Civil Interpretado*. São Paulo: Atlas, 2004, p. 677), que não se trata de inexistência é coisa que já fica certa pela própria possibilidade de ratificação prevista no parágrafo único do precitado dispositivo. Ninguém pode ignorar que somente o que existe pode ser ratificado. Na esteira do alvitre legal, o Superior Tribunal de Justiça inclusive editou a Súmula nº 115 ("na instância especial é inexistente o recurso interposto por advogado sem procuração nos autos"), mas temos de entender que aí estão

No que concerne à invalidade, assunto a que voltaremos especificamente no tópico seguinte, a Constituição da República (art. 93, IX), no que vai coadjuvada pela doutrina em peso,[20] tem a sentença carente de fundamentação como uma sentença nula, inválida[21] (aliás, como bem lembra Nicolò Trocker, entre a inafastabilidade da tutela jurisdicional e a motivação das decisões judiciais há um "nexo imediato",[22] porquanto sem fundamentação não se estará a adjudicar aos cidadãos o acesso a um processo justo). Nesta vertente, nosso Código de Processo Civil refere que a motivação é um requisito essencial da sentença (art. 458, II), sem o qual não há validade possível, seguindo orientação que já nos acompanha desde a recepção do direito romano em Portugal, pela mão de obras doutrinárias e legislativas castelhanas como Las Siete Partidas (Terceira Partida, Título IV, Lei VI),[23] mantida pelas Ordenações (Afonsinas, ainda que de maneira implícita, Livro III, Título LXIX, pr.; Manuelinas, Livro III, Título L, § 6º; Filipinas, Livro III, Título LXVI, § 7º), no que há inclusive uma certa antecipação da nossa tradição no que toca ao restante da Europa (tem-se dito que a necessidade de motivação da sentença é um fenômeno típico da segunda metade do século XVIII,[24] sendo certo que Las Siete Partidas já possuíam autoridade de direito subsidiário em Portugal no mínimo a partir do século XIV, consoante nos afiança, entre outros, Nuno J. Espinosa Gomes da Silva,[25] Mario Júlio de Almeida Costa[26] e Marcello Caetano[27]). Assim, a motivação da sentença é algo que se deve sentir no quando da sua própria prolação, cujo aparecimento é concomitante a ela, como um "componente estrutural necessário",[28] sem o qual há uma deficiência no suporte fáctico (porque, como refere Michele Taruffo, "la sentenza mancante di motivazione non integri il 'contenuto minimo' indispensabile

---

arrolados dois casos de ineficácia e não de inexistência, tal como já registramos alhures (*Comentários ao Código de Processo Civil*. São Paulo: Memória Jurídica Editora, 2004, p. 241/242, tomo I).

[20] Na doutrina brasileira, por todos, Ovídio Araújo Baptista da Silva, *Curso de Processo Civil*, 5ª ed. São Paulo: Revista dos Tribunais, 2000, p. 405, vol. I; na estrangeira, por todos, Michele Taruffo, La Motivazione della Sentenza Civile. Padova: Cedam, 1975, p. 462.

[21] Sobre a diferença entre a sentença não-fundamentada, a sentença malfundamentada, a sentença concisamente fundamentada e a sentença padronizadamente fundamentada, consulte-se Athos Gusmão Carneiro, "Sentença Malfundamentada e Sentença Não-Fundamentada. Conceitos. Nulidades". *In: Revista da Ajuris*. Porto Alegre: s/ed., 1995, n. 65.

[22] *Processo Civile e Costituzione*. Milano: Giuffrè, 1974, p. 460.

[23] Sobre o assunto, Nuno J. Espinosa Gomes da Silva, *História do Direito Português*. Lisboa: Fundação Calouste Gulbenkian, 1985, p. 158/162, vol. I.

[24] Michele Taruffo, *La Motivazione della Sentenza Civile*. Padova: Cedam, 1975, p. 319/320.

[25] *História do Direito Português*. Lisboa: Fundação Calouste Gulbenkian, 1985, p. 160/161.

[26] *História do Direito Português*, 2ª ed. Coimbra: Almedina, 1992, p. 234.

[27] *História do Direito Português* (1140 – 1495), 2ª ed. Lisboa: Editorial Verbo, 1985, p. 342.

[28] Antônio Carlos de Araújo Cintra, *Comentários ao Código de Processo Civil*. Rio de Janeiro: Forense, 2000, p. 276, vol. IV.

perchè se riconosca in essa l'esercizio legittimo del potere giurisdizionale"[29]), ressentindo-se da ausência de um suposto o ato processual.

De postremeiro, funciona como uma condição de eficácia da sentença, nos casos apontados na lei, o reexame necessário (art. 475, CPC).[30] Tal como enuncia nossa legislação, as sentenças mencionadas no art. 475, salvo se incidentes os §§ 1º e 2º do mesmo dispositivo, só produzem efeitos se "confirmadas" pelo Tribunal; até que se satisfaça essa condição (evidentemente posterior à sentença, não participando da estrutura íntima dessa), não se pode cogitar de qualquer eficácia do provimento jurisdicional.

Consoante se vê, pressupostos (de existência), supostos (de validade) e condições (de eficácia) não se confundem, assim como não se confundem os regimes jurídicos a que se submetem: a inexistência é o nada jurídico e deve ser declarada a qualquer tempo, inclusive por ação preponderantemente declaratória, acaso desavisadamente se tenha alcançado o trânsito em julgado; a invalidade deve ser decretada, desconstituída, observadas as normas constitucionais e infraconstitucionais, que serão expostas ao seu tempo (supra n. 3), tocando à ineficácia igualmente a declaração condicionada aos requisitos legais, preferindo-se nesse caso, de qualquer sorte, o implemento eficacial pela feitura do ato faltante ou pelo simples decurso do tempo. Cumpre estar atento a respeito.

4. Especificamente o problema da forma e da invalidade no Direito Processual Civil brasileiro

A forma em sentido estrito representa, segundo autorizada pena, o "invólucro do ato processual, a maneira como deve este se exteriorizar",[31] seu *modo di apparire nella realtà*.[32] Alguns autores costumam colocar

---

[29] *La Motivazione della Sentenza Civile*. Padova: Cedam, 1975, p. 464. Na doutrina brasileira recente, sobre o tema, consulte-se Daniel Ustárroz, "A Democracia Processual e a Motivação das Decisões Judiciais". *In*: Sérgio Gilberto Porto (org.), *As Garantias do Cidadão no Processo Civil – Relações entre Constituição e Processo*. Porto Alegre: Livraria do Advogado, 2003, p. 125/145. Ainda sobre o assunto, assinalando a estreita relação entre a justificação das decisões jurisdicionais, a maximização do controle público sobre a atividade judicial e a legitimidade do exercício do poder estatal, consulte-se Aulis Aarnio, Lo Racional como Razonable – Un Tratado sobre la Justificación Jurídica. Madrid: Centro de Estudios Constitucionales, 1991, p. 29.

[30] Neste sentido, por todos, Nélson Nery Júnior, *Princípios Fundamentais – Teoria Geral dos Recursos*, 5ª ed. São Paulo: Revista dos Tribunais, 2000, p. 60.

[31] Carlos Alberto Alvaro de Oliveira, *Do Formalismo no Processo Civil*, 2ª ed. São Paulo: Saraiva, 2003, p. 5.

[32] Elio Fazzalari, *Istituzioni di Diritto Processuale*. Padova: Cedam, 1975, p. 157.

dentro do conceito de forma também o lugar e o tempo dos atos processuais.[33] Este entendimento, no entanto, sobre não ter apoio em nosso direito positivo (nosso Código trata da forma dos atos processuais no Capítulo I do Título V do Livro I, separando-a nitidamente da matéria versada no Capítulo II do mesmo Título V, Livro I, que cuida do tempo e do lugar dos atos do processo), acaba por confundir a forma em sentido estrito com algumas formalidades que circundam e condicionam a prática dos aludidos atos.[34] Cumpre não vacilar.

As questões referentes à forma em sentido estrito dentro do direito contemporâneo se resolvem no plano da validade, sobrando eventuais infrações a essa disciplinadas em termos de nulidades processuais.[35] Aliás, enxergar na forma um dos requisitos de "existência legal" do ato processual, tal como Egas Dirceu Moniz de Aragão,[36] ou de "existência e eficácia do ato", tal como Antônio Janyr Dall'agnol Júnior,[37] revela pouca segurança em apartar os planos da existência, validade e eficácia do mundo jurídico. Apenas o que é pode ser nulamente.

Historicamente considerada, como lembra Carlos Alberto Alvaro de Oliveira,[38] a forma veio de perder muito de sua força e valor. No direito romano, por exemplo, o império da fórmula vinha arrimado no fato de a custódia do direito ser confiada aos sacerdotes, imprimindo-lhe um caráter religioso de observação solene e essencial. Formas verbais, aliás, eram comumente aliadas a exigências de que os sujeitos praticassem atos materiais como tocar algo com a mão (como na *mancipatio*) ou com uma varinha (*festuca, vindicta* na *vindicatio*) para que o ato se reputasse perfeito.[39] No processo primitivo das populações germânicas também a forma se oferecia rigorosa, apresentando força coercitiva e valor em si mesma,

---

[33] Assim, na doutrina brasileira, Ovídio Araújo Baptista da Silva, *Curso de Processo Civil*, 5ª ed. São Paulo: Revista dos Tribunais, 2000, p. 212, vol. I; Fábio Gomes, *Comentários ao Código de Processo Civil*. São Paulo: Revista dos Tribunais, 2000, p. 19, vol. III; Cândido Rangel Dinamarco, *Instituições de Direito Processual Civil*, 3ª ed. São Paulo: Malheiros, 2003, p. 536/537, vol. II; Luiz Rodrigues Wambier, Flávio Renato Correia de Almeida e Eduardo Talamini, *Curso Avançado de Processo Civil*, 4ª ed. São Paulo: Revista dos Tribunais, 2002, p. 184, vol. I; na doutrina italiana, Enrico Tullio Liebman, *Manual de Direito Processual Civil*. Rio de Janeiro: Forense, 1984, p. 225, vol. I; na doutrina argentina, Carlos A. Leites, *La Forma de los Actos en el Proceso*. Buenos Aires: Valerio Abeledo Editor, 1955, p. 14/15.

[34] Neste sentido, Carlos Alberto Alvaro de Oliveira, *Do Formalismo no Processo Civil*, 2ª ed. São Paulo: Saraiva, 2003, p. 5.

[35] Neste sentido, por todos, Enrico Tullio Liebman, *Manuale di Diritto Processuale Civile*, 2ª ed. Milano: Giuffrè, 1957, p. 213, vol. I.

[36] *Comentários ao Código de Processo Civil*, 9ª ed. Rio de Janeiro: Forense, 1998, p. 10, vol. II.

[37] *Comentários ao Código de Processo Civil*. São Paulo: Revista dos Tribunais, 2000, p. 224, vol. II.

[38] *Do Formalismo no Processo Civil*, 2ª ed. São Paulo: Saraiva, 2003, p. 123.

[39] Max Kaser, *Direito Privado Romano*. Lisboa: Fundação Calouste Gulbenkian, 1999, p. 62.

graças ao caráter religioso que sustentava o direito como um todo.[40] O problema da forma era de tal monta que era mesmo colocado no plano da existência dos atos jurídicos,[41] o que, aliás, chegou a alcançar a legislação da Península Ibérica medieval (por exemplo, a Lei n. III do Título XXVI da Terceira Partida de *Las Siete Partidas* – "en quantas maneras la fentencia es ninguna") e, posteriormente, as Ordenações lusitanas (assim, Ordenações Afonsinas, Livro III, Título LXXVIII, pr. – "quando a sentença per Direito he nenhuua, nom fe requere fer della apelado, ca em todo tempo pode fer revoguada").

Posteriormente, a disciplina do processo romano-canônico e a do processo comum igualmente primaram pelo culto à forma, ainda que por razões diversas das religiosas, fazendo-o com esteio na doutrina escolástica da imperfeição do homem e de sua natureza essencialmente corrupta, sobrando instalado um clima de acirrada desconfiança com relação aos órgãos jurisdicionais. A forma, portanto, estaria vocacionada a conter eventuais fraquezas do espírito humano.[42]

Com o advento da Revolução Francesa verifica-se uma extraordinária simplificação das formas processuais, impulsionada pela ideologia liberal subjacente à época, destinada principalmente a contrapor-se aos esquemas rígidos que marcavam o processo comum.[43] Nessa esteira, a Ordenação Processual Civil alemã de 1877 também se oferecia como um modelo de processo liberal,[44] visando a atacar os problemas do velho processo (tais como a demora e a lentidão de seu curso) principalmente pelo flanco da forma em sentido estrito, afastando-a tanto quanto possível da cena forense.[45]

Dentro do direito contemporâneo, como lembra Piero Calamandrei, "la disciplina delle forme processuali serve appunto a questo: le regole del procedimento sono in sostanza una specie di metodologia fissata dalla legge per servir di guida a chi vuol chiedere giustizia: quasi, si direbbe, il 'galateo' del litigante, che gli insegna come ci si deve comportare col giudice per esserne ascoltati. Così le forme processuali, imponendo un

---

[40] Carlos Alberto Alvaro de Oliveira, *Do Formalismo no Processo Civil*, 2ª ed. São Paulo: Saraiva, 2003, p. 12/13. Sobre o assunto, ainda, Galeno Lacerda, "Processo e Cultura". *In: Revista de Direito Processual Civil*. São Paulo: Saraiva, 1961, p. 78, n. 03.

[41] Consoante a arguta observação de Pontes de Miranda, *Tratado de Direito Privado*, 3ª ed. Rio de Janeiro: Borsoi, 1970, p. 174, tomo IV.

[42] Carlos Alberto Alvaro de Oliveira, *Do Formalismo no Processo Civil*, 2ª ed. São Paulo: Saraiva, 2003, p. 24/33.

[43] Carlos Alberto Alvaro de Oliveira, *Do Formalismo no Processo Civil*, 2ª ed. São Paulo: Saraiva, 2003, p. 40.

[44] Assim, Nicolò Trocker, *Processo Civile e Costituzione*. Milano: Giuffrè, 1974, p. 4.

[45] Carlos Alberto Alvaro de Oliveira, *Do Formalismo no Processo Civil*, 2ª ed. São Paulo: Saraiva, 2003, p. 43.

certo ordine e un certo modo di espressione alle deduzioni delle parti e vietando al giudice di tener conto delle difese presentate in modi diversi, assicurano il rispetto del contraddittorio e la ugualianza delle parti; esse non servono dunque, come potrebbero pensare i profani, a render più complicato e meno comprensibile lo svolgimento del processo, ma anzi a renderlo più semplice e più sollecito, in quanto forzano le parte a ridurre le loro attività al mínimo essenziale e a servirsi di modi di espressione tecnicamente appropriati per farsi intendere com chiarezza dal giudice: esse, in conclusione, anzichè um intralcio alla giustizia, sono in realtà una precioza garanzia dei diritti e delle liberta individuali".[46] Serve, pois, à contenção do arbítrio no processo, emprestando segurança jurídica aos sujeitos processuais, ordenando a dinâmica da relação processual, outorgando previsibilidade aos atos realizáveis em juízo,[47] realizando assim, por essa vereda, o devido processo legal encartado na Constituição da República, prestigiando todos os valores que o formalismo constitucional se encontra vocacionado a destrinchar.

Vencidas essas breves observações a respeito do conceito de forma, interessa-nos agora tratar do grave e tormentoso problema da invalidade processual. De início, registre-se que ora se toma por invalidade processual a conseqüência à relevante infração de forma de um ato do processo produzido por um agente que na relação jurídica processual em contraditório desempenhe função estatal, assim decretada pelo órgão jurisdicional competente. Invalidade (ou nulidade, termo mais difundido) não é sanção, não é penalidade, não é pena, como, por exemplo, pretendem José Joaquim Calmon de Passos,[48] José Eduardo Carreira Alvim,[49] Aroldo Plínio Gonçalves,[50] José Maria Tesheiner[51] e Antônio Janyr Dall'agnol Júnior,[52] es-

---

[46] "Istituzioni di Diritto Processuale Civile". *In: Opere Giuridiche*. Napoli: Morano Editore, 1970, p. 168, vol. IV.

[47] Ovídio Araújo Baptista da Silva, *Curso de Processo Civil*, 5ª ed. São Paulo: Revista dos Tribunais, 2000, p. 203, vol. I; Carlos Alberto Alvaro de Oliveira, *Do Formalismo no Processo Civil*, 2ª ed. São Paulo: Saraiva, 2003, p. 123. Aliás, já José Antônio Pimenta Bueno ensinava que "o processo não é sinão o complexo dos meios, das normas, que a lei reflectidamente tem preestabelecido para regular os actos e os termos que as partes e os juizes devem empregar, e observar na marcha judiciaria. Cumpre pois que esses actos ou termos se conformem exactamente com as condições legaes, com as precauções salutares, que encadeão os abusos, que protegem os meios da acção, e da defeza, que facilitão o conhecimento da verdade, que garantem a boa applicação do direito, e conseqüentemente a boa distribuição da justiça – la forme emporte le fond. Si não fossem as formalidades da lei, a chicana, a duplicidade, o arbitrio, e a injustiça predominarião com toda a facilidade; por isso mesmo que desde então não haveria regras fixas, nem modo certo e exacto de proceder" (*Apontamentos sobre as Formalidades do Processo Civil*, 2ª ed. Rio de Janeiro: Typographia Nacional, 1858, p. 1).

[48] *Comentários ao Código de Processo Civil*, 8ª ed. Rio de Janeiro: Forense, 2000, p. 412, vol. III.

[49] *Teoria Geral do Processo*, 8ª ed. Rio de Janeiro: Forense, 2003, p. 248.

[50] *Nulidades no Processo*. Rio de Janeiro: Aide, 1993, p. 12/17.

[51] *Pressupostos Processuais e Nulidades no Processo Civil*. São Paulo: Saraiva, 2000, p. 14/16.

[52] *Invalidades Processuais*. Porto Alegre: Letras Jurídicas Editora, 1989, p. 44.

tando isso assente desde Pontes de Miranda,[53] desde Giuseppe Chiovenda.[54] Acompanhemos um pouco mais de perto o conceito proposto.

O vocábulo "forma", nesse passo, vai tomado em sua acepção estrita de invólucro do ato processual, não participando do conceito, por exemplo, as questões referentes ao lugar e ao tempo dos atos processuais, consoante já registramos alhures. Galeno Lacerda, por exemplo, refere que não se esgota na forma dos atos o problema das invalidades, porquanto existem fatos estranhos a ela que induzem nulidade, lembrando a hipótese de recurso interposto fora do prazo.[55] Atente-se, porém, que a tempestividade é uma condição para eficácia do ato processual, para que esse seja conhecido, uma vez que se trata de um pressuposto extrínseco de admissibilidade recursal.[56] O fato da tempestividade não participa da estrutura íntima do ato, não é um suposto do ato, que, no quando de sua aferição, já conta com a sua perfeição, pressupondo-a. Nessa mesma vereda, escapa do conceito de invalidade qualquer consideração que leve em conta o conteúdo do ato processual.[57] Escrevendo sobre o tema, bem referia Eduardo Juan Couture que "siendo el derecho procesal un sistema normativo, que tiene como característica un conjunto de formas dadas de antemano por el orden jurídico, mediante las cuales se hace el juicio, la nulidad consiste en el apartamiento de ese conjunto de formas necesarias dadas por la ley. Este primer intento de fijar el sentido de la nulidad procesal, demuestra que no es cosa atingente al contenido mismo del derecho sino a sus formas; no una desviación de los fines de justicia queridos por la ley, sino de los medios dados para obtener esos fines de bien y de justicia".[58]

Fora dito, ainda, que a invalidade é uma conseqüência que se segue tão-somente à infração de forma relevante de ato processual aviado por

---

[53] *Comentários ao Código de Processo Civil*, 4ª ed. Rio de Janeiro: Forense, 1997, p. 365, tomo III.

[54] *Instituições de Direito Processual Civil*, 3ª ed. São Paulo: Saraiva, 1969, p. 7, vol. III. Para uma maior justificação a respeito, consulte-se Carlos Alberto Alvaro de Oliveira, "Notas sobre o Conceito e a Função Normativa da Nulidade". *In*: Alvaro de Oliveira, Carlos Alberto (org.), *Saneamento do Processo – Estudos em Homenagem ao Prof. Galeno Lacerda*. Porto Alegre: Sergio Antonio Fabris Editor, 1989, p. 131/139; Roque Komatsu, *Da Invalidade no Processo Civil*. São Paulo: Revista dos Tribunais, 1991, p. 181/189; Adolfo Gelsi Bidart, *De Las Nulidades en Los Actos Procesales*. Montevideo: García Morales, 1949, p. 90/93.

[55] *Despacho Saneador*, 3ª ed. Porto Alegre: Sergio Antonio Fabris Editor, 1990, p. 125.

[56] Assim, por todos, José Carlos Barbosa Moreira, *Comentários ao Código de Processo Civil*, 8ª ed. Rio de Janeiro: Forense, 2000, p. 260, vol. V.

[57] Assim, na doutrina brasileira, por todos, José Maria Tesheiner, *Pressupostos Processuais e Nulidades no Processo Civil*. São Paulo: Saraiva, 2000, p. 114; na estrangeira, por todos, Devis Echandía, *Teoría General del Proceso*, 2ª ed. Buenos Aires: Editorial Universidad, 1997, p. 531. De resto, sobre o problema do conteúdo dos atos processuais e eventuais vícios de vontade de que estes se ressintam, consulte-se o interessantíssimo trabalho de Paula Costa e Silva, *Acto e Processo – O Dogma da Irrelevância da Vontade na Interpretação e nos Vícios do Acto Postulativo*. Coimbra: Coimbra Editora, 2003.

[58] *Fundamentos del Derecho Procesal Civil*. Buenos Aires: Aniceto Lopez Editor, 1942, p. 222.

um agente estatal. Vale dizer: os participantes interessados do processo não praticam atos inválidos. Ensina Cândido Rangel Dinamarco que "não se fala em nulidade dos atos da parte. São outras as técnicas pelas quais da invalidade se passa à sua incapacidade de produzir os efeitos desejados pelo agente",[59] lembrando que se diz "inepta a petição inicial quando lhe faltar um elemento formal indispensável",[60] não se a tachando de inválida, alvitre que é seguido igualmente por Pedro da Silva Dinamarco.[61]

Ademais, acentuou-se que a invalidade processual é algo que deve ser decretado pelo órgão jurisdicional competente, querendo-se exprimir, destarte, que não se pode cogitar de invalidade sem um pronunciamento jurisdicional que a tenha decretado. Como bem apanha Calmon de Passos, "o estado de nulo é um estado posterior ao pronunciamento judicial",[62] donde se extrai que até a manifestação judicial há plena eficácia do ato, ainda que geneticamente em desacordo com a legislação vigente.[63]

Segundo Pontes de Miranda, "no sistema jurídico do Código de Processo Civil de 1973, tal como antes, há distinção que está à base mesma da sua teoria das nulidades: nulidades cominadas, isto é, nulidades derivadas da incidência de regra jurídica em que se disse, explicitamente, que, ocorrendo a infração da regra jurídica processual, a sanção seria a nulidade, nulidades não cominadas, isto é, nulidades que resultam da infração de regras jurídicas processuais, mas para as quais não se disse, explicitamente, que a sanção seria a nulidade. Sutileza, dir-se-á. Mas tal sutileza é a expressão de princípio fundamental da teoria das nulidades segundo o Código de Processo Civil. As regras jurídicas sobre validade ou são, no direito processual brasileiro, dotadas de integridade, ou são regras jurídicas vulneráveis".[64] Segue Pontes: "tratando-se de regra jurídica dotada de integridade, não cabe falar-se de sanação. Ou se supre a falta, ou se repete o ato, ou, pela importância dele, se prejudica todo o processo, com as conseqüências legais. Tratando-se de regra jurídica vulnerável, o ato pode ser válido se as partes o utilizaram, ou expressa ou implicitamente; ou se o ato, praticado de modo diverso, atingiu o seu fim (art. 244)".[65]

Tal uma possível sistematização do assunto que ora estamos a enfrentar: nulidades cominadas que se originam da infração de normas inte-

---

[59] *Instituições de Direito Processual Civil*, 3ª ed. São Paulo: Malheiros, 2003, p. 590, vol. II.

[60] Ibidem.

[61] *In*: Antônio Carlos Marcato (coord.), *Código de Processo Civil Interpretado*. São Paulo: Atlas, 2004, p. 674.

[62] *Comentários ao Código de Processo Civil*, 8ª ed. Rio de Janeiro: Forense, 2000, p. 412, vol. III.

[63] Neste mesmo sentido, por todos, Roque Komatsu, *Da Invalidade no Processo Civil*. São Paulo: Revista dos Tribunais, 1991, p. 207.

[64] *Comentários ao Código de Processo Civil*, 4ª ed. Rio de Janeiro: Forense, 1997, p. 355/356, tomo III.

[65] Ibidem, p. 356, tomo III.

grativas; nulidades não cominadas que se originam da transgressão de normas vulneráveis; as primeiras não admitem "sanação", as segundas, do contrário, admitem. Vejamos, porém, a operabilidade desta construção.

Há no Código de Processo Civil a seguinte norma: "quando a lei considerar obrigatória a intervenção do Ministério Público, a parte promover-lhe-á a intimação sob pena de nulidade do processo" (art. 84), reforçada por esta outra: "é nulo o processo, quando o Ministério Público não for intimado a acompanhar o feito em que deva intervir" (art. 250, *caput*). Uma das hipóteses em que existe o dever de intervir do Ministério Público como fiscal da lei é aquela prevista no art. 82, I, CPC ("causas em que há interesses de incapazes"). Consoante se anotou acima, para Pontes de Miranda essas normas são exemplos de normas integrativas, porque há nulidade expressamente cominada à infração da forma, não sendo invocável, na espécie, as normas de sanação previstas nos arts. 154, 244 e 249, CPC, de modo que para Pontes a solução para eventual descumprimento formal neste caso estaria em decretar-se a nulidade do que se fez em juízo. Todavia, não é esse o deslinde que a vida forense tem dado ao problema: consoante já registramos noutro lugar,[66] o Superior Tribunal de Justiça tem decidido a cinca invocando as normas dos arts. 154, 244 e 249, CPC, o que, evidentemente, faz derruir a construção sistemática pretendida por Pontes, na medida em que aplica "normas de sanação" à infração de "normas integrativas", apagando a relevância do binômio "nulidade cominada" – "nulidade não cominada".

Outra tentativa de sistematização da matéria, pensada ainda na vigência do Código de Processo Civil de 1939, fora a brilhantemente levada a efeito por Galeno Lacerda. Na tese que lhe outorgou a cátedra de direito judiciário civil da Faculdade de Direito da Universidade Federal do Rio Grande do Sul, publicada pela vez primeira em 1953, Galeno Lacerda defende que "o que caracteriza o sistema das nulidades processuais é que elas se distinguem em razão da natureza da norma violada, em seu aspecto teleológico",[67] construindo, a partir desta constatação, três categorias distintas a propósito do tema: as nulidades absolutas, as nulidades relativas e as anulabilidades. As primeiras caracterizam-se por representarem infrações a "normas cogentes", em que prevalecem "fins ditados pelo interêsse público"; as segundas, infrações a "normas cogentes", mas erigidas preponderantemente no "interesse da parte"; as últimas, infrações a "normas dispositivas", construídas também preferencialmente à vista do "interesse

---

[66] *Comentários ao Código de Processo Civil*. São Paulo: Memória Jurídica Editora, 2004, p. 409/410, tomo I.

[67] *Despacho Saneador*, 3ª ed. Porto Alegre: Sergio Antonio Fabris Editor, 1990, p. 72.

da parte".[68] Ainda em consonância com o pensamento de Galeno Lacerda, as nulidades absolutas não admitem "sanação", sendo franqueado ao juiz agir de ofício, ao passo que as nulidades relativas e as anulabilidades são suscetíveis de "sanação", mostrando-se possível ao juiz agir oficiosamente a respeito das nulidades relativas e interdita esta mesma possibilidade a propósito das anulabilidades.[69] Acompanhando Galeno Lacerda, entre muitos outros, Antônio Janyr Dall'agnol Júnior,[70] Egas Dirceu Moniz de Aragão,[71] Alexandre Freitas Câmara[72] e Vicente Greco Filho.[73]

De nosso lado, temos dificuldade em identificar "interesses preponderantemente privados" tutelados por normas processuais no processo civil brasileiro contemporâneo, que vem a ser justamente uma das notas caracterizadoras das nulidades relativas e das anulabilidades.[74] Galeno Lacerda lembra, a propósito da classe das nulidades relativas (norma cogente + interesse preferencialmente privado), a ausência ou a nulidade da citação e a ausência da citação de um dos litisconsortes necessários.[75] É forçoso reconhecer, porém, que nenhuma das duas normas (respectivamente, arts. 214 e 47, CPC), segundo pensamos, tutelam preponderante-

---

[68] *Despacho Saneador*, 3ª ed. Porto Alegre: Sérgio Antônio Fabris Editor, 1990, p. 72/73.

[69] Ibidem.

[70] *Invalidades Processuais*. Porto Alegre: Letras Jurídicas Editora, 1989, p. 44/55.

[71] *Comentários ao Código de Processo Civil*, 9ª ed. Rio de Janeiro: Forense, 1998, p. 258/272, vol. II.

[72] *Lições de Direito Processual Civil*, 10ª ed. Rio de Janeiro: Lumen Juris, 2004, p. 251/253, vol. I.

[73] *Direito Processual Civil Brasileiro*, 12ª ed. São Paulo: Saraiva, 1997, p. 42/44, vol. II.

[74] Neste sentido, escreve igualmente Aroldo Plínio Gonçalves, criticando a doutrina de Galeno Lacerda, que "a distinção não é compatível com a natureza do processo, que, como procedimento que se realiza em contraditório para o advento do ato imperativo do Estado – a sentença –, é disciplinado por normas de ordem pública. O interesse público prevalece em todas as normas processuais, porquanto, no sistema democrático, com as conquistas que já se consolidaram no Direito, interessa aos jurisdicionados em geral, a toda sociedade, que o ato decisório da sentença seja fruto de um procedimento realizado com a colaboração das partes. A participação garantida no processo daqueles que irão suportar os efeitos da decisão não constitui matéria de interesse particular, mas é essencialmente questão de ordem pública, tanto que, no Brasil, fez-se objeto de proteção da norma constitucional. (...) Todo processo é disciplinado por normas de ordem pública, tendo sua estrutura predisposta segundo um determinado modelo legal. Todo o processo é instituído no interesse da correta aplicação do Direito e da garantia de direitos processuais das partes, cuja violação pode constituir motivo para a nulidade. Mas a garantia dos direitos da parte não é objeto de norma dispositiva. Não se pode confundir sua participação com a norma que a assegura. Essa norma tem natureza imperativa e sua finalidade não é proteger interesse da parte, que pode mesmo revelar um profundo desinteresse pelo curso do processo e optar pela omissão nos atos processuais que lhe são destinados. Nem por isso o processo se invalida. O procedimento segue seu curso até onde for possível, mesmo que tenha de terminar pela extinção do processo com o não julgamento do mérito, em caso de negligência da parte (art. 267, II, do C. Pr. Civil). O que importa, em questão de nulidade, é que a participação das partes seja garantida, e essa garantia não se faz por norma dispositiva, mas por norma imperativa que resguarda a própria concepção democrática de processo" (*Nulidades no Processo*. Rio de Janeiro: Aide, 1993, p. 93/94).

[75] *Despacho Saneador*, 3ª ed. Porto Alegre: Sergio Antonio Fabris Editor, 1990, p. 75, igualmente lembrados na p. 126.

mente o interesse da parte, antes representando autênticas normas erigidas no interesse público da democrática e regular administração da Justiça.

Que cousa é a citação? Citação é uma exortação à participação na dialética da relação jurídica processual, garantindo ao demandado a fiel observância do contraditório, tanto em sua feição passiva, própria de momentos históricos de inspiração liberal, consoante anota Andrea Proto Pisani,[76] como em sua feição ativa, de construção social, como vêm colocando em destaque, entre outros, Carlos Alberto Alvaro de Oliveira[77] e Nicolò Trocker.[78] Uma de suas funções, como se vê, é legitimar o provimento jurisdicional, velando-se por uma postura processual civil comprometida com os direitos fundamentais.[79] Partindo-se dessas considerações, como pretender aí norma erigida preferencialmente no interesse da parte? Não nos parece que seja possível sustentar semelhante posicionamento hodiernamente, salvo se considerarmos o regime democrático brasileiro questão que se acomoda de maneira prevalente na órbita dos interesses privados, o que, evidentemente, não se harmoniza com a enfática afirmativa constitucional, feita em sede de princípios fundamentais, que "a República Federativa do Brasil (...) constitui-se em Estado democrático de direito", tendo como fundamento, entre outros, a "cidadania" (art. 1º, CRFB).

De outra banda, a separação entre "nulidades absolutas" – "nulidades relativas", consoante apanha Cândido Rangel Dinamarco,[80] coloca em relevo a profunda influência das categorias positivas de direito privado no processo, a obscurecer a sua matriz publicista, o que acaba por desaguar em um inadequado trato do tema. Como bem ensina José Joaquim Calmon de Passos, em trabalho de inestimável valor, "essa transposição de categorias de nulidades, já muito bem trabalhadas no direito privado, carece de adequabilidade no espaço do direito público, máxime no campo do direito processual. Sempre se entendeu residir a diferença básica entre ambas em duas características fundamentais: (a) a absoluta, opera *ex tunc*, enquanto a relativa teria eficácia *ex nunc*; a par disso, (b) as absolutas

---

[76] "Dell'esercizio dell'azione". *In*: Enrico Allorio (coord.), *Commentario del Codice di Procedura Civile*. Torino: UTET, p. 1084/1087, vol. I, tomo II.

[77] "A Garantia do Contraditório". *In: Do Formalismo no Processo Civil*, 2ª ed. São Paulo: Saraiva, 2003, p. 227/243.

[78] *Processo Civile e Costituzione*. Milano: Giuffrè, 1974, p. 384/388 e, bem assim, p. 640/653.

[79] Sobre o tema, consulte-se Carlos Alberto Alvaro de Oliveira, "O Processo Civil na Perspectiva dos Direitos Fundamentais". *In: Gênesis Revista de Direito Processual Civil*. Curitiba: Gênesis, 2002, p. 653/664, n. 26; Luiz Guilherme Marinoni, "O Direito à Efetividade da Tutela Jurisdicional na Perspectiva da Teoria dos Direitos Fundamentais". *In: Gênesis Revista de Direito Processual Civil*. Curitiba: Gênesis, 2003, p. 298/338, n. 28; Hermes Zaneti Júnior, "Processo Constitucional: Relações entre Processo e Constituição". *In: Introdução ao Estudo Processo Civil* – Primeiras Linhas de um Paradigma Emergente. Porto Alegre: Sergio Antonio Fabris Editor, 2004, p. 23/62, em co-autoria com Daniel Francisco Mitidiero.

[80] *A Instrumentalidade do Processo*, 8ª ed. São Paulo: Malheiros, 2000, p. 47, nota de rodapé n. 5.

podem ser conhecidas de ofício e as relativas exigem a provocação do interessado. Se o que dissemos ao longo deste nosso trabalho tem pertinência, inexiste nulidade processual sem um prévio dizer do magistrado e sua decretação opera a partir do momento em que é consumada, sempre com eficácia ex tunc, porquanto seus efeitos são postos em relação aos atos subseqüentes ao ato anulado, avaliando-se a repercussão sobre eles da invalidade decretada. A par disso, ainda estou por identificar alguma invalidade processual quando inexiste prejuízo para os fins da justiça do processo (função jurisdicional), carecendo de relevância, nesse contexto, quanto diga respeito aos vícios de vontade dos protagonistas do processo. Falar-se em nulidade relativa, portanto, no campo da teoria do processo, será algo a pedir uma específica teorização, que ainda não foi feita nem poderá sê-lo, enquanto persistir o estado atual de coisas. Lembraria, inclusive, só para reforço dessa nossa posição, estarmos, quando cuidamos do direito processual, num setor do espaço maior do *devido processo constitucional de produção do direito*. Essa matriz descarta o entendimento do processo como algo aproximado das relações jurídicas que têm sua matriz na autonomia privada, constitucionalmente reconhecida como fonte de produção do direito. Nesse restrito campo, os sujeitos de direito estão autorizados a normatizarem suas condutas, submetidos, é claro, aos limites postos pelo sistema. Já no processo legislativo, administrativo e jurisdicional, os figurantes da relação jurídica se colocam numa situação de subordinação (o agente político, subordinado ao princípio da estrita legalidade e o governado ao poder – jurídico – da autoridade) descartando-se quase que totalmente qualquer disponibilidade, havendo sempre prévia determinação ou delimitação de conteúdo e de procedimento".[81]

Nessa mesma linha de justificação, igualmente se mostra inadequado aludir a anulabilidades em direito processual civil. Com efeito, se no campo do direito privado a distinção entre o nulo e o anulável está em que este produz efeitos até a sua anulação e aquele não se oferece apto a dimanar qualquer eficácia, mesmo antes do reconhecimento judicial do vício, ao menos em termos positivos, então é patente que esta distinção não calha ao processo, porquanto na relação jurídica processual todos os atos são eficazes até que se diga o contrário ("o nulo processual", escreve Cândido Rangel Dinamarco, "depende sempre de anulação"[82]).

Por outra ponta, abstraindo-se do sistema proposto por Galeno Lacerda, boa parte da doutrina brasileira,[83] escorada na doutrina ita-

---

[81] *Esboço de uma Teoria das Nulidades Aplicada às Nulidades Processuais*. Rio de Janeiro: Forense, 2002, p. 141/142.

[82] *Instituições de Direito Processual Civil*, 3ª ed. São Paulo: Malheiros, 2003, p. 502, vol. II.

[83] Assim, por exemplo, Cândido Rangel Dinamarco, *Instituições de Direito Processual Civil*, 3ª ed. São Paulo: Malheiros, 2003, p. 594/599, vol. II; Humberto Theodoro Júnior, *Curso de Direito Processual Civil*, 40ª ed. Rio de Janeiro: Forense, 2003, p. 256/258, vol. I.

liana,[84] tem apontado a justificação da separação entre "nulidades absolutas" e "nulidades relativas" no campo do processo civil no fato de estas exigirem iniciativa da parte para que o juiz possa conhecê-las, ao passo que aquelas poderiam ser apreciadas de ofício. Os exemplos ofertados, no entanto, não convencem. Humberto Theodoro Júnior escreve que se pode dizer "que as nulidades relativas ocorrem quando se violam faculdades processuais da parte (cerceamento do direito ao contraditório e ampla defesa)".[85] De fora a abstração da hipótese colacionada, como entender que a ofensa à ampla defesa e ao contraditório, verdadeiros pilares do devido processo legal brasileiro, como bem apanha Carlos Alberto Alvaro de Oliveira,[86] pode ser entendida como uma espécie de nulidade relativa? No que concerne à exigência de o formalismo processual obedecer à ampla defesa, essa remonta mesmo à garantia da isonomia das partes,[87] sendo papel do juiz brasileiro dirigir o processo assegurando a estas igualdade de tratamento (art. 125, I, CPC); já no concernente ao contraditório, basta referir que esse legitima o provimento jurisdicional, sendo a dialética, como refere com bastante propriedade Michel Villey,[88] o método próprio do processo, donde se vê a dificuldade em alocar estas questões como sendo própria das partes, conhecíveis apenas à instância destas. Cândido Rangel Dinamarco, de seu turno, lembra que "não pode reclamar da falta de inquirição de uma testemunha a parte que haja dado causa a isso mediante indicação de endereço equivocado para a intimação, não sendo ela intimada", apontando este exemplo como uma hipótese de nulidade relativa.[89] Ora, uma vez arroladas e admitidas, as testemunhas são testemunhas do juízo e não mais da parte que as apontou, podendo o juiz inclusive determinar de ofício a sua condução para oitiva em juízo (art. 412, CPC). Como se vê, no exemplo ofertado por Dinamarco, a decretação do vício da intimação não resta à mercê da iniciativa da parte, podendo o juiz envidar esforços oficiosamente para ouvir a testemunha faltosa.

---

[84] Assim, por exemplo, Giuseppe Chiovenda, *Instituições de Direito Processual Civil*, 3ª ed. São Paulo: Saraiva, 1969, p. 325, vol. II; Enrico Tullio Liebman, *Manuale di Diritto Processuale Civile*, 2ª ed. Milano: Giuffrè, 1957, p. 215/216, vol. I; Sérgio Costa, *Manuale di Diritto Processuale Civile*, 4ª ed. Torino: UTET, 1973, p. 228; Enrico Redenti, *Diritto Processuale Civile*, 3ª ed. Milano: Giuffrè, 1980, p. 251, vol. I; Giuseppe Martinetto, "Della Nullità degli Atti". *In*: Enrico Allorio (coord.), *Commentario del Codice di Procedura Civile*. Torino: UTET, 1973, p. 1595, vol. I, tomo II.

[85] *Curso de Direito Processual Civil*, 40ª ed. Rio de Janeiro: Forense, 2003, p. 258, vol. I.

[86] *Do Formalismo no Processo Civil*, 2ª ed. São Paulo: Saraiva, 2003, p. 86.

[87] Assim, Carlos Alberto Alvaro de Oliveira, *Do Formalismo no Processo Civil*, 2ª ed. São Paulo: Saraiva, 2003, p. 78.

[88] *Filosofia do Direito – Definições e Fins do Direito e Os Meios do Direito*. São Paulo: Martins Fontes, 2003, p. 280.

[89] *Instituições de Direito Processual Civil*, 3ª ed. São Paulo: Malheiros, 2003, p. 598, vol. II.

Postas as coisas desta maneira, parece-nos que outra construção sistemática deve ser empreendida. Superados os conceitos de "nulidades cominadas" – "nulidades não cominadas", "nulidades absolutas" – "nulidades relativas" – "anulabilidades", estamos em cogitar a respeito do assunto tão-somente em invalidade processual (ou nulidade processual, como mais correntemente se alude) como uma conseqüência que se segue à decretação judicial de uma relevante infração de forma.

Como, porém, identificar uma relevante infração de forma? Segundo pensamos, a infração de forma será de monta toda vez que não for pré-excluída pelos postulados normativos aplicativos contidos nos arts. 244 e 249, § 1°, CPC,[90] incidentes a propósito de quaisquer transgressões de forma no direito processual civil brasileiro.[91] Vale dizer: atendendo o ato processual à sua finalidade (*rectius*: à sua função normativa, como bem alertava Salvatore Satta[92]) e não causando prejuízo, situações que só poderão ser verificadas caso a caso[93] (como que a convocar uma racionalidade prática à ciência jurídica[94]), pré-excluída está a sua imperfeição. Tal o "sobredireito processual", locução assaz expressiva cunhada por Galeno Lacerda a propósito do tema.[95]

---

[90] Segundo Humberto Ávila, em trabalho de inexcedível valor, as normas podem ser regras (normas de conduta), princípios (normas de finalidade) ou postulados normativos aplicativos (normas de método); esses últimos, que agora nos interessam, por se apresentarem como normas de método, visam a debelar a colisão entre outras normas (conforme *Teoria dos Princípios – Da Definição à Aplicação dos Princípios Jurídicos*, 2ª ed. São Paulo: Malheiros, 2003, p. 119/121). Parece-nos que idêntica função, no sistema das invalidades do processo civil brasileiro, é desempenhada pelas normas dantes apontadas, na medida em que visam a superar um confronto normativo.

[91] Neste sentido, José Joaquim Calmon de Passos, *Esboço de uma Teoria das Nulidades Aplicada às Nulidades Processuais*. Rio de Janeiro: Forense, 2002, p. 131; Danilo Alejandro Mognoni Costalunga, "A Teoria das Nulidades e o Sobredireito Processual". *In: Revista Forense*. Rio de Janeiro: Forense, 1998, p. 18, vol. 344.

[92] *Diritto Processuale Civile*, 9ª ed. Padova: Cedam, 1981, p. 245/246.

[93] Como bem apreende Enrico Tullio Liebman, Manuale di Diritto Processuale Civile, 2ª ed. Milano: Giuffrè, 1957, p. 214, vol. I.

[94] *Racionalidade prática vai aqui entendida nos exatos termos expostos por Castanheira Neves, Metodologia Jurídica – Problemas Fundamentais*. Coimbra: Coimbra Editora, 1993, p. 34/81. Vale dizer: encara-se o direito como um problema concreto, tendo o jurista uma atitude comunicativa (diálogo), cuja intenção é o consenso. Ademais, tratando em termos gerais do problema que ora está a nos ocupar (em última análise, conformidade ou não ao Direito deste ou daquele ato jurídico), também Willis Santiago Guerra Filho sugere a valorização de "formas de pensamento pragmáticas", mais consentâneas à complexidade da vida social contemporânea (*Teoria Processual da Constituição*, 2ª ed. São Paulo: Celso Bastos Editor, 2002, p. 19).

[95] "O Código e o Formalismo Processual". *In: Revista da Ajuris*. Porto Alegre: s/ed., 1983, p. 11, n. 28. Vale a transcrição do escólio deste estimado processualista: "No momento em que se descobre a verdadeira hierarquia de interesses tutelados pelos textos de um Código, desvenda-se o sentido profundo e vital do sistema que o anima. Neste sentido, tratando-se de um Código de Processo, o interesse público superior, que o inspira e justifica, é que se preste ele a meio eficaz para definição e realização concreta do direito material. Não há outro interesse público mais alto, para o processo, do que o de cumprir sua destinação de veículo, de instrumento de integração da ordem jurídica mediante a concretização imperativa do direito material. Se assim é, como na verdade é, cumpre

O Estado prometeu tutela jurisdicional, comprometendo-se a responder a demanda de qualquer sujeito interessado na obtenção de um dado provimento judicial. A jurisdição, de seu turno, exerce-se através da relação jurídica processual em contraditório, cujo método é a dialética, visando a aplicar o direito e a pacificar a sociedade, realizando a justiça no caso concreto (François Ost é exato a respeito, ao referir que o processo é "a troca regulamentada dos argumentos com vista à produção do justo"[96]). Como se tem sublinhando, a justiça é uma preocupação inerente às funções do juiz contemporâneo, sendo que o sistema desenhado no capítulo que ora se analisa está aí para bem auxiliar o juiz no logro das finalidades que animam a instauração do processo (está aí, diríamos com José Joaquim Calmon de Passos, para alcançar a exata "realização dos fins de justiça do processo"[97]). Nesse sentido, o manejo dos postulados normativos aplicativos que há pouco mencionávamos sempre e sempre será iluminado pela busca da concretização da justiça na relação processual.

Claro está, porém, que algum jurista adepto de uma razão teórica em sua vertente positivista,[98] moderno (de uma "modernidade sólida", no sentido que dá à expressão Zygmunt Bauman[99]), dificilmente poderia concordar com nossas proposições. Vejamos, por exemplo, o caso de Egas Dirceu Moniz de Aragão. Com efeito, escreve o emérito Professor Catedrático da Universidade Federal do Paraná, logo após analisar a lição de Galeno Lacerda, referindo-se à tese análoga a nossa defendida por José Joaquim Calmon de Passos: "com esta tese não concorda Calmon de Passos, que expõe outra construção, para ele a única admissível. Parece-lhe que todo o capítulo das nulidades deve subordinar-se, teleologicamen-

---

indagar quais as normas que, dentro de um Código Processual, tutelam sua instrumentalidade, porque nelas reside e habita o interesse público predominante. Fácil encontrá-las no capítulo destinado à disciplina das nulidades. Exatamente porque a preocupação maior consiste em tudo fazer para salvar o instrumento, a fim de que alcance o objetivo, verifica-se que as regras sobre nulidades possuem o necessário e indispensável condão de relativizar a maior parte das normas imperativas processuais e, por conseguinte, as sanções resultantes de sua infração. Por este motivo, o capítulo mais importante e fundamental de um Código de Processo moderno se encontra nos preceitos relativizantes das nulidades. Eles é que asseguram ao processo cumprir sua missão sem transformar-se em fim em si mesmo, eles é que o libertam do contra-senso de desvirtuar-se em estorvo da Justiça. Aplicando por analogia ao direito processual um conceito de Zitelmann, difundido entre nós por Pontes de Miranda para definir as normas de direito internacional privado ('Coments. à Const. de 67', I/92), diria que as regras sobre nulidades se integram no 'sobredireito' processual, porque se sobrepõem às demais, por interesse público eminente, condicionando-lhes, sempre que possível, a imperatividade" ("O Código e o Formalismo Processual". *In: Revista da Ajuris*. Porto Alegre: s/ed., 1983, p. 10/11, n. 28).

96 *O Tempo do Direito*. Lisboa: Instituto Piaget, 2001, p. 409.

97 *Comentários ao Código de Processo Civil*, 8ª ed. Rio de Janeiro: Forense, 2000, p. 411, vol. III.

98 Para uma ampla abordagem do problema da racionalidade, consulte-se, por uma vez mais, Antônio Castanheira Neves, *Metodologia Jurídica – Problemas Fundamentais*. Coimbra: Coimbra Editora, 1993, p. 34/81.

99 *Modernidade Líquida*. Rio de Janeiro: Jorge Zahar Editor, 2001, p. 7/22.

te, aos 'fins de justiça do processo'; se atingidos, não há falar em nulidade, se não alcançados, então, sim, incidem-lhe as regras. Afigura-se por demais subjetiva a apreciação desses fins de justiça do processo, chave com a qual não se poderá abrir a porta que dá acesso à compreensão do texto do Código, visto que a cada qual poderá parecer que tais fins foram atingidos, mesmo em face de vícios os mais graves. Por outro lado, tem-se a impressão de que os 'fins de justiça do processo' antes constituem um lema a ser observado pelo legislador, quando elaborar a lei relativa às nulidades, que um padrão de exegese a ser aplicado pelo juiz em cada caso concreto".[100]

Ora, da lição de Egas exsurge límpido que para esse a justiça não é um problema do juiz, mas sim do legislador, bem ao sabor positivista. Mais: ressai igualmente nítido que o papel que toca ao jurista é ater-se fiel à legislação, submetendo a sociedade a um "plano traçado com monitoria estatal" que, afinal, como bem lembra por uma vez mais Zygmunt Bauman,[101] fora uma prática constante do moderno "Estado jardineiro". A ambigüidade deveria ser expulsa, porque o que interessava ao então novo método era a verdade e a segurança que se mostravam inerentes ao lugar-conhecido (a ordem estabelecida pela razão, identificada com a lei, não poderia ser subvertida). Daí a firme repulsa de nosso Autor ao mais leve toque de subjetivismo judicial.

Note-se, ainda, que referimos que os postulados normativos aplicativos têm o condão de pré-excluir este ou aquele vício do ato processual, com o que abandonamos a expressão clássica, de matriz privada, que enxergava nesta pré-exclusão hipótese de "sanação". Na perspectiva processual, os vícios são pré-excluídos pela incidência das normas de método, não se mostrando adequado se aludir à "sanação de nulidade" por obra das mesmas: a invalidade não chega a formar-se, porque não há nulidade anterior a um pronunciamento judicial. Insistamos no ponto – a perspectiva processual no trato do problema das invalidades impede que se fale em sanação: se só há nulidade após a decretação jurisdicional dessa, então as normas incidem para pré-excluir a invalidade. A sanação pressuporia, necessariamente, a nulidade já reconhecida, o que evidentemente não se tem.

Quanto ao reconhecimento da invalidade, nosso Código de Processo Civil não exige qualquer manifestação da parte a respeito, tal como o faz, em alguns casos, o Código de Processo Civil português (art. 207, "a argüição de qualquer nulidade pode ser indeferida, mas não pode ser deferida sem prévia audiência da parte contrária, salvo caso de manifesta

---

[100] *Comentários ao Código de Processo Civil*, 9ª ed. Rio de Janeiro: Forense, 1998, p. 260, vol. II.
[101] *Modernidade e Ambivalência*. Rio de Janeiro: Jorge Zahar Editor, 1999, p. 37.

desnecessidade"). A postura, no entanto, é de todo recomendável ao juiz brasileiro, na medida em que estimula o diálogo processual (a cooperação entre os sujeitos processuais[102]), prestigiando, dessarte, a garantia do contraditório em sua feição ativa, outorgando às partes a possibilidade de participarem na conformação do juízo.

Na plana dos efeitos, finalmente, a decretação de nulidade do ato processual viciado opera eficácia *ex tunc*, como que a apagar o passado, na medida em que esse não possa ser aproveitado. A atenção do jurista ao concreto também nessa senda é convocada pelo nosso Código (por exemplo, arts. 248 e 249).

5. Conclusões

Ante todo o exposto, parece-nos que a melhor sistematização da matéria hodiernamente é aquela que trabalha tão-somente com a categoria da invalidade processual, cujo reconhecimento se dá caso a caso, convocando-se uma racionalidade prática ao campo do processo civil, tudo subordinado à obtenção da justiça na relação jurídica processual em contraditório e iluminado pelos postulados normativos aplicativos constantes, essencialmente, dos arts. 244 e 249 do nosso Código de Processo Civil. Tal o nosso entendimento, que de logo submetemos à apreciação dos doutos.

---

[102] Acerca, consulte-se Carlos Alberto Alvaro de Oliveira, "Poderes do Juiz e Visão Cooperativa de Processo". *In: Revista da Ajuris*. Porto Alegre: s/ed., 2003, p. 55/84, n. 90.

— 4 —

Verdade e colaboração no Processo Civil (ou a prova e os deveres de conduta dos sujeitos processuais)

JAIR PEREIRA COITINHO

1. Introdução

O Rabi quis antever: "bem-aventurados os que têm fome e sede de justiça, porque estes serão saciados".[1] A promessa é ora transformada em direito fundamental, garantido pelas mais diversas cartas de declarações do mundo. Assim, o Estado brasileiro, pretendendo garantir que "a lei não excluirá da apreciação do Poder Judiciário lesão ou ameaça a direito",[2] assumiu o dever de prestar eficazmente a jurisdição, dotando-se de meios materiais e humanos para garantir o gozo do direito pela parte que tem razão.

A solução remete ao contido na Convenção Européia para Proteção dos Direitos Humanos e das Liberdades Fundamentais, subscrita em 1950, cujo item 1 de seu artigo 6º preconiza que "toda pessoa tem direito a que

---

[1] *Bíblia Sagrada*. Novo Testamento. O Evangelho segundo Mateus. Capítulo 5, Versículo 6.
[2] Artigo 5º, XXXV, da Constituição Federal de 1988 (CF).

sua causa seja examinada eqüitativa e publicamente num prazo razoável, por um tribunal independente e imparcial instituído por lei...".[3] Remete também à Convenção Americana sobre Direitos Humanos (Pacto de São José da Costa Rica), de que o Brasil é signatário,[4] cujo item 1 do artigo 8º praticamente repete o texto da Convenção Européia.[5] Emprestando-se a tais declarações a conotação mais ampla possível para envolver as variadas espécies de interesses substancialmente previstos,[6] exige-se do Estado instrumento compatível com a premência da tutela jurisdicional.

Para atender a essa promessa, diz-se que o processo judicial – e aos limites deste trabalho interessa o processo civil – é o instrumento estatal destinado a, pelo conhecimento da verdade dos fatos, oferecer aos jurisdicionados a "justa composição da lide"[7] pela heterocomposição e imposição de regra de conduta. Revela-se aí a função distributiva do processo civil enquanto instrumento de acesso à justiça, isto é, "instrumento de acesso à ordem jurídica justa".[8]

Todavia, os fatos só têm sentido no processo se a linguagem empregada para sua descrição estiver não apenas materialmente perfeita (linguagem escrita), mas também formalmente correta (linguagem provada). Nesse sentido, revelam-se de nuclear importância as provas, dando vida ao processo e justificando, na tutela de conhecimento, a opção da proteção jurídica estatal a uma ou a outra das partes envolvidas no litígio submetido à sua apreciação. Ter direito e não ter meio de prová-lo é processualmente quase como não o ter, decorrendo daí a sempre atualidade da lição segundo a qual "el arte del proceso no es esencialmente otra cosa que el arte de administrar las pruebas".[9]

---

[3] A solução não é nova. Já em 1215, com a Magna Carta do rei João Sem Terra na Grã-Bretanha, o Estado declarava-se responsável pela prestação eficaz do serviço jurisdicional. Segundo o texto da Carta, "não venderemos, denegaremos nem atrasaremos a ninguém seu direito nem a justiça" (item 40). A Declaração Universal dos Direitos do Homem proclamou no artigo VIII que "todo homem tem direito a receber dos tribunais nacionais competentes remédio *efetivo* para os atos que violem os direitos fundamentais que lhe sejam reconhecidos pela constituição ou pela lei" (grifou-se).

[4] O tratado foi incorporado ao direito interno brasileiro pelo Decreto nº 678, de 9/11/1992 (§ 2º do artigo 4º da CF).

[5] Segundo o citado artigo, "toda pessoa tem direito a ser ouvida, com as devidas garantias e dentro de um prazo razoável, por um juiz ou tribunal competente, independente e imparcial, estabelecido com anterioridade pela lei (...) para a determinação de seus direitos e obrigações de ordem civil...".

[6] BEDAQUE, José Roberto dos Santos. *Direito e processo. Influência do direito material sobre o processo*. 2. ed. São Paulo: Malheiros, 1997, p. 71.

[7] Segundo a clássica lição, "qui fu posta la giusta composizione della lite come fine essenziale del processo di cognizione" (CARNELUTTI, Francesco. *Lezioni di diritto processuale civile*. v. II. Padova: CEDAM, 1926, p. 148).

[8] WATANABE, Kazuo. Acesso à Justiça e sociedade moderna. In: GRINOVER; Ada Pellegrini; DINAMARCO, Cândido Rangel; WATANABE, Kazuo (Coord.). *Participação e processo*. São Paulo: Revista dos Tribunais, 1988, p. 128-35, esp., p. 128.

[9] BENTHAM, Jeremy. *Tratado de las pruebas judiciales*. Trad. Manuel Ossorio Florit. Buenos Aires: EJEA-Ediciones Jurídicas Europa-America, 1971, p. 10.

Além de histórico, reside ínsito à prova no processo civil o caráter argumentativo, sendo necessária:

> "l'attenzione sull'esistenza di una concezione classica della prova come argumentum, e sull'esistenza di una logica del probabile e del verosimile, legata alle tecniche di una ratio dialectica, ed all'idea di una verità probabile, construita in relazione alle tecniche ed alla problematica del processo".[10]

Nessa ordem de idéias, o resultado do processo civil só tende a ser *equo* e *giusto* se no seu *iter* for alcançado um *optimum* de reconstituição e apreciação dos fatos, isto é, se 1) puderem ser propostas, admitidas e produzidas todas as provas aptas a ensejarem o convencimento do julgador, e 2) se este as valorar adequadamente. Eis então a relação entre verdade e distribuição de justiça: "a verdade é filha legítima da justiça, porque a justiça dá a cada um o que é seu. E isto é o que faz e o que diz a verdade, ao contrário da mentira. A mentira, ou vos tira o que tendes, ou vos dá o que não tendes; ou vos rouba, ou vos condena".[11]

Já no campo da tutela executiva, a eficácia do processo é mensurada pela capacidade de produzir o resultado equivalente ao da observância voluntária da regra de conduta, importando ao Estado a satisfação completa do interesse tutelado pelo ordenamento, mas não se obnubila tampouco aqui a importância das provas. A tal propósito, é suficiente a noção de que tutela com tal feição só pode ser exercida com base em pressuposto específico documental: o título. É o brocardo *nulla executio sine titulo*,[12] que, desatendido, conduz à nulidade do processo.[13] [14]

À obtenção da verdade no processo civil concorrem, porém, limites ditados pela natural falibilidade do conhecimento humano, pelo *thema probandum* (há fatos que são irrelevantes, incontroversos, impertinentes ou mesmo de impossível reconstituição)[15] e pela admissibilidade da prova.[16] Tais limites, impostos naturalmente ou pelo próprio ordenamento jurídico, acabam-se revelando entraves à reconstrução dos fatos.

---

[10] GIULIANI, Alessandro. *Il concetto di prova (contributo alla logica giuridica)*. Milano: Giuffrè, 1961, p. 253.

[11] Padre Antônio Vieira *apud* LAFER, Celso. *A mentira: um capítulo das relações entre a ética e a política*. *In*: NOVAES, Adauto (org.). Ética. São Paulo: Companhia das Letras, 1992, p. 225.

[12] Artigo 583 do Código de Processo Civil (CPC).

[13] Artigo 618, I, do CPC. Admite-se a ausência de título apenas excepcionalmente, em demandas que visam à execução de obrigações de declaração de vontade (artigo 639 do CPC).

[14] A tutela de cunho monitório, considerada para alguns como espécie própria de processo (DINAMARCO, Cândido Rangel. *Instituições de direito processual civil*. v. III. São Paulo: Malheiros, 2001, p. 740-1), exige também prova escrita, apenas sem eficácia de título executivo (artigo 1.102-a do CPC).

[15] *Infra*, nºs 1.1 e 1.2.

[16] CAMBI, Eduardo. *Admissibilidade e relevância da prova no processo civil*. Tese de doutoramento, Curitiba, Universidade Federal do Paraná, 2001, p. 361-3.

Vinculados a esses lindes, outros há ditados pela postura dos sujeitos processuais, em resistências que decorrem, ora de fatores internos, como desconhecimento, má-fé ou direitos da personalidade, ora de fatores externos, como acúmulo de serviço ou falta de condições de trabalho.[17] Estabelecer os parâmetros de atuação de tais sujeitos em relação às provas no processo civil – especialmente a partir do dever genérico de colaboração – é o objetivo precípuo deste trabalho, para o que se utiliza o método hermenêutico, fixando, ao longo do texto, premissas com implicações concretas na atividade dos sujeitos principais do processo civil.

2. A relação entre processo e verdade: a verdade obtenível no processo

A idéia de verdade ocorre freqüentemente nas reflexões humanas sobre a linguagem, o pensamento e a ação, ultrapassando, pois, o linde estritamente jurídico.[18]

Não se hão de exaurir aqui noções epistemológicas nem filosóficas como a metafísica idealista defendida por Kant[19] ou a eticidade proposta por Hegel,[20] bastando mencionar, aos efeitos do trabalho, que a tutela jurisdicional prestada pelo Estado sempre teve como pressuposto tradicional, haurido do racionalismo cartesiano, a verdade, a razão, a assistir a parte tutelada. Nesse sentido, o conhecimento é identificado com a verdade: "o conhecimento científico é sempre a reforma de uma ilusão".[21] Esse é o motivo por que se alude a que "todos os meios legais, bem como os moralmente legítimos (...) são hábeis a provar a *verdade dos fatos*, em que se funda a ação ou defesa".[22]

Neste momento, importa estabelecer a importância da conduta dos sujeitos processuais à obtenção dessa "verdade", isto é, à busca da prova dos fatos que constituem o *thema probandum*.

---

[17] Nesse sentido, ver OLIVEIRA, Carlos Alberto Alvaro de. *Do formalismo no processo civil*. São Paulo: Saraiva, 1997, p. 145-6.

[18] TARUFFO, Michele. *La prova dei fatti giuridici*. Milano: Giuffrè, 1992, p. 2. A mesma citação é encontrada, entre outros, em BADARÓ, Gustavo Henrique Righi Ivahy. *Ônus da prova no processo penal*. São Paulo: Revista dos Tribunais, 2003, p. 26.

[19] KANT, Immanuel. *Crítica da Razão Pura*. 2. ed. Lisboa: Fundação Calouste Gulbenkian, 1989, p. 632 e s.

[20] HEGEL, Georg Wilhelm Friedrich. *Lecciones sobre la filosofía de la historia universal*. 4. ed. Madrid: Alianza Universidad, 1989, p. 59.

[21] BACHELARD, Gaston. *apud* SILVA, Ovídio A. Baptista da. *Curso de processo civil*. v. 1. 4. ed. São Paulo: Revista dos Tribunais, 1998, p. 339. Também ADEODATO, João Maurício Leitão. Filosofia do Direito e Dogmática Jurídica. *Direito em Debate*, Ijuí, a. V, n. 5, p.38-53, jan./jun. 1995, esp., p. 38-9.

[22] Artigo 332, *in fine*, do CPC (grifou-se).

2.1. Crise de verdade: a verossimilhança como medida da falibilidade do conhecimento humano

Dados os limites à reconstrução de fatos pretéritos, o discurso judicial não pode alimentar a esperança de obtenção da verdade absoluta, livre de vícios ou imperfeições. Esse é o primeiro óbice enfrentado na instrução da causa, e decorre do abandono da ilusão liberal individualista. Com efeito:

> "Los predicados 'verdad' y 'falsedad' no pueden ser atribuídos a las normas del Derecho, ni tampoco a los programas de Derecho ideal. Las reglas jurídicas, positivas o ideales, no son ni verdadera ni falsas. Las reglas jurídicas no pueden ser juzgadas desde el punto de vista de la verdad o falsedad. Pueden y deben ser enjuiciadas desde los ángulos de otros valores: justicia, dignidad de la persona humana, criterios de libertad, de igualdad ante el Derecho, de igualdad de oportunidades, de servicio al bienestar general, de adecuación a las circunstancias, de eficacia, etc.".[23]

A idéia implica a derrocada dos padrões rígidos adotados desde a promulgação do Código Civil francês (também conhecido como Código Napoleônico), em 1804, a partir do que a aplicação do Direito passou a ser vista como procedimento meramente lógico-formal por dogma de subsunção.[24] A insuficiência desse paradigma é notória porque a aplicação do direito, enquanto decisão jurídica de conflitos sociais, não pressupõe apenas um raciocínio de índole formal, fundado na Lógica Clássica;[25] pelo contrário, encontra-se intimamente vinculada a discursos que articulem valores, que não se confundem com evidências racionais ou empíricas (pressupostos básicos da aplicação do raciocínio silogístico dedutivo ou indutivo), o que faz sobrelevar a importância da argumentação.[26]

---

[23] SICHES, Luis Recaséns. *Nueva filosofía de la interpretación del derecho*. 3. ed. México: Porrúa, 1980, p. 277.

[24] PERELMAN, Chaïm. *Ética e Direito*. Trad. Maria Ermantina Galvão G. Pereira. São Paulo: Martins Fontes, 1996, p. 506 e segs.

[25] Conforme a lição de Tércio Sampaio Ferraz Júnior, "de um modo geral, pelo procedimento construtivo, as regras jurídicas são referidas a um princípio ou a um pequeno número de princípios e daí deduzidas. Pelo dogma da subsunção, segundo o modelo da lógica clássica, o raciocínio jurídico se caracterizaria pelo estabelecimento tanto de uma premissa maior, a qual conteria a diretiva legal genérica, quanto da premissa menor, que expressaria o caso concreto, sendo a conclusão, a manifestação do juízo concreto ou decisão" (FERRAZ JÚNIOR, Tércio Sampaio. *Introdução ao Estudo do Direito*. São Paulo: Atlas, 1991, p. 83).

[26] Em tese de doutoramento, Margarida Maria Lacombe Camargo sustenta que o processo de compreensão se concretiza por meio da argumentação que, tecnicamente, viabiliza a interpretação (*in*: CAMARGO, MARGARIDA MARIA LACOMBE. *Hermenêutica e argumentação: uma contribuição ao estudo do Direito*. Rio de Janeiro: Renovar, 1999).

Deve-se discutir, isto sim, sobre uma lógica do razoável,[27] "sull'esistenza di una logica del probabile e del verosimile, legata alle tecniche di una ratio dialectica, ed all'idea di una verità probabile, construita in relazione alle tecniche ed alla problematica del processo".[28] Daí a arguta advertência segundo a qual "les vérités historiques ne sont que des probabilités".[29]

Nesse contexto, a retórica assume papel primordial enquanto processo argumentativo que, ao articular discursivamente valores tem por objetivo a persuasão dos destinatários da decisão jurídica quanto à razoabilidade da interpretação prevalecente. Relembra-se a propósito da recuperação aristotélica feita por Chaïm Perelman e por Lucie-Olbrechts Tyteca, para quem a finalidade da argumentação é provocar ou acrescer a adesão dos espíritos às teses que se apresentam ao seu assentimento,[30] pacificando o *sozial Übel*.[31]

Esmaece também o brilho da distinção entre verdade real e verdade formal, que de todo modo careceria de lógica. A busca da verdade real pelo juiz tornou-se impraticável, visto que essa verdade diz respeito a fatos passados que são reconstituídos indiretamente no processo,[32] numa estrutura social hodierna muito mais etérea e baseada em relações de massa. Avultam noções indeterminadas de conceitos jurídicos, tais como boa-fé

---

[27] Como assinala LUIS RECASÉNS SICHES, "la producción de los contenidos del derecho, tanto de las reglas generales como de las normas individualizadas, debe regirse por la lógica de lo humano o de lo razonable" (*Nueva filosofía de la interpretación del derecho.* 3. ed., México: Porrúa, 1980, p. 288). Para Perelman, "o que há de específico na lógica jurídica é que ela não é uma lógica da demonstração formal, mas uma lógica da argumentação, que utiliza não provas analíticas, que são coercivas, mas provas dialéticas - no sentido aristotélico dessa distinção - que visam a convencer ou, pelo menos, a persuadir o auditório (o juiz nessa ocorrência), de modo que o leve a dirimir com sua decisão uma controvérsia jurídica" (PERELMAN, Chaïm. *Ética e Direito.* cit., p. 500).

[28] *Apud* RIBEIRO, Darci Guimarães. *Tendências modernas da prova.* Revista Jurídica, Porto Alegre, v. 218, dez/95.

[29] Voltaire *apud* CALAMANDREI, Piero. *Verità e verosimiglianza nel processo civile. Rivista di diritto processuale*, Padova, CEDAM, v. X, parte I, p. 164-92, esp., p. 165. Há tradução espanhola: *Verdad y verosimilitud en el proceso civil. In: Estudios sobre el proceso civil.* trad. Santiago Sentís Melendo. Buenos Aires: EJEA – Ediciones Juridicas Europa-America, 1966, p. 317-53, esp., p. 318. Na mesma obra, o jurista peninsular refere a obra de Wach de que "Aller Beweis ist richtlig verstanden nur Wahrscheinlichkeitsbeweis" (em tradução livre: todas as provas não são mais que provas de verossimilhança).

[30] PERELMAN, Chaïm; OLBRECHTS-TYTECA, Lucie. *Tratado da argumentação: a nova retórica.* Prefácio Fábio Ulhoa Coelho, trad. Maria Ermantina Galvão G. Pereira. São Paulo: Martins Fontes, 1996., p. 18-9.

[31] Manuel Atienza, ao esboçar uma teoria da argumentação jurídica, depois de analisar o retorno a Aristóteles proposto por Perelman, acaba a ele aderindo sob o fundamento da racionalidade; uma racionalidade lingüística, uma racionalidade pragmática e uma racionalidade ética (ATIENZA, Manuel. *As razões do Direito.* Teorias da argumentação jurídica. trad. Maria Cristina Guimarães Cupertino. São Paulo: Landy, 2000, p. 317).

[32] Cfe. MARINONI, Luiz Guilherme; ARENHART, Sérgio Cruz. *Comentários ao Código de Processo Civil.* V. 5, t. II, São Paulo: Revista dos Tribunais, 2000, p. 66-7.

e risco, e crescem os litígios supra-individuais, dificultando ou mesmo impedindo o resgate pelo julgador.[33]

Tem-se, portanto, que a aspiração máxima do processo é a reconstrução fática verossímil, com caráter de suficiência a embasar o juízo.[34] Identifica-se o fenômeno com a chamada verossimilitude, conjectura sobre base físico-corroborativa conforme a lição de Karl Popper,[35] obtendo-se uma certeza clarificada na sentença eis que, na síntese feliz de Gustavo Henrique Righi Ivahy Badaró, "a certeza do juiz é a verdade do processo".[36]

2.2. *Thema probandum*

À natural possibilidade de incorreção da reconstrução fática somam-se obstáculos havidos do *thema probandum*.[37] Alguns fatos, porque impertinentes, irrelevantes (são pertinentes e relevantes os fatos *"em que se funda a ação ou defesa"*)[38] ou incontroversos (dispensa-se a produção de provas de fatos *"admitidos, no processo, como incontroversos"*),[39] revelam-se contemporâneos ao juízo de sua admissão no processo. Já outros se revelam de aferição impossível mesmo depois de esgotadas as providências dos sujeitos processuais, restando a dúvida invencível autorizadora da aplicação do ônus da prova, tomado no caráter que lhe é peculiar (objetivo).[40]

Da impertinência, irrelevância ou incontrovérsia do fato (logo, falta de *questão*) decorre a inutilidade da produção da prova, apresentando-se como limite do próprio direito a tanto.[41] Compatibilizar a instrução da causa com a economia processual[42] é dever do juiz: "caberá ao juiz, de ofício ou a requerimento da parte, determinar as provas necessárias à instrução do processo, indeferindo as diligências inúteis ou meramente

---

[33] FABRÍCIO, Adroaldo Furtado. As novas necessidades do processo civil e os poderes do juiz. *Revista de Direito do Consumidor*, São Paulo: Revista dos Tribunais, n. 7, p. 30-6, jul./set. 1993, p. 33-4.

[34] ABBAGNANO, Nicola. *Dicionário de Filosofia*. São Paulo: Martins Fontes, 1998, p. 1000.

[35] POPPER, Karl. *Conhecimento Objetivo*. Belo Horizonte: Itatiaia, 1976.

[36] BADARÓ, Gustavo Henrique Righi Ivahy. *op. cit.*, p. 26. No mesmo sentido, BARROS, Marco Antonio de. *A busca da verdade no processo penal*. São Paulo: Revista dos Tribunais, 2002, p. 23.

[37] "Si può (...) definire il concreto thema probandum come l'insieme dei fatti giuridicamente rilevanti, la cui esistenza o inesistenza debba essere dimostrata nel corso dell'istruzione probatoria" (TARUFFO, Michele. *Studi sulla rilevanza della prova*. Padova: CEDAM, 1970, p. 53). Corresponde ao *thema probandum* concreto mencionado por ECHANDÍA, Hernando Devis. *Compendio de la prueba judicial*. t. I. Buenos Aires: Rubinzal - Culzoni, 2000, p. 85-6.

[38] Mais uma vez o artigo 332, *in fine*, do CPC.

[39] Artigo 334, III, do CPC.

[40] *Infra*, nº 2.2.

[41] *Infra*, nº 2.1.

[42] Artigo 125, II, do CPC.

protelatórias".[43] Assim, verificada a inexistência de objeto de prova (o que exige fundamentação adequada),[44] revela-se necessário dispensar sua produção.

Em ambas as hipóteses, as restrições são dadas pelo princípio *dispositivo*, o qual se liga à conduta dos sujeitos processuais e é por elas balizado. Com efeito, a determinação das *questões de fato* deriva, de modo geral, do cotejo da causa de pedir remota (*causa petendi remota*), isto é, dos fatos minudenciados pelo autor[45] com os apresentados pelo réu.[46] Vincula-se o juiz a tais fatos,[47] apenas não se agrilhoando aí a subsunção dos fatos à norma jurídica (*causa petendi proxima*).[48]

De outra sorte, os fatos vinculam-se à admissibilidade de sua prova no ordenamento jurídico, tendo como limites nesse sentido a licitude, a legitimidade e a constitucionalidade do método de sua obtenção.[49]

A existência de tais limites, porém, não autoriza desilusão nem inércia dos sujeitos processuais. Não se deve renunciar à busca da verdade porque tal busca é inerente à função social do processo, daí ganharem especial relevo a dialética e o contraditório concretizados pelo diálogo no processo. É o que se procurará demonstrar no item seguinte.

3. Diálogo judicial e colaboração

A plausibilidade no uso da linguagem jurídica apropriada é obtida através da participação dos sujeitos do processo. Etimologicamente, participar significa tomar uma parte (do latim *partem capere*), daí ser possível referir também que a relação jurídica processual impõe às partes (autor e réu) que participem concreta e ativamente do processo, cada qual com o seu fenômeno causal, a fim de que o juiz possa formar convencimento – e portanto certeza – da verossimilhança dos fatos apropriados. Autor e réu têm parte do todo concretizado pelo juiz em sua sentença, o que é feito mediante um movimento de superação do momento imediato, *pré-compreensivo*.[50] Reside aqui a função democrática do diálogo processual, corri-

[43] Artigo 130 do CPC.

[44] *Infra*, nº 2.1.3.

[45] Artigo 282, III, do CPC.

[46] Artigo 302 do CPC.

[47] Artigo 128 do CPC.

[48] CRUZ E TUCCI, José Rogério. *A* causa petendi *no processo civil*. São Paulo: Revista dos Tribunais, 1993, p. 132-4.

[49] CAMBI, Eduardo. *op. cit.*, p. 39.

[50] Tem-se aqui a questão da pré-compreensão e da inevitabilidade do preconceito na interpretação: "Quem quiser compreender um texto realiza sempre um projetar. Tão logo apareça um primeiro

gindo constantemente a visão imperfeita que o julgador e as partes podem ter acerca do *thema probandum* e até mesmo do direito aplicável à causa.

Como mencionado alhures,[51] os eflúvios trazidos pela lógica jurídica contemporânea recuperaram o *ars dissedendi*, isto é, a noção retórica que acompanha o processo, especificamente pelo contraditório. "Non è la logica che controlla il dialogo ma il dialogo che corregge continuamente le logiche",[52] resgatando-se aqui seu valor perdido na transição dos séculos XVIII e XIX.

Tende-se a aceitar a ética do discurso já que:

> "O mundo como síntese de possíveis fatos só se constitui para uma comunidade de interpretação, cujos membros se entendem entre si sobre algo no mundo, no interior de um mundo de vida compartilhado intersubjetivamente. 'Real' é o que pode ser representado em proposições verdadeiras, ao passo que 'verdadeiro' pode ser explicado a partir da pretensão que é levantada por um em relação ao outro no momento em que assevera uma proposição".[53]

Nesse sentido, adotando-se uma visão dinâmica do processo, compreende-se que o mesmo é *relação jurídica* impulsionada em um *procedimento*.[54] Haure-se daí o conjunto de *situações jurídicas* que envolvem partes e juiz,[55] coordenando suas atividades com vistas à obtenção da tutela jurisdicional, o que só ganha relevo se legitimado em contraditório, isto é, se lhe for inerente o diálogo. Ocorrido isso, justifica-se o provimento e confortam-se os jurisdicionados.[56]

---

sentido no texto, o intérprete prelineia um sentido do todo. Naturalmente que o sentido somente se manifesta porque quem lê o texto lê a partir de determinadas expectativas e na perspectiva de um sentido determinado" (GADAMER, Hans-Georg. *Verdade e método: traços fundamentais de uma hermenêutica filosófica.* v. I. trad. Flávio Paulo Meurer. 2. ed. Petrópolis, RJ: Vozes, 1997).

[51] *Supra*, nº 1.1.

[52] A idéia é atribuída a Guido Calogero *apud* GRASSO, Eduardo. *La collaborazione nel processo civile. Rivista di Diritto Processuale*, Padova, CEDAM, v. XXI (II serie), p. 580-609, 1966, p. 588, nota 16. Ela parece atribuída a A. Arndt em TROCKER, Nicolò. *Processo civile e Costituzione. Problemi di diritto tedesco e italiano.* Presentazione di Gian Antonio Micheli. Milano: Giuffrè, 1974, p. 645, nota 9, assim parecendo também a OLIVEIRA, Carlos Alberto Alvaro de. Poderes do juiz e visão cooperativa do processo. *Revista da AJURIS – Associação dos Juízes do Rio Grande do Sul*, Porto Alegre, a. XXX, n. 90, p. 55-84, jun./2003, p. 64, nota 30.

[53] HABERMAS, Jürgen. *Direito e democracia: entre facticidade e validade.* v. I. Trad. Flávio Beno Siebeneichler. Rio de Janeiro: Tempo Brasileiro, 1997, p. 31-2.

[54] A partir da lição de Liebman, que influenciou a própria estrutura do CPC brasileiro, é essa a manifestação de DINAMARCO, Cândido Rangel. *Instituições de direito processual civil.* v. II. 2. ed. São Paulo: Malheiros, 2002, p. 28-9 e 201 e segs.

[55] A expressão *estados jurídicos*, equivalente, no trabalho, a *situações jurídicas*, é de TESHEINER, José Maria Rosa. *Elementos para um teoria geral do processo.* São Paulo: Saraiva, 1993, p. 3-10.

[56] BRUM, Nilo Bairros de. *Requisitos retóricos da sentença penal.* São Paulo: Revista dos Tribunais, 1980, p. 78-81.

Como conseqüência, reforça-se a importância das regras de conduta dos sujeitos processuais, sobrelevando as situações de *deveres* (de *facere* ou *non facere*, fazer ou não fazer), dotadas de exigibilidade pelos respectivos titulares dos *direitos subjetivos*, em detrimento das de *ônus*, incoercíveis porque lícitas dentro da esfera de potestatividade do seu titular.[57] Isto é: dentro dessa nova perspectiva de formalismo equilibrado, avulta a idéia do *dever genérico de colaboração* entre juiz e partes, a permear toda a instrução probatória. A reconstrução dos fatos será tanto mais próxima da verdade quando maior e mais responsável for a participação dos sujeitos processuais, não se admitindo mais o processo como coisa das partes (*Sach dei Parteien*).[58] [59]O fundamento e os reflexos da divisão de tarefas assim modelada indicam-se a seguir.

3.1. O direito à prova no processo civil e o perfil da atuação do juiz

O direito fundamental ao *due process of law*[60] contém, no bojo da ampla defesa, o direito à amplitude da produção de provas.[61] "Diritto processuale è diritto costituzionale applicato".[62] É nesse sentido, aliás, que se fala em um *direito constitucional à prova no processo civil*, cujo

---

[57] TESHEINER, José Maria Rosa. *op. cit.*, p. 10-20. A esse respeito, é clássica a lição de Carnelutti pela qual o dever é imperativo de conduta em relação a interesse alheio – por exemplo, o dever de lealdade processual previsto no artigo 14 do CPC –, enquanto o ônus é imperativo de conduta no próprio interesse – por exemplo, o ônus de afirmar, do qual decorre o ônus de provar o fato afirmado (CARNELUTTI, Francesco. *Diritto e processo.* Napoli: Morano, 1958, p. 264).

[58] BARBOSA MOREIRA, José Carlos. *A função social do processo civil moderno e o papel do juiz e das partes na direção e na instrução do processo. In: Temas de direito processual (terceira série).* São Paulo: Saraiva, 1984, p. 43-56. A expressão *Sach dei Parteien*, isto é, do processo como algo privado é encontrada em WACH, Adolf. *Vorträge über die Reichs – Civilproceâordnung.* Bonn: Bei Adolf Marcus, 1879, p. 177. Há tradução para o espanhol: *Conferencias sobre la ordenanza procesal civil alemana.* trad. Ernesto Krotoschin. Buenos Aires: EJEA – Ediciones Juridicas Europa-America, 1958, p. 225.

[59] O processo há de deixar de ser um "duel entre deux adversaires" para tornar-se "un problème à résoudre grâce à la collaboration des interesses et du magistrat" (LEVY-BRUHL, Henry. *La preuve judiciaire. Etude de sociologie juridique.* Paris: Dalloz, 1964, p. 54). No mesmo sentido, CAPPELLETTI, Mauro. *Iniciativas probatorias del juez y bases prejuridicas de la estructura del proceso. In: La oralidade y las pruebas en el proceso civil.* trad. Santiago Sentís Melendo. Buenos Aires: EJEA – Ediciones Juridicas Europa-America, 1972, p. 111-35, esp., p. 122-3.

[60] Artigo 5º, LIV e LV, da CF.

[61] Sobre o assunto, ver OLIVEIRA, Carlos Alberto Alvaro de. O juiz e o princípio do contraditório. *Revista de Processo*, São Paulo: Revista dos Tribunais, a. 19, n. 73, p. 7-14, jan./mar. 1994. Também, do autor, ver Efetividade e processo de conhecimento. *Revista da Faculdade de Direito da Universidade Federal do Rio Grande do Sul*, Porto Alegre, Síntese, v. 16, p. 7-19, jan./dez. 1999, esp., p. 13-15. Ainda: BEDAQUE, José Roberto dos Santos. *Garantia da amplitude da instrução probatória. In:* CRUZ E TUCCI, José Rogério (Org.). *Processo civil e constituição.* São Paulo: Revista dos Tribunais, 1998, p. 151-89.

[62] WALTER, Gerhard. *I diritti fondamentali nel processo civile tedesco. Rivista di Diritto Processuale*, Padova, CEDAM, a. 56 (II série), n. 3, p. 733-49, jun./set. 2001, p. 734.

conceito pode ser haurido de Michele Taruffo: "il diritto alla prova, in quanto elemento del diritto d'azione e di difesa, può essere definito come il diritto della parte di impiegare tutte le prove di cui dispone, al fine di dimostrare la verità dei fatti che fondano la sua pretesa".[63]

A idéia não é nova:

"se lo scopo del diritto di azione e di difesa è, come abbiamo notato in precedenza, quello di dare all'interessato una adeguata opportunità di incidere sullo svolgimento e sull'esito del giudizio, sembrerebbe evidente che il concreto esercizio di questo diritto sia essenzialmente subordinato alla effettiva possibilità di rappresentare al giudice la realtà dell'evento posto a fondamento della domanda o dell'eccezione, vale a dire alla possibilità di servirsi degli appositi strumenti, le prove, con cui si cerca di verificare quel dato avvenimento".[64]

No direito pátrio:

"... apesar de a maioria dos textos não fazer referência expressa a outros meios de prova, deve-se entender que a enumeração não é exaustiva, abarcando todos os instrumentos probatórios idôneos a influenciar no convencimento do juiz. Portanto, o que se pretende assegurar é o direito ao processo justo, com a possibilidade de utilização de todos os meios necessários para a concretização da justiça da decisão. Garante-se, destarte, o princípio do fair trial, que contém o direito de as partes obterem, em igualdade de posições, todas as oportunidades suficientes e apropriadas de tomar posição em relação aos fatos relevantes para o julgamento da causa.
Com efeito, por força do art. 5º, § 2º, da CF, é possível sustentar que o direito à prova não é apenas uma decorrência das garantias constitucionais da ação, da ampla defesa e do contraditório, mas, após a ratificação da Convenção Americana de Direitos Humanos e do Pacto Internacional dos Direitos Civis e Políticos, também uma regra de direito positivo, que integra o catálogo dos direitos fundamentais e deve ser interpretada com a finalidade de assegurar a máxima realização da justa tutela jurisdicional".[65]

Logo, quando se fala em *direito à prova* no processo civil, está-se a dizer que as partes têm direito à:

---

[63] TARUFFO, Michele. *Il diritto alla prova nel processo civile. Rivista di Diritto Processuale*, Padova, CEDAM, a. 39 (II série), n. 4, p. 74-120, out./dez. 1998, p. 77-8.

[64] TROCKER, Nicolò. *op. cit.*, p. 510.

[65] CAMBI, Eduardo. *Direito constitucional à prova no processo civil*. São Paulo: Revista dos Tribunais, 2001, p. 169.

a) proposição e admissão das provas dos fatos componentes do *thema probandum*;

b) produção das provas necessárias à reconstituição da tendência à verdade histórica dos fatos componentes do *thema probandum*,[66] com fiscalização e acompanhamento pessoal ou profissional;

c) por fim, adequada apreciação dos fatos e das provas pelo Estado-juiz no momento da sentença.

A tais direitos correspondem os deveres do julgador, em matéria probatória,[67] minudenciando-se-os abaixo.

3.1.1. Fixação dos fatos a provar

A proposição e a admissão de provas, pelos meios não proibidos ou pelos previstos em lei nos casos em que a cognição é limitada pela natureza do fato,[68] tem limite efetivo na sua relevância: "in linea di principio, il solo limite che si può porre alla deduzione probatoria delle parti deriva dalla regola sulla rilevanza della prova".[69]

À idéia é subjacente o primeiro dever judicial nesta senda: a fixação dos fatos a provar. Atendendo à máxima de disposição (*Verhandlungsmaxime*) preconizada pela *litiscontestatio*, o juiz, em atuação supletiva às partes, deve identificar, dentro do objeto do processo, os pontos controvertidos de fato (questões), identificando, por conseqüência, os meios existentes para a prova dos mesmos.

Enquanto para as partes o momento próprio para a proposição das provas corresponde, em regra, à sua primeira manifestação,[70] para o juiz, em homenagem às premissas que se estão fixando, bem como em atenção à oralidade, tal atividade exerce-se na audiência preliminar no procedimento ordinário segundo a regra cogente de que, "se, por qualquer motivo, não for obtida a conciliação, o juiz fixará os pontos controvertidos, decidirá as questões processuais pendentes e *determinará as provas a serem produzidas*, designando audiência de instrução e julgamento, se necessário".[71] No

---

[66] Artigos 332 e 339 do CPC.

[67] Alude-se a *deveres* porque não se entende que haja faculdade ou ônus para o juiz em tal seara. Nesse sentido: DINAMARCO, Cândido Rangel. *op. cit.*, p. 206-9. Também GOMES, Sérgio Alves. *Os poderes do juiz na direção e instrução do processo civil*. Rio de Janeiro: Forense, 2001, p. 2. Ver ainda, com ampla referência à doutrina nacional e estrangeira, BADARÓ, Gustavo Henrique Righi Ivahy. *op. cit.*, p. 85-90.

[68] Trata-se de corte cognitivo no plano vertical conforme WATANABE, Kazuo. *Da cognição no processo civil*. 2. ed. Campinas, SP: Bookseller, 2001, p. 125 e segs.

[69] TARUFFO, Michele. *Il diritto alla prova nel processo civile*, *cit.*, p. 77-8. Ver também *supra*, n. 1.2.

[70] Ver, para o autor, o artigo 282, VI; para o réu, o art. 300, ambos do CPC.

[71] Artigo 331, § 2º, do CPC – grifou-se. Nesse sentido, CHIOVENDA, Giuseppe. A oralidade e a prova. *Revista Forense*, Rio de Janeiro: Forense, a. 36, v. 78, p. 232-48, esp., p. 234. GUEDES, Jefferson Carús. *O princípio da oralidade: procedimento por audiências no direito processual civil brasileiro*. São Paulo: Revista dos Tribunais, 2003, p. 111.

procedimento sumário, a atividade desenvolve-se durante a audiência de conciliação.[72] [73]A idéia deita reflexos também na atribuição da responsabilidade pelo aporte dos meios de prova, como se verá adiante.[74]

É bem verdade que não é esse o vezo atual; seja por falta de prévio estudo da causa (justificada, em alguns casos, pela real sobrecarga dos órgãos judiciários), seja por lassidão (ou, quando menos, por ojeriza ao contato pessoal), juiz e mesmo partes fomentam a omissão quanto ao julgamento conforme o estado do processo,[75] que indica o momento propício ao cumprimento do dever ora alvitrado.

Resultam daí paliativos consagrados na prática forense que denotam a má compreensão do fenômeno. Tal é o que ocorre na primeira situação, quando, após as providências preliminares, as partes são intimadas de olímpico despacho para "indicação de provas que desejam ver produzidas", por uma interpretação permitida hoje pelo § 3° do artigo 331 do CPC, de valor assaz discutível (há na regra como que uma presunção implícita, pelo julgador, da impossibilidade de conciliar as partes, relegando a tentativa – em muitos casos apenas formal – à audiência de instrução e julgamento, nos termos dos artigos 447 a 449 do CPC).

Na segunda hipótese, não é difícil notar quando o diálogo processual fica deturpado em jogo de tênis de mesa (vulgo *pingue-pongue*) de escritos, com sucessivas e intermináveis trocas de intimações dos tipos *"diga o autor"* e *"diga o réu"*, especialmente com proposições de prova documental, sem solução, nem quanto à prova, nem quanto à lide.[76]

A regra, evidentemente, não é absoluta: o juízo feito em determinado momento processual não impede os sujeitos processuais de modificarem

---

[72] Artigo 278, § 2°, do CPC. Ver GUEDES, Jefferson Carús. *op. cit.*, p. 126.

[73] No Direito italiano, sustentando ser a *prima udienza di trattazione* (equivalente às audiências aqui mencionadas) a oportunidade primordial para isso, ver COMOGLIO, Luigi Paolo. *Preclusioni istruttorie e diritto alla prova. Rivista di diritto processuale*, Padova, CEDAM, a. LIII (II série), n. 4, p. 968-95, out.-dez./1998, p. 987.

[74] *Infra*, n° 2.2.2.

[75] Artigos 329 a 331 do CPC. Sobre a importância de tal ato, ver TUCCI, Rogério Lauria. *Do julgamento conforme o estado do processo.* São Paulo: José Bushatsky, 1975, p. 40-1. Também GOMES, Sergio Alves. *Os poderes do juiz na direção e instrução do processo civil.* Rio de Janeiro: Forense, 2001, p. 183, onde o autor faz menção à Exposição de Motivos do CPC de 1973, elaborada pelo então Ministro da Justiça Alfredo Buzaid, em cujo Capítulo IV, Item III, 19, tenciona-se ganhar *condensação* e *celeridade*, não praticando ato inútil e não ficando os autos a dormitarem "meses nas estantes dos cartórios".

[76] Alguns juízes, secundados por partes inescrupulosas, parecem ter predileção pelo jogo de origem oriental, aplicando-o ao embate processual como forma até de imolar a parte que mais precisa da tutela jurisdicional. *Tout comprendre c'est tout pardonner* (tudo compreender é tudo perdoar), como se a parte estivesse a mendigar a atenção ao seu direito fundamental à prestação do Estado. Crítica à omissão do uso da imediação, em situações análogas às ora descrita, vê-se em SABATÉ, Luiz Muñoz. *Técnica probatoria (estudios sobre las dificultades de la prueba en el proceso).* Bogotá: Temis, 1997, p. 129-31.

posteriormente a noção tida acerca das questões de fato, autorizando igualmente o juiz a admitir a produção de prova não admitida ou mesmo não proposta em época própria, daí o dizer-se que a este primeiro momento sucede outro: a produção da prova admitida.

3.1.2. Produção das provas

Ressalta-se, como premissa, que:

> "... punto fondamentale è che il diritto alla prova, inteso come diritto delle parti di dedurre tutte le prove rilevanti a loro disposizione, non implica che solo alle parti spetti l'iniziativa probatoria: altro è invero il diritto delle parti di "difendersi provando", alto la possibilità che il giudie disponga l'acquisizione di prove d'ufficio. (...) È invero evidente che il diritto delle parti alla prova non significa monopolio esclusivo delle parti sulle prove, e quindi non implica l'esclusione di autonomi poteri istruttori del giudice".[77] [78]

A iniciativa instrutória é flexibilizada pela inexistência de preclusão *pro iudicato* em nome do superior interesse na justiça concreta da decisão:

> "... le decadenze, che a carico della parte conseguono al mancato tempestivo esercizio dell'attività, non vietano al giudice di svolgere, mediante interventi spontanei o stimolati dalle stesse parti, un ruolo di suplenza, che la legge gli attribuisce entre limiti più o meno ampi e può esercitarsi con suficiente discrezionalita per la più idonea preparazione della causa, e quinde non "a favore" della parte inattiva, ma nel superiore interesse della sostanziale giustizia della decisione".[79]

Na relação entre a preclusão e o direito à prova, a primeira serve ao desenvolvimento do processo, mas não pode servir como obstáculo à ampla defesa:

> "Le principali espressioni di tale diritto (o autor refere-se ao direito à prova), che possono vedersi coinvolti nella verifica di compatibilità costituzionale dei sistemi di preclusione o di decadenza, sono le seguenti:
> 1) il diritto di produrre e di diedurre tutte le prove (anche quelle che si trovino nella disponibilità della controparte o di un terzo), la cui

---

[77] TARUFFO, Michele. *Il diritto alla prova nel processo civile, cit.*, p. 90.

[78] Sobre o assunto, com farta citação doutrinária e jurisprudencial, BEDAQUE, José Roberto dos Santos. *Poderes instrutórios do juiz.* 3. ed. São Paulo: Revista dos Tribunais, 2001, p. 19.

[79] GRASSO, Eduardo. *Note sui poteri del giudice nel nuovo processo di cognizione. In: Studi in onore di Vittorio Denti.* v. II (*il processo di cognizione*). Padova: CEDAM, 1994, p. 209-31, p. 210. A referência do autor é feita ao processo do trabalho, mas, como a busca da verdade independe da espécie de processo (penal ou extra-penal), crê-se apropriada ao fim deste trabalho.

acquisizione e la cui assunzione occorrano per comprovarei l fondamento delle proprie allegazioni;
2) il diritto alla prova contraria, vale a dire il diritto di dedurre o di produrre tutte le prove che servano a dimostrare il contrario di ciò che la contraparte allega e intende provare;
3) il diritto di far effettivamente assumere tutte le prove che siano state dedotte ed ammesse (salvi restando i controlli del giudice sull'ammissibilità, sulla rilevanza, sulla superfluità o sull'applicabilità di determinate regole di esclusione);
4) il diritto alla motivazione sulla prova e sui criteri di selezione o di valutazione, adottati dal giudice nella decisione sulla controversia concreta.
Ciascuno di questi profili è, dunque, meritevole della più attenta considerazione, non potendo mai essere irragionevolmente compresso (o addirittura sacrificato), sia pur di fronte alle esigenze pubblicistiche dell'ordine o dell'accelerazione del processo".[80]

Deve-se superar a visão do juiz inerte, passivo, transformando-o num sujeito ativo ao lado das partes para a reconstrução dos fatos.

"Tradicionalmente, a relação entre as partes e a prova tem sido tratada pela doutrina processual em termos de ônus, o que corresponde a uma ótica que se pode afirmar negativa da questão, pois ao litigante que tinha o encargo de provar e não o fez são atribuídos os riscos da falta de prova no julgamento da causa.
Essa colocação, que, segundo Verde, é própria do formalismo positivista, traz consigo a idéia de que o processo constitui mero instrumento de pacificação dos conflitos, sem se importar com uma correta reconstrução dos fatos; assim, revela-se absolutamente insatisfatória e inadequada à moderna concepção de processo *justo* (...)".[81]

Com efeito, ao juiz, enquanto diretor do processo, coloca-se o dever de investigação oficiosa do *thema probandum*, cujo cumprimento exigirá a colaboração da parte ou de terceiros para subministrar o meio de prova.[82] Nessa senda, destacam-se, por exemplo:

a) a ordem para comparecimento e interrogatório das partes;[83]

---

[80] COMOGLIO, Luigi Paolo. *op. cit.*, p. 979.

[81] Sobre o direito à prova no processo penal, é clássica a obra de GOMES FILHO, Antonio Magalhães. *Direito à prova no processo penal*. São Paulo: Revista dos Tribunais, 1997. No processo civil, ver, entre outros, MATTOS, Sérgio Luís Wetzel de. *Da iniciativa probatória do juiz no processo civil*. Rio de Janeiro: Forense, 2001, p. 13 e segs., nas quais o autor alude a relações de *completabilidade* nas atividades dos sujeitos processuais.

[82] Artigos 130 e 339 do CPC.

[83] Artigo 342 do CPC. Sobre o cumprimento de tal dever, ver *infra*, nº 2.2.

b) a ordem para depoimento pessoal;[84]

c) a exibição de documentos que esteja em poder da parte[85] ou de terceiro;[86]

d) a requisição de informações a órgãos públicos e também privados;[87]

e) a inquirição de testemunhas referidas e a acareação entre estas ou entre estas e as partes;[88]

f) a realização de perícia[89] ou inspeção.[90]

Como o exercício de tal dever independe do processo,[91] do procedimento[92] ou mesmo da natureza do interesse envolvido (disponível ou indisponível),[93] não se concorda com a orientação restritiva adotada em alguns precedentes jurisprudenciais, nos quais se assumiu que:

> "O processo civil rege-se pelo princípio dispositivo (*iudex secundum allegata partium iudicare debet*), somente sendo admissível excepcionar sua aplicação quando razões de ordem pública e igualitária o exijam, como, por exemplo, quando se esteja diante de causa que tenha por objeto direito indisponível (ações de estado) ou quando o julgador, em face das provas produzidas, se encontre em estado de perplexidade ou, ainda, quando haja significativa desproporção econômica ou sócio-cultural entre as partes. Não assim quando, como na espécie, gravitando a demanda em torno de interesses exclusivamente patrimoniais e gozando as partes de situação financeira privilegiada, ressaia nítido o

---

[84] Artigo 343 do CPC.

[85] Artigo 355 do CPC. Nos Juizados Especiais Cíveis Federais, há regra específica de ordem de exibição ao réu (artigo 11 da Lei nº 10.259, de 12/7/2001).

[86] Artigo 360 do CPC.

[87] Artigo 399 do CPC. Para tal finalidade, nos processos de execução em que se pretenda a quebra de sigilos especialmente garantidos (bancário e fiscal), a orientação do Superior Tribunal de Justiça exige demonstração da falta de êxito do desforço pessoal do credor (com indicação de precedentes, ver STJ, 1ª Turma, Recurso Especial nº 499.949 – MG, Relator Ministro José Delgado, negaram provimento, unânime, publicado no *Diário da Justiça da União* em 2/6/2003, p. 219).

[88] Artigo 418 do CPC.

[89] Artigo 437 do CPC.

[90] Artigo 440 do CPC.

[91] O objetivo é único nos processos penais e extrapenais, refere RANGEL, Rui Manuel de Freitas. *O ónus da prova no processo civil*. 2. ed. Coimbra: Almedina, 2002, p. 117. Aliás, com identidade de razões para o processo penal, ZILLI, Marcos Alexandre Coelho. *A iniciativa instrutória do juiz no proceso penal*. São Paulo: Revista dos Tribunais, 2003, p.70-4. No sistema dos juizados especiais cíveis, considerado como espécie de processo (DINAMARCO, Cândido Rangel. *Instituições... cit.*, v. III, p. 768-70), a iniciativa instrutória do juiz é ampla (artigo 5º da Lei nº 9.099, de 26/9/1995).

[92] Nos procedimento de jurisdição voluntária, permite-se ampla atividade probatória do juiz (artigo 1.107 do CPC).

[93] Não é o grau de disponibilidade, mas é, isto sim, a lei que concede maior ou menor iniciativa do juiz em matéria probatória, não havendo que perquirir se este ou aquele direito é disponível ou não, como se pudesse ser feit uma distinção entre maior ou menor interesse na busca da verdade no processo.

intuito de uma delas de ver suprida deficiência probatória em que incorreu".[94]

A par do que se considera um equívoco conceptual em relação ao alcance do princípio dispositivo,[95] à restrição há inescondível argumento prático ditado pela idéia de que o processo deve andar para a frente, e não para trás.[96] Isso não convence porque não se há de obnubilar a garantia maior do *due process of law*, orientada pela busca da verdade independentemente de preclusão para as partes,[97] cujos lindes para atuação, aumentados mesmo em sistemas como o da *common law* (onde tradicional o *cross-adversary system*),[98] estão apenas na novidade do fato[99] ou na lealdade do seu desconhecimento anterior.[100]

Da iniciativa oficial em matéria probatória não se dessume autorização para relegar o contraditório a segundo plano. Pelo contrário, a legitimidade da iniciativa instrutória está condicionada ao contraditório.[101] As

---

[94] Superior Tribunal de Justiça (STJ), 4ª Turma, Recurso Especial nº 33.200 – SP, Relator Ministro Sálvio de Figueiredo Teixeira, julgado em 13/3/1995, não conheceram, unânime, publicado no *Diário de Justiça da União* em 15/5/1995, p. 13.407 (também *in: Revista de Processo*, São Paulo: Revista dos Tribunais, a. 22, v. 85, p. 397-405, out./dez. 1995). O trecho citado está na ementa do acórdão, que versou a abusividade do preenchimento de nota promissória, entendendo a Corte não haver prova do fato, indeferindo a proposição requerida a destempo pelo executado.

[95] A exegese gira sobre o paradigma superado do individualismo liberal no processo civil, destaca DENTI, Vittorio. *L'evoluzione del diritto delle prove nei processi civili contemporanei. In: Processo civile e giustizia sociale*. Milano: Edizione di Comunità, 1971, p. 97. Há tradução para o espanhol: *Estudios de derecho probatorio*. trad. Santiago Sentís Melendo e Tomás A. Banzhaf. Buenos Aires: EJEA – Ediciones Juridicas Europa-America. 1974, p. 112-3.

[96] Esse foi o fundamento de voto vencedor nos autos de outro acórdão do STJ: 3ª Turma, Recurso Especial nº 345.436 – SP, Relatora Ministra Nancy Andrighi, julgado em 7/3/2002, deram provimento, maioria, publicado no *Diário da Justiça da União* em 13/5/2002 (*in: Revista do Superior Tribunal de Justiça*, Brasília: Consulex, a. 12, n. 157, p. 363-72, set. 1992, p. 371. O acórdão versou a possibilidade de o juízo de segundo grau, em apelação, determinar a produção de prova pericial não admitida pelo magistrado de primeiro grau, de cuja decisão não foi interposto agravo. Por maioria (restaram vencidos os Ministros Carlos Alberto Menezes Direito e Castro Filho), a Corte entendeu que não havia razão para tal proceder do relator da apelação.

[97] CAPPELLETTI, Mauro. *La testimonianza della parte nel sistema dell'oralità*. Parte I. Milano: Giuffrè, 1962, p. 286 e segs.

[98] Sobre isso, DENTI, Vittorio. *L'evoluzione del diritto delle prova nei processi civili comtemporanei. cit.*, p. 99-104. Também CAPPELLETTI, Mauro. *The judicial process in comparative perspective*. Oxford, New York: Clarendon, 1989, p. 253, onde o autor demonstra que o passivismo judicial "reflects a philosophy of exasperated individualism. To modern minds, this signifies abuse, rather than exercise, of individual freedom" (em tradução livre: reflete uma filosofia de exasperado individualismo. Para concepções modernas, isso significa abuso, antes do que exercício, de liberdade individual).

[99] A esse respeito, o próprio artigo 397 do CPC admite prova documental após a apresentação da resposta pelo réu.

[100] A propósito, é possível invocar o princípio da oficialidade, pelo qual "o processo civil começa por iniciativa da parte, mas se desenvolve por impulso oficial" (artigo 262 do CPC).

[101] BEDAQUE, José Roberto dos Santos. *Garantia da amplitude da produção probatória. cit.*, p. 184. No mesmo sentido DINAMARCO. Cândido Rangel. *A instrumentalidade do processo*. 11. ed. São Paulo: Malheiros, 2003, p. 284.

partes hão de ter o controle do procedimento da produção da prova, ainda que *a posteriori* como ocorre nas hipóteses – excepcionais – de medidas *inaudita altera pars*,[102] porque repugna ao direito processual civil moderno a idéia de provas secretas nos termos do sistema inquisitorial medieval.[103]

Observar o contraditório nesse *iter*, inclusive com a comunicação aos procuradores das partes,[104] é tão caro ao ordenamento processual que sua falta anula o processo desde então,[105] tal como já se pronunciou a jurisprudência:

> "*Processual Civil. Ação de Prestação de Contas. Despacho que faculta às partes a produção de provas. Intimação defeituosa. Ausência do nome do advogado do réu. Cerceamento de defesa. CPC, art. 236, § 1º. Nulidade.*
> I. Se o magistrado processante determinou a intimação das partes para requerem a produção de provas, pressupõe-se que elas eram, em princípio, cabíveis e eventualmente úteis no contexto da lide, de modo que o defeito na publicação respectiva, em que não figurou o nome do patrono da parte ré, causou-lhe cerceamento do direito de defesa, ensejando a nulidade do processo a partir do ato viciado".[106]

De outro lado, do direito à produção das provas decorre também o direito à *prova contrária*. Expressão do princípio da isonomia material,[107] em termos de paridade de armas (*Waffengleichheit*), o contraditório exige aqui a oportunidade de manifestação da parte sobre a prova proposta pela outra e admitida pelo julgador, ensejando a proposição e igual admissão de outras provas a lançarem a dialética para a síntese fática buscada na causa.[108]

---

[102] Sobre a constitucionalidade do contraditório diferido em tais situações, ver LARA, Betina Rizzato. *Liminares no processo civil*. 2. ed. São Paulo: Revista dos Tribunais, 1994, p. 70-1. No mesmo sentido e com a mesma citação, NERY JUNIOR, Nelson. *Princípios do processo civil na Constituição Federal*. 7. ed. São Paulo: Revista dos Tribunais, 2002, p. 149-52.

[103] Sobre tal degeneração, LOPES, José Reinaldo de Lima. *O Direito na História – lições introdutórias*. 2. ed. São Paulo: Max Limonad, 2002, p. 106.

[104] Artigo 236 do CPC.

[105] Artigo 248 do CPC.

[106] STJ, 4ª Turma, Recurso Especial nº 316.297 – SP, Relator Ministro Aldir Passarinho Junior, julgado em 16/5/2002, deram provimento, unânime, publicado no *Diário de Justiça da União* em 19/8/2002, p. 173.

[107] Artigo 5º, *caput*, da CF; artigo 125, I, do CPC.

[108] Nesse sentido, entre outros, os artigos 372 e 397 do CPC, acerca da prova documental, já se tendo chegado ao entendimento, porém, de que *"irrelevante para a causa (...) o documento, não há declarar nulidade do processo pela não ouvida, a seu respeito, da parte contrária"* (STJ, 4ª Turma, Recurso Especial nº 12.547 – GO, Relator Ministro Fontes de Alencar, julgado em 25/10/1993, não conheceram, unânime, publicado no *Diário da Justiça da união* em 29/11/1993, p. 25.881).

3.1.3. Apreciação das provas

A expressão derradeira do direito à prova no processo civil consiste na adequada apreciação das provas, a permitir o controle da motivação extrínseca do discurso da sentença.

Com efeito, além do dever de motivação ínsito a qualquer provimento,[109] a apreciação das provas, dita *"livre"*,[110] implica padrão razoável e convincente dentro das expectativas sociais, a teor do sistema codificado e do Estado Democrático de Direito, permeado por *checkas and balances* (freios e contrapesos):[111]

> "(...) tem-se como exigência fundamental que os casos submetidos a juízo sejam julgados com base em fatos provados e com aplicação imparcial do direito vigente; e, para que se possa controlar se as coisas caminharam efetivamente dessa forma, é necessário que o juiz exponha qual o caminho lógico que percorreu para chegar à decisão a que chegou. Só assim a motivação poderá ser uma garantia contra o arbítrio. (...) Para o direito é irrelevante conhecer dos mecanismos psicológicos que, às vezes, permitem ao juiz chegar às decisões. O que importa, somente, é saber se a parte dispositiva da sentença e a motivação estão, do ponto de vista jurídico, lógicos e coerentes, de forma a constituírem elementos inseparáveis de um ato unitário, que se interpretam e se iluminam reciprocamente".[112]

A liberdade conferida ao órgão judicial no Direito brasileiro é diretamente correspondente à confiança que se lhe deposita.[113] No entanto, se de um lado liberta-o de maneira geral das amarras da prova legal ou tarifada (basta lembrar que a própria confissão não constitui prova plena do fato confessado), de outro exige-lhe consciência da relevante função social que desempenha, não se lhe permitindo expressões lacônicas dos tipos "o documento é imprestável", "o depoimento pessoal não é suficiente para embasar um juízo de certeza" ou "ausentes provas, julgo (im)procedente a demanda".

---

[109] O dever de fundamentar as decisões judiciais é garantia havida do artigo 93, IX, da CF, repetido pelos artigos 165 e 458, II, do CPC. Sobre isso, ver, entre outros, NOJIRI, Sérgio. *O dever de fundamentar as decisões judiciais*. São Paulo: Revista dos Tribunais, 2000, p. 34 e segs.

[110] LOPES DA COSTA, Alfredo de Araújo. *Direito processual civil brasileiro*. t. III. 2. ed. Rio de Janeiro: Forense, 1959, p. 240. A mesma referência é feita por OLIVEIRA, Carlos Alberto Alvaro de. Problemas atuais da livre apreciação da prova. *Revista da Faculdade de Direito da Universidade Federal do Rio Grande do Sul*, Porto Alegre: Síntese, v. 17, p. 47-55, 1999.

[111] Devem-se compatibilizar aqui os artigos 131 e 335 do CPC.

[112] LIEBMAN, Enrico Tullio. Do Arbítrio à Razão. Reflexões sobre a Motivação das Sentenças. *Revista de Processo*, São Paulo: Revista dos Tribunais, a. 5, n. 29, p. 79.

[113] WALTER, Gerhard. *Libre apreciación de la prueba*. Trad. Tomás Banzhaf. Bogotá: Temis, 1985, p. 94. Também.

É dever do julgador, pois, explicitar *adequada* e *suficientemente* as razões de decidir, cotejando as provas produzidas sob pena de nulidade,[114] como já se detectou em vários precedente de que é exemplo o seguinte:

> "*Civil e Processual. Ação investigatória de paternidade movida contra os avós, por já falecido o suposto pai. Recusa em se submeter ao exame de DNA. Sentença que julgou improcedente a ação, com base nas demais provas. Acórdão que, em face da recusa, inverte o resultado, baseado em confissão ficta dos avós, com omissão no exame do contexto fático restante. Impossibilidade. Contradição verificada entre voto e ementa, no tocante à fertilidade, por afirmá-la sem manifestação expressa a respeito da prova da vasectomia. Nulidade. CPC, arts. 131 e 535, I e II.*
>
> I. O julgamento da ação de investigação de paternidade deve obrigatoriamente considerar todo o contexto probatório trazido aos autos, e não apenas a recusa dos investigados em submeterem-se ao exame de DNA, que embora constituindo prova desfavorável, pela presunção que induz de que o resultado, se realizado fosse o teste, seria positivo em relação aos fatos narrados na inicial, sofre, no caso dos autos, razoável enfraquecimento por se cuidar de processo movido apenas contra os supostos avós – porque já falecido o suposto pai – a demandar, por isso mesmo, minucioso exame dos fatos pelo Tribunal de Justiça, já que, na sentença, tais elementos, minuciosamente examinados pelo magistrado de 1ª instância, foram tidos como insuficientes à procedência da demanda. (...)
>
> III. Verificado, assim, que a Corte *a quo*, sem apreciar, como lhe cabe, a prova, omitiu-se a respeito, exclusivamente aplicando o princípio da confissão ficta contra os avós, inclusive incorrendo em contradição entre a ementa e o voto condutor ao tecer afirmações sobre a fertilidade do de cujus, filho dos réus, impõe-se a nulidade do julgamento, para que outro seja proferido, suprindo as faltas apontadas".[115]

O limite para tanto é jurídico, que a partir da verossimilhança chega à certeza judicial: as motivações de ordem pessoal, se não podem ser perscrutadas, também não devem ser sobrelevadas pelo julgador sob pena exatamente de configurar arbítrio porque insuscetível de controle.[116] O

---

[114] PINTO, Teresa Arruda Alvim. *Nulidades do processo e da sentença.* 3. ed. São Paulo: Revista dos Tribunais, 1993, p. 200 e segs.

[115] STJ, 4ª Turma, Recurso Especial nº 292.543 – PA, Relator Ministro Aldir Passarinho Junior, julgado em 5/12/2002, deram parcial provimento, unânime, publicado no *Diário da Justiça da União* em 8/9/2003, p. 332.

[116] Ressaltando o conteúdo ideológico da sentença, corroborando todavia a necessidade de fundamentação PORTANOVA, Rui. *Motivações ideológicas da sentença.* 3. ed. Porto Alegre: Livraria do Advogado, 1997, p. 137-8.

limite dado pelas *regras de experiência* não alcança o *conhecimento privado* do juiz:[117]

> "*Processual Civil. Sentença. Vinculação do juiz às provas do processo, apreciando-as de acordo com o seu livre convencimento.*
> No sistema jurídico-processual vigente, o juiz, ao proferir a sentença, aprecia livremente a prova dos autos, indicando, no provimento jurisdicional, as (prova) que firmaram o seu convencimento (arts. 128 e 131 do CPC).
> É defeso, ao juiz, desbordar-se dos elementos de convicção submetidos ao contraditório, no curso da lide, e arrimar-se, na entrega da prestação jurisdicional, em provas estranhas ao processo.
> Se o juiz, desprezando os elementos de prova coligidas no curso do processo, profere a sentença arrimando-se em informações diversas daquelas que colher, ao realizar a instrução, prolata decisão judicial nula.
> *In casu*, valendo-se de seus conhecimentos pessoais dos fatos, o juiz estribou-se em elementos extra-processo, não perlavados pelo contraditório, para fixar o quantum ndenizatório, atuando como testemunha extra-judicial".[118]

Logo, controla-se o provimento pela retórica de que se constitui.

3.2. O papel das partes

Ao lado do juiz, deontologicamente, as partes, ainda que contrapostas, dividem tarefas de colaboração no processo. Devem atuar com probidade, sem meios escusos ou ilícitos, porque o processo não pode ser uma arena de surpresas nem o duelo judiciário, eminentemente dialético, como se disse acima, uma emboscada.[119] À liberdade na atuação da parte corresponde sua responsabilidade, daí que "maior será a responsabilidade quanto maior for a liberdade, porque não há liberdade sem responsabilidade".[120]

O dever de lealdade processual, haurido da probidade,[121] implica a submissão da parte ao interesse maior do Estado na reconstrução dos

---

[117] STEIN, Friedrich. *El conocimiento privado del juez*. trad. Andrés de la Oliva Santos. Madrid: Centro de Estudios Ramón Areces, 1980, p. 96.

[118] STJ, 1ª Turma, Recurso Especial nº 163.482 – DF, Relator Ministro Demócrito Reinaldo, julgado em 18/5/1999, deram provimento, unânime, publicado no *Diário da Justiça da União* em 2/8/1999, p. 144. No caso, tratou-se de ação para reparação de danos causados por acidente de trânsito, tendo o juiz utilizado seu conhecimento acerca dos fatos da causa para julgar a demanda.

[119] Expressões devidas a Gabriel de Rezende Filho, anota CRUZ E TUCCI, José Rogério. *op. cit.*, p. 155.

[120] RIBEIRO, Darci Guimarães. *Provas atípicas*. Porto Alegre: Livraria do Advogado, 1998, p. 121.

[121] Sobre probidade processual, LIMA, Alcides de Mendonça. O princípio da probidade no Código de Processo civil brasileiro. *Revista de Processo*, São Paulo: Revista dos Tribunais, a. 4, n. 16, p. 15-42, out./dez. 1979. Também VINCENZI, Brunela Vieira de. *A boa-fé no processo civil*. São Paulo: Atlas, 2003, p. 93-8.

fatos.[122] Assim ocorre com a veracidade (*Wahrheitspflicht*, e não *Wahrheitslast*, como pretendia Wieczorek):[123] a parte, quando tergiversa, sustenta teses infundadas ou ainda mente no processo, desrespeita diretamente o Estado. Por isso, o Código de Processo Civil brasileiro adotou regras de cumprimento específico, sendo "deveres das partes e de todos aqueles que de qualquer forma participam do processo: I – expor os fatos em juízo conforme a verdade; II – proceder com lealdade e boa-fé".[124]

Ou seja:

> "se existe uma comunidade harmônica de trabalho entre as partes e o Juiz (Tribunal) não pode este ser dolosamente enganado pelos litigantes, daí decorrendo a necessidade da lei processual impor determinado comportamento para as partes – de acordo com a verdade subjetiva, – no processo civil".[125]

Por isso, admite-se a exegese da conduta das partes como *dever*, cujas sanções se estabelecem diretamente no campo probatório. É o que se identifica a seguir.

3.2.1. Deveres em matéria probatória

De forma exemplificativa, o Código de Processo Civil traz condutas devidas pelas partes, assim resumidas:[126]

a) esclarecimento e complementação;

b) submissão à inspeção judicial;

c) cumprimento das ordens judiciais.

No primeiro viés, destaca-se que as partes têm o dever de comparecer e esclarecer ao juízo as circunstâncias dos fatos da causa, e mesmo as provas produzidas, naquilo que se convencionou chamar de *richterliche*

---

[122] CRESCI SOBRINHO, Elicio de. *Dever de veracidade das partes no processo civil*. Porto Alegre: Sergio Antonio Fabris, 1988, p. 94.

[123] WIECZOREK, Bernhard. *Zivilproceâordnung und Gerichtsverfassungsgesetz. Handausgabe auf Grund des Rechtsprechung*. Berlin: Walter de Gruyter, 1960, p. 508. Pelo § 138, I, da *ZPO – Zivilproceâordnung* alemã, *"die Parteien haâen ihre Erklärungen über tatsächliche Umstände vollständig un der Wahrheit gemäss abzugeßen"*. No mesmo sentido, o artigo 88, 1 parágrafo, do CPC italiano exige que *"dovere di lealtà e di probità. Le parti e i loro difensori hanno il dovere di comportarsi in giudizio con lealtà e probità"*.

[124] Artigo 14, I e II, do CPC. Sobre o dever de lealdade, incluindo o de dizer a verdade, LIMA, Alcides de Mendonça. O dever da verdade no Código de Processo Civil brasileiro. *Revista da Faculdade de Direito de Pelotas*, Porto Alegre: Imprensa Universitária, a. 3, n. 3, p. 135-44, maio 1958. Também MELERO, Valentin Silva. O chamado dever de dizer a verdade no processo civil. *Revista Forense*, Rio de Janeiro: Forense, a. 37, v. 81, p. 79-99, jan. 1940.

[125] CRESCI SOBRINHO, Elicio de. *Op. cit.*, p. 109.

[126] Artigo 340 do CPC, com seus respectivos incisos.

Aufklärungspflicht.[127] Na sistemática do CPC, tal ocorre basicamente no interrogatório[128] ou no depoimento pessoal,[129] que não se confundem, seja pela iniciativa, seja pelas sanções pelo seu descumprimento.

Ao passo que o interrogatório pode ser proposto pela própria parte,[130] com cominação máxima de má-fé, não se admite proposição do depoimento pessoal nesses moldes, eis que é notória sua finalidade principal (apesar de relativa) condutora da confissão.[131] Os limites a tanto estão dados pela natureza do fato (torpe, criminoso, sigiloso ou de que resulte perigo para a parte ou parente em grau sucessível),[132] o que deve ser aferido *in casu.*

O segundo viés impõe às partes a submissão à inspeção judicial,[133] decretada de ofício ou a requerimento de qualquer delas. A decisão implica respeitar a atuação do órgão judicial e, sendo o caso, de peritos nas atividades tendentes à produção da prova. Em contrapartida, porém, encontra-se nos direitos da personalidade[134] limite à inspeção, como se resolveu em *leading case* do Supremo Tribunal Federal (STF), cuja ementa é transcrita a seguir:

> "Investigação de paternidade – Exame DNA – Condução do réu 'debaixo de vara'. Discrepa, a mais não poder, de garantias constitucionais implícitas e explícitas – preservação da dignidade humana, da intimidade, da intangibilidade do corpo humano, do império da lei e da inexecução específica da obrigação de fazer – provimento judicial que, em ação civil de investigação de paternidade, implique determinação no sentido de o réu ser conduzido ao laboratório, 'debaixo de vara', para coleta do material indispensável à feitura do exame DNA. A recusa resolve-se no plano jurídico-instrumental, consideradas a dogmática, a doutrina e a jurisprudência, no que voltadas ao deslinde das questões ligadas à prova dos fatos.[135]

---

[127] DENTI, Vittorio. *op. cit.*, p. 105. Também CRESCI SOBRINHO, Elicio de. *Dever de esclarecimento e complementação no processo civil.* Porto Alegre: Sergio Antonio Fabris, 1988, p. 107.

[128] Artigo 342 do CPC.

[129] Artigo 343 do CPC.

[130] CRESCI SOBRINHO, Elicio de. *op. cit.*, p. 110-1.

[131] Artigos 343, § 2º, e 345 do CPC.

[132] Artigo 347 do CPC e artigo 229 do CC.

[133] Artigos 440 a 443 do CPC. Ver *supra*, nº 2.1.2.

[134] Artigo 5º, V e X, da CF; artigos 11 a 21 do CC.

[135] STF, Tribunal Pleno, *Habeas Corpus* nº 71.373 – RS, Redator para o acórdão o Ministro Marco Aurélio, julgado em 10/11/1994, deferiram, maioria (*in Revista Trimestral de Jurisprudência – RTJ*, Brasília, Imprensa Nacional, v. 165, p. 902-16, set./1998).

A solução é dada à luz do dever de proporcionalidade (*Verhältniâmäâigkeitspostulät*),[136] preservando o direito à intimidade mas retirando conseqüências da recusa, em desfavor da parte recalcitrante.[137] Mais uma vez, porém, utiliza-se de paliativo pela impossibilidade de reconstrução de fatos pretéritos, derivada, neste particular, da atitude da parte.

O terceiro viés implica a necessidade de respeito à autoridade judiciária, havendo, nesse contexto, congruência entre regra específica e regra geral (artigos 340, III, e 14, V, do CPC). No contraditório equilibrado, não há autorização para manobras protelatórias ou manifestamente inverossímeis.

> "En todo proceso ocurre casi siempre que, frente a la parte que tiene prisa, está la que quiere ir despacio: de ordinario quien tiene prisa es el actor, y quien no la tiene es el demandado, interesado en alargar lo más que puede la rendición de cuentas. (...) En un sistema procesal de tipo dispositivo como es el nuestro, es normal, ya que las palancas de velocidad están dejadas a la iniciativa de las partes, que el ritmo del proceso esté dominado por ellas: y, por tanto, es natural que dentro de ciertos límites (es decir, dentro de la elástica disciplina de los términos procesales, cuyo sistema, algunos con función retardataria y otros com función aceleratriz, tiende a mantener entre los diversos actos del proceso una justa separación), cada parte se valga de su propio poder de impulso para acelerar o retardar el cumplimiento de ciertas actividades que de él dependen. Pero el abuso comienza cuando una parte, habiendo agotado ya aquel margen de lícito retardo que le era concedido por la elasticidad de los plazos, trata de alargar el proceso mediante peticiones que sabe son infundadas y que se proponen, no para que sean acogidas, sino únicamente a fin de ganar el tiempo que el contrário tendrá que gastar en oponerse a ellas y el juez en rechazarlas (...)".[138]

---

[136] Sobre a correta definição do conceito, ver ÁVILA, Humberto Bergmann. A distinção entre princípios e regras e a redefinição do dever de proporcionalidade. *Revista de Direito Administrativo*. Rio de Janeiro, v. 215, jan./mar. 1999, p. 151-179. Também LARENZ, Karl. *Metodologia da ciência do direito*. trad. José Lamego, 3. ed. Lisboa: Fundação Calouste Gulbenkian, 1997, p. 684-696. À luz do conceito-chave da proporcionalidade, desenvolveu-se o método de ponderação pelo qual o magistrado, considerando-se a importância que os bens jurídicos cotejados têm em tese mas também as peculiaridades do caso concreto, poderá prover ao direito postulado, fundamentando-se na precedência condicionada deste sobre os princípios contrapostos.

[137] MARINONI, Luiz Guilherme; ARENHART, Sérgio Cruz. *Comentários ao Código de Processo Civil*. v. 5. t. I. São Paulo: Revista dos Tribunais, 2000, p. 248.

[138] CALAMANDREI, Piero. *Estudios sobre el Proceso Civil*. v. III, trad. Santiago Sentís Melendo, Buenos Aires: EJEA – Ediciones Juridicas Europa-America, 1973, p. 275.

Resulta que o descumprimento do terceiro dever específico destaca sanções que medeiam entre o *contempt of court*[139] e a confissão,[140] mas pode desencadear também efeitos probatórios como segue.

3.2.2. Novas tendências: apreciação do comportamento processual e dinamização do ônus da prova

Conseqüência dos deveres de conduta é sentida no campo probatório do processo de conhecimento (especialmente do procedimento ordinário), não só por sanções específicas (como a confissão), mas também por eflúvios decorrentes de novos paradigmas sociais. Desse modo, é possível sustentar que o comportamento processual das partes pode constituir prova a ser apreciada pelo juiz.[141] São situações como, por exemplo, o não-comparecimento a audiências, a recusa à submissão a exame corporal e a sucessão de requerimentos desconexos ou contraditórios, as impugnações sem critério, onde a parte revela sua intenção não-cooperativa, ou, ao invés, a delimitação precisa da lide, o atendimento diligente das determinações judiciais, a prestação de cauções reais e não meramente fidejussórias, a prestação de contas em relação a quantias monetárias, aquelas onde se estampa a probidade da parte.[142]

De outra sorte, os deveres de conduta das partes implicam acréscimo dos poderes do juiz em relação à *aquisição* do material probatório, sistematizando da maneira mais adequada o ônus da prova, ligado tradicionalmente ao direito romano tardio,[143] onde sempre se exigiu cognição plena e exauriente a partir da figura do autor, impondo-lhe o ônus da prova independentemente da natureza da relação jurídica controvertida.[144] "La posizione del convenuto è naturalmente più comoda, perchè non sorge a suo carico nessun onere, finchè l'attore non abbia provato il fatto costitutivo (actore non probante, reus absolvitur)...".[145] Fala-se agora, não em

---

[139] Ver, entre outros, o artigo 14, parágrafo único, do CPC.

[140] Ver, por exemplo, o artigo 359 do CPC, relativamente à exibição de documentos pela parte.

[141] CAPPELLETTI, Mauro. *Eficacia de pruebas ilegitimamente admitidas y comportamiento de la parte. In: La oralidad y las pruebas en el processo civil. cit.*, p. 149-55.

[142] FURNO, Carlo. *Contributo alla teoria della prova legale.* Padova: CEDAM, 1940, p. 53-127. FAVARETTO, Isolde. *Comportamento processual das partes como meio de prova.* Porto Alegre: Acadêmica, 1993, p. 34. Tb. RIGHI, Ivan. *L'efficacia probatoria del comportamento delle parti nel processo civile brasiliano. Rivista di Diritto Processuale*, Padova, CEDAM, a. 63 (II série), p. 137-45, 1988.

[143] Cfe. SILVA, Ovídio A. Baptista da. *Jurisdição e execução na tradição romano-canônica.* 2. ed. São Paulo: Revista dos Tribunais, 1997, p. 29.

[144] A tal respeito o artigo 333, inciso I, do Código de Processo Civil.

[145] LIEBMAN, Enrico Tullio. *Sull'onere della prova. In: Estudios jurídicos en memoria de Eduardo J. Couture.* Montevideo: Facultad de Derecho y Ciencias Sociales, 1957, p. 430. No mesmo sentido, COUTURE, Eduardo J. *Fundamentos del derecho procesal civil.* 3. ed. reimp. Buenos Aires: Depalma, 1993, p. 241.

inverter, mas em *dinamizar* o ônus da prova, de tal modo que o meio de prova há de ser trazido aos autos pela parte que se encontra em melhores condições de fazê-lo segundo análise do caso concreto.[146]

Aplicada a teoria inicialmente a relações jurídicas de massa,[147] tende a ver ampliado seu campo, havendo precedentes, por exemplo, na responsabilidade profissional:

> "Responsabilidade civil. Médico. Clínica. Culpa. Prova.
> 1. Não viola regra sobre a prova o acórdão que, além de aceitar implicitamente o princípio da carga dinâmica da prova, examina o conjunto probatório e conclui pela comprovação da culpa dos réus.
> 2. Legitimidade passiva da clínica, inicialmente procurada pelo paciente.
> 3. Juntada de textos científicos determinada de ofício pelo juiz. Regularidade.
> 4. Responsabilização da clínica e do médico que atendeu o paciente submetido a uma operação cirúrgica da qual resultou a secção da medula.
> 5. Inexistência de ofensa à lei e divergência não demonstrada.
> Recurso especial não conhecido".[148] [149]

Em outra ocasião:

> "... em doutrina, com alguns reflexos jurisprudenciais, tem-se trazido a esta seara a denominada 'Teria da Carga Dinâmica da Prova', que

---

[146] PEYRANO, Jorge W. & CHIAPPINI, Julio O. *Lineamientos de las cargas probatorias dinâmicas. El Derecho*, Buanos Aires, n. 107, p. 1005-1007, 1984; MORELLO, Augusto Mario. *Hacia una visión solidarista de la carga de la prueba (la cooperación al órgano, sin refugiarse en el solo interés de la parte). El Derecho*, Buenos Aires, n. 132, p. 953-7, 1989; BOULANGUER, François. *Reflexions sur le probléme de la charge de la preuve. Revue Trimestrielle de Droit Civil*, ano 64, 1966; MIRÓ, Horacio G. López (Coord.). *Probar o sucumbir - Los tres grados de convencimiento judicial y la regla procesal del onus probandi*. Buenos Aires: Abeledo-Perrot, 1998, p. 40-1.

[147] Nesse sentido, as diversas referências colacionadas por DALL'AGNOL JÚNIOR, Antônio Janyr. Distribuição dinâmica dos ônus probatórios. *Revista Jurídica*, Porto Alegre: Revista Jurídica, a. 48, n. 280, p. 5-20, fev. 2001.

[148] STJ, 4ª Turma, Recurso Especial nº 69.309 – SC, Relator Ministro Ruy Rosado de Aguiar, julgado em 18/6/1996, não conheceram, unânime, publicado no *Diário da Justiça da União* em 26/8/1996, p. 29.688. Tratou-se de ação de reparação por danos derivados de erro médico, em que o acórdão do Tribunal local (Tribunal de Justiça catarinense) reconheceu a responsabilidade dos demandados (médico e clínica) e julgou procedente a demanda por não se terem os réus desincumbido do ônus da prova, que por determinação judicial ficou afeta a eles. Em princípio, haveria de ser comprovada a culpa, pelo menos do profissional médico, a teor do artigo 14, § 1º, do Código de Defesa do Consumidor. Todavia, aquilo importaria verdadeira *"prova diabólica"* para o paciente, motivo por que, na situação em comento, restaria mais fácil ao réu provar sua ausência de culpa, seja pelo diagnóstico e pela intervenção de modo correto, seja pela ocorrência de caso fortuito ou força maior.

[149] KFOURI NETO, Miguel. Culpa médica e ônus da prova. São Paulo: Revista dos Tribunais, 2002, p. 137-46. Também FERREYRA, Roberto Vazquez. *Prueba da la culpa médica*. 2. ed. Buenos Aires: Hammurabi, 1993, p. 127-59. LORENZETTI, Ricardo Luis. *Responsabilidad civil de los médicos*. t. II. Buenos Aires: Rubinzal – Culzoni, 1997, p. 192-228.

outra coisa não consiste senão em nítida aplicação do princípio da boa-fé no campo probatório. Ou seja, deve provar quem tem melhores condições de demonstrar os fatos, deixe de fazê-lo, agarrando-se em formais distribuições dos ônus de demonstração. O processo moderno não mais compactua com táticas ou espertezas procedimentais e busca, cada vez mais, a verdade. (...) Pois é na área da responsabilidade médica, em que o profissional da medicina tem, evidentemente, maiores (senão a única) possibilidade de demonstração dos fatos, que a referida concepção probatória encontra campo largo à sua incidência. Como conseqüência prática, inverte-se o ônus probatório. O médico é quem deve demonstrar a regularidade de sua atuação".[150]

Disso decorre que *inversão* ou *dinamização* do ônus da prova não são fenômenos vinculados unicamente ao julgamento, como ocorre com a regra tradicional, tratando-se, ao invés, de regra subjetiva de comportamento quanto ao *thema probandum* resultante de aferição concreta do juiz no exercício de seus poderes (*rectius*: deveres) instrutórios. É incorreto, portanto, relegar a análise da *inversão* ou *dinamização* do ônus da prova ao momento da sentença, pois que isso quebra o *dever de colaboração* ora alvitrado,[151] podendo-se discutir até mesmo a sistematização da questão dentro da problemática do ônus da prova (embate que não se fará em virtude dos limites deste trabalho).

De todo modo, o que ressai é que, numa estrutura fundada predominantemente no dever de colaboração e no princípio inquisitório, como é o caso do direito brasileiro, o ônus da prova há de ficar adstrito ao caráter objetivo que lhe é peculiar, isto é, como regra de distribuição do risco da ausência de prova do fato.[152]

---

150 Trecho de voto no extinto Tribunal de Alçada do Estado do Rio Grande do Sul (TARGS), Apelação Cível nº 597083534, Relator Armínio José Abreu Lima da Rosa, julgada em 3/12/1997. Apesar da providência, a demanda foi julgada improcedente.

151 FILOMENO, José Geraldo Brito *in* GRINOVER, Ada Pellegrini *et alii*. *Código Brasileiro de Defesa do Consumidor (comentado pelos autores do anteprojeto)*. 6. ed. Rio de Janeiro: Forense Universitária, 1999, p. 129-30, onde o autor faz referência a dissertação de Cecília Matos sobre o assunto.

152 Artigo 333 do CPC. Sobre o ônus da prova como regra de julgamento, a clássica obra de ROSENBERG, Leo. *Die Beweislast*. München und Berlin: C. H. Beck'sche Verlagsbuchhandlung, 1951. Há tradução para o espanhol: *La carga de la prueba*. trad. Santiago Sentís Melendo. Buenos Aires: EJEA – Ediciones Jurídicas Europa-America, 1961, p. 15. Também: MICHELI, Gian Antonio. *L'onere della prova*. 2. ed. Padova: CEDAM, 1966, p. 177-84. VERDE, Giovanni. *Considerazioni sulla regola di giudizio fondata nell'onere della prova*. *Rivista di diritto processuale*, Padova, CEDAM, a. 27, p. 438-63, 1972. SARACENO, Pasquale. *La decisione sul fatto incerto nel processo penale*. Padova: CEDAM, 1940, p. 16-8. No Direito brasileiro, entre outros, BUZAID, Alfredo. Do ônus da prova. *Justitia*, São Paulo, a. 25, v. 40, p. 7-26, jan./mar. 1963. PACÍFICO, Luiz Eduardo Boaventura. *Do ônus da prova no direito processual civil*. São Paulo: Revista dos Tribunais, 1999, p. 74 e segs.

4. Conclusão

Pelo exposto, tem-se que o processo civil, enquanto instrumento de pacificação social, implica atitudes compatíveis com a nova realidade alhures mencionada. Assim, reconhece-se que:

a) a verdade obtenível no processo tem natureza retórica e identifica-se com a verossimilhança;

b) a verossimilhança depende da atuação dos sujeitos processuais, por isso, na dinâmica da relação processual, avultam seus deveres de conduta, especialmente em matéria probatória;

c) os poderes do Estado-juiz em matéria probatória são, na realidade, deveres, falando-se hoje em um direito à prova no processo civil;

d) o direito à prova no processo civil exige do Estado-juiz a atuação em relação à proposição, admissão, produção e apreciação do *thema probandum*;

e) as partes têm deveres para com o Estado na reconstituição dos fatos pretéritos, destacando-se aqui a probidade processual com seus consentâneos de lealdade, verdade, esclarecimento, complementação, submissão à inspeção judicial e cumprimento das ordens que lhe forem dirigidas.

Essa premissas permitem elaborar juízo positivo de existência de *dever genérico de colaboração* entre os sujeitos processuais, Trata-se aqui de uma visão de razoabilidade que procura conciliar a visão lógica com a ideológico-social, configurando um modelo eficaz de decidibilidade no processo.

Para isso, porém, é necessário ter em mente que:

> "debaixo da ponte da justiça passam todas as dores, todas as misérias, todas as aberrações, todas as opiniões públicas, todos os interesses sociais. E seria bom que o juiz fosse capaz de reviver em si, para compreendê-los, cada um desses sentimentos: experimentar a prostração de quem rouba para matar a fome ou o tormento de quem mata por ciúme; ser sucessivamente (e, algumas vezes, ao mesmo tempo) inquilino e locador, meeiro e proprietário de terras, operário em greve e industrial".[153]

A advertência vale aos sujeitos processuais para que, ouvindo o apelo social, não se encastelem em seu Olimpo jurídico nem se escondam sob o manto de uma duvidosa legalidade, Iara hipócrita do conformismo e da passividade.

---

[153] CALAMANDREI, Piero. *Eles, os juízes, vistos por um advogado*. São Paulo: Martins Fontes, 1996, p. 78.

— 5 —

Unificação dos requisitos à antecipação da tutela

GUILHERME TANGER JARDIM

Sumário: 1. Introdução; 2. Arts. 273, 461 e 461-A: são formas de antecipação de tutela?; 3. Pressupostos à antecipação da tutela e modalidades antecipativas; 3.1. Previsão do Art. 273 do CPC; 3.2. Previsão do Art. 461 e do Art. 461-A, do CPC; 4. Interpretando sistematicamente os artigos 273, 461 e 461-A; 5. Conclusão.

1. Introdução

Ao contrário da assertiva machadiana de ser o tempo escultor vagaroso que não acaba logo e vai polindo ao passar dos longos dias, mais parece ser o nosso tempo rato roedor de coisas, a que se referia o bruxo do Cosme Velho. Roedor implacável e ligeiro, que não se contenta na espera de momento próprio e previsto. E se o tempo é de urgência, o que dela dizer quando a matéria estudada é o Direito, onde a norma jurídica mantém em sua palavra a placidez de um tempo sem pressa?[1]

Na seara do processo civil, o problema da afetação pelo tempo remonta ao Direito Romano[2] e vem perpetuando seus efeitos através dos

---

[1] Cármen Lúcia Antunes Rocha, "Conceito de Urgência no Direito Público Brasileiro", *in Revista Trimestral de Direito Público*, Malheiros, 1º trimestre de 1993, p. 233.

[2] Que, como ensina Ovídio da Silva Baptista, acabou por prestigiar a *actio* (procedimento ordinário) em detrimento dos *interditos* (*in Curso de processo civil*, Fabris, v. .3, p. 51.), sendo que "... os interditos eram ordens – de conteúdo positivo ou negativo – emanadas pelo pretor, ou outro magistrado *cum imperium*, a respeito de uma situação exposta em juízo (*in iure*), a pedido das partes. Ressalte-se que as primeiras ordens eram de proibição, por isso denominadas *interdicta*; mais tarde, o pretor começou a ordenar fatos positivos, denominados *decreta*. No entanto, o termo *interdicta* passou a ser utilizado em ambos os casos, tornando-se termo técnico para designar essa técnica processual". (Maria Cristina da Silva Carmignani, *in A Origem Romana da Tutela Antecipada*, LTr, 2001, p. 31).

séculos. Isso porque, pelo fenômeno da universalização do procedimento ordinário, o momento próprio para a entrega da prestação jurisdicional àquele que busca a Justiça Estatal[3] ocorre, em regra, ao final do processo, após o desenvolvimento de toda a atividade cognitiva. Entre a propositura da ação e a efetiva resposta do juiz aos seus reclames, à parte só resta o aguardo.[4] Esta situação assume contorno ainda mais hermético pelas garantias constitucionais do devido processo legal e da ampla defesa, contidas no artigo 5º, LIV e LV, da *Lex Matter* de 1988.

Porém, a mesma Carta Política, em seu artigo 5º, XXXV, consagra o princípio do "acesso à justiça",[5] que exige não só a criação de instrumentos que viabilizem a chegada das pretensões das partes à autoridade judicante, mas, também, que, uma vez lá, elas recebam a prestação jurisdicional de modo pleno e no tempo adequado.[6] Sobre o tema, vale a lição de Nelson Nery Júnior:

> "Pelo princípio constitucional do direito de ação, todos têm o direito de obter do Poder Judiciário a tutela jurisdicional adequada. Não é suficiente o direito à tutela jurisdicional. É preciso que essa tutela seja a adequada, sem o que estaria vazio de sentido o princípio. Quando a tutela adequada para o jurisdicionado for medida urgente, o juiz, preenchidos os requisitos legais, tem de concedê-la, independentemente de haver lei autorizando, ou, ainda, que haja lei proibindo a tutela urgente".[7]

---

[3] Com propriedade, aponta Luiz Guilherme Marinoni que "... a partir do momento em que foi vedada a autotutela privada, o estado obrigou-se a tutelar de forma adequada toda e qualquer situação conflitiva concreta. O Estado, ao estabelecer tal proibição, obviamente, adquiriu o poder e dever de tutelar de forma efetiva qualquer espécie de conflito de interesses. Assim, se o Estado proibiu a autotutela privada, obrigando-se a tutelar os diversos litígios, é acertado concluirmos que o tempo despendido para a cognição da lide não pode servir de empeço à realização do direito da parte, estando o Estado obrigado a prestar a tutela adequada mesmo às hipóteses de urgência." (*in* "Considerações acerca da tutela de cognição sumária", *RT-675*, janeiro de 1992, p. 289).

[4] Nesse sentido, José Roberto dos Santos Bedaque: "O tempo constitui um dos grandes óbices à efetividade da tutela jurisdicional, em especial no processo de conhecimento, pois, para desenvolvimento da atividade cognitiva do julgador é necessária a prática de vários atos, de natureza ordinatória e instrutória." (*in Tutela cautelar, e tutela antecipada: tutelas sumárias e de urgência* (tentativa de sistematização), Malheiros, 2ª ed., p. 17).

[5] No clássico "Acesso à Justiça", Mauro Cappelletti prega que o acesso à justiça pode ser encarado como "... o requisito fundamental – o mais básico dos direitos humanos – de um sistema jurídico moderno e igualitário que pretenda garantir, e não apenas proclamar os direitos de todos." (Mauro Cappelletti e Bryant Garth, *in Acesso à Justriça*, trad. Ellen Gracie Northfleet, Fabris, 2002, p. 12).

[6] Cândido Rangel Dinamarco, na célebre obra *A Instrumentalidade do Processo*, diz: "O Coroamento de toda a atividade desenvolvida com vista a certos objetivos bem definidos e até mesmo individualizada em função deles há de ser representado, naturalmente, pela plena realização dos objetivos eleitos. Falar em *efetividade do processo* e ficar somente nas considerações sobre o acesso a ele, sobre o seu modo de ser e a justiça das decisões que produz significaria perder a dimensão teleológica e instrumental de todo o discurso." (Malheiros, 9ª ed., p. 297).

[7] *In Princípios do Processo Civil na Constituição Federal*, RT, 2002, 7ª ed., p. 100.

Diante da flagrante tensão: segurança *versus* efetividade,[8] o legislador processual vem desenvolvendo instrumentos para harmonizar os diretos fundamentais a elas (segurança e efetividade) vinculados.[9] Tais mecanismos, a doutrina chama de "tutelas de urgência".

Integrando as tutelas de urgência (fenômeno de tutela jurisdicional sumária[10]), estão a "tutela cautelar" e a "tutela antecipada".[11]

É mister a referência de que, há muito, José Maria Rosa Tesheiner já havia sentido a necessidade de uma regulação provisória da situação das partes enquanto durasse o processo, justamente porque os fatos da vida caracterizadores da lide não se detêm pelo seu início. A esse fenômeno, o mestre chamou de "litisregulação".[12]

E foi além, asseverando que "tendo descoberto o conceito de litisregulação, era fatal visse eu que tanto as medidas cautelares, que havia estudado, quanto a nova antecipação de tutela têm a mesma natureza: uma e outra constituem espécies ou formas de litisregulação".[13]

Apesar de ambas as modalidades de tutela de urgência terem o mesmo objetivo mediato (afastar os efeitos do tempo sobre o processo, regu-

---

[8] Apoiado em Alois Troller (*in Von den Grundlagen des zivilprozessualen Formalismus*, Basel, 1945, p. 11) e em Georg Wilhelm Friedrich Hegel (*in Princípios da filosofia do direito*, trad. Orlando Vitorino, 2ª ed., Lisboa, Martins Fontes, 1976, nº 223, p. 198-9), o renomado Desembargador gaúcho Carlos Alberto Álvaro de Oliveira ressalta que "... o processo, cuja finalidade fundamental é a realização do direito, traz em si ao mesmo tempo o risco de aniquilamento do próprio direito. Desse aspecto fundamental, deu-se conta Hegel, ao enfrentar a aporia entre segurança e justiça, pois vislumbra na dialética do processo íntima contradição pela qual este, que começa por ser um meio, passa a se contrapor como algo exterior ao seu fim, podendo até se transformar no seu contrário, tornando-se fim em si mesmo." (*in Do formalismo no Processo Civil*, Saraiva, 2ª ed. 2003, p. 183)

[9] Vale a referência a Luigi Ferrajoli (*in Derecho y Razón*, 2ª ed., Madrid, 1997, 918) e a J.J. Gomes Canotilho (*in Direito Constitucional e Teoria da Constituição*, Coimbra, 1998, p. 268), citados por Jairo Gilberto Schäfer, *verbis*: "Conforme assinalado por Luigi Ferrajoli, objetivando que as lesões aos direitos fundamentais sejam eliminadas, é imprescindível a garantia do acesso ao Poder jurisdicional, para que, ao lado de uma participação política nas atividades do governo, desenvolva-se uma importante e generalizada participação judicial dos cidadãos na tutela e na satisfação de seus direitos como instrumento tanto de autodefesa quanto de controle em relação aos poderes públicos. Em verdade, fundamental no princípio do acesso à justiça é a sua conexão com a defesa dos direitos, pois reforça o princípio da efetividade dos direitos fundamentais, proibindo a sua inexequibilidade por falta de meiso judiciais, nas palavras de J. J. Gomes Canotilho." (*in Direitos Fundamentais*, Livraria do Advogado, 2001, p. 120).

[10] Pois, nelas, o julgador concede o pálio estatal mediante cognição sumária, que Kazuo Watanabe define como sendo "... uma cognição superficial, menos aprofundada no sentido vertical." (*in Da Cognição no Processo Civil*, RT, 1987, p. 95).

[11] E não "tutela antecipatória", como assevera José Carlos Barbosa Moreira, *verbis*: "Se por 'tutela' se entende a proteção dispensada ao litigante, é intuitivo que ela não pode constituir o sujeito, mas apenas o objeto da antecipação. A tutela não antecipa seja o que for: pode, isso sim, ser antecipada pelo juiz, ou por decisão que este profira." (*in* "Antecipação da tutela: algumas questões controvertidas", *Revista de Processo*, nº 104, p. 102)

[12] "Litisregulação", *in Revista da Consultoria-Geral do Estado*, Porto Alegre, (3):56-69, 1972.

[13] José Maria Tesheiner, "Antecipação de tutela e litisregulação (estudo em homenagem ao Athos Gusmão Carneiro)", *in Revista Jurídica* 274, agosto de 2000, p. 28.

lando provisoriamente a lide), elas diferem em muito quanto ao objeto imediato. Humberto Theodoro Júnior bem capta esta diferença quando ensina que:

> "Não há como evitar a diversidade gritante que se nota entre os diversos efeitos da medida cautelar e da medida antecipatória: a primeira não vai além do preparo de execução útil de futuro provimento jurisdicional de mérito, enquanto a última já proporciona a provisória atribuição do bem da vida à parte, permitindo-lhe desfrutá-lo juridicamente, tal como se a lide já tivesse sido solucionada em seu favor".[14]

Entendendo, de outra banda, que as diferenças entre antecipar e acautelar gravitam essencialmente na órbita procedimental, posicionou-se José Maria Rosa Tesheiner, *verbis*:

> "Vi que a diferença fundamental entre as medidas cautelares e a antecipação de tutela não está, como enganosamente fazem crer as palavras, entre acautelar e satisfazer. A diferença decorre da circunstância de que as medidas ditas cautelares exigem procedimento próprio e específico para que sejam concedidas, ao passo que a antecipação de tutela é concedida por mera decisão interlocutória".[15]

Muito embora tal distinção seja tema que suscite longos debates (principalmente após a inserção[16] do § 7º ao artigo 273, que prevê a fungibilidade entre essas espécies de tutela), interessa ao presente estudo apenas a tutela antecipada. Mais especificamente no que pertine as suas modalidades e seus requisitos, a fim de que se possa, ao menos em linhas epidérmicas, sistematizá-los.

2. Arts. 273, 461 e 461-A: são formas de antecipação de tutela?

Para que se consiga estabelecer se as hipóteses trazidas pelos artigos 273, 461 e 461-A tratam de verdadeira antecipação da tutela, é necessário, antes, responder a seguinte pergunta: no que consiste o ato de "antecipar a tutela"?

Antecipar a tutela significa satisfazer provisoriamente, total ou parcialmente, o direito afirmado pelo autor.[17] Logo, quando o julgador ante-

---

[14] "As liminares e a tutela de urgência", *in Inovações Sobre o direito processual civil: tutelas de urgência*, Forense, 2003, p. 251.

[15] *Antecipação de tutela e litisregulação ...*, ob. cit., p. 28.

[16] Por mão da Lei 10.444, de 7 de maio de 2002.

[17] *In Antecipação da Tutela*, 3ª ed. São Paulo: Saraiva, p. 48. No mesmo sentido, Joel Dias Figueira Jr., "Reflexões em torno da tutela antecipatória genérica diferenciada satisfativa. A questão de sua

cipa a tutela, nada mais está a realizar do que a entrega, provisória[18] (art. 273, § 5º, CPC) e antes da sentença,[19] dos seus efeitos práticos da decisão final pretendidos pelo autor.

No mesmo diapasão escreveu o desembargador gaúcho Carlos Alberto Alvaro de Oliveira:

> "Não se pode confundir o efeito prático com o efeito jurídico, que é o que interessa ao Direito, todo feito de eficácias jurídicas. É importante ressaltar, ademais, que, embora a providência do art. 273 funcione no plano fático, não se encontra desligada do plano jurídico: Não só a sua concessão depende de um exame, ainda que perfunctório, do direito do postulante, como se subsumirá no pronunciamento final com cognição completa".[20]

Assim, mediante uma breve leitura do artigo 273 do diploma processual civil constata-se que é ele o carro-chefe do instituto, pois traz expressamente em seu *caput* o seguinte comando: "O juiz poderá, a requerimento da parte, antecipar, total ou parcialmente, os efeitos da tutela pretendida no pedido inicial..." (grifos nossos)

Passa-se então, ao enfrentamento do artigo 461 como mecanismo, ou não, de antecipação da tutela.

Versa o artigo 461 acerca da tutela específica[21] das obrigações de fazer e não fazer, ou seja, daquelas ações em que o autor pretende seja o

---

aplicabilidade aos procedimentos especiais", *in Revista da Associação dos Juízes do Rio Grande do Sul*, Porto Alegre, v. 22, nº 65, 1995, p. 229.

18 "Provisoriedade do provimento está evidente na norma legal, quer porque revogável ou modificável a qualquer tempo durante o *iter* processual, quer porque , proferida a sentença de mérito, irá esta, se procedente a demanda, implicar 'subsunção' dos efeitos antecipados; se improcedente a demanda, tais efeitos serão cassados e o *status quo ante* restabelecido, com a decorrente responsabilidade objetiva do autor (porque postulara a providência antecipatória) pelos prejuízos que a efetivação de tal providência tenha causado ao demandado ao final vitorioso." (Athos Gusmão Carneiro, *in Da Antecipação de Tutela*, 5ª ed. Rio de Janeiro: Forense, 2004, p. 19/20).

19 Nada impede, contudo, que ocorra a antecipação da tutela na própria sentença – "Aliás, a antecipação concedida na própria sentença tem como conseqüência exatamente retirar o efeito suspensivo da apelação. No que se refere aos efeitos antecipados, o julgamento é imediatamente eficaz, ainda que dependente de apelação". (José Roberto dos Santos Bedaque, *in* ob. cit, p. 367), ou em sede recursal , como observa Athos Gusmão Carneiro – "A AT também pode ser requerida e deferida estando o processo em grau de recurso, sendo então o pedido (mais freqüentemente pela incidência do art. 273, II) formulado ao relator. A urgência pode inclusive caracterizar-se, em nível recursal pela previsível demora decorrente do acúmulo de processos, ou resultar da necessidade de remessa dos autos – máxime nos tribunais superiores – para parecer do Ministério Público." (*in* ob. cit., p. 94). A jurisprudência nacional retifica esta posição (Resp. 279.251, rel. Min. Ruy Rosado, j. em 15.02.2001, DJU nº 30.04.2001).

20 *In* "Alcance e Natureza da Tutela Antecipatória", *Revista da Associação dos Juízes do RS*, vol. 23, nº 66, 1996, p. 203.

21 Então, deixando deliberadamente de lado relevantes discussões doutrinárias em torno do tema, o que mais fácil e pragmaticamente parece identificar a tutela jurisdicional específica é precisamente a especificidade do objeto do direito a ser satisfeito, sobre o qual atuarão diretamente os efeitos da

réu compelido a realizar determinada conduta positiva (fazer-desfazer) ou omissiva (abster-se de fazer).[22] Para Carlos Alberto Bittar, as obrigações de fazer "... são aquelas que consistem em atividade pessoal do devedor, que se vincula a executar trabalho físico ou intelectual, a realizar obra com seu engenho ou com o emprego de materiais, ou a prestar fato determinado pela vantagem almejada pelo credor, mesmo não sendo trabalho".[23] Já as obrigações de não fazer, ao eterno Clóvis Beviláqua, "... consistem em abstenções ...". E prossegue seu magistério concluindo que, muitas vezes, "... será necessário destruir o ato já praticado ...".[24]

Modo diverso ao do artigo 273 do CPC, o artigo 461, do mesmo diploma legal, reclama uma leitura mais atenta para que se constate a possibilidade da tutela específica ser antecipada.

Reza o § 3º do artigo 461 que "Sendo relevante o fundamento da demanda e havendo justificado receio de ineficácia do provimento final, é lícito ao juiz conceder a tutela liminarmente ou mediante justificação prévia, citado o réu. A medida liminar poderá ser revogada ou modificada, a qualquer tempo, em decisão fundamentada".[25]

Como liminar, deve-se entender a decisão proferida *in limine litis*, nas portas de entrada da lide, no início do processo. Necessária, contudo, a compreensão de que as liminares no processo não representam um instituto próprio, mas, apenas, demonstram o momento em que a decisão judicial pode ser ou foi proferida; em que o pedido pode ser ou foi formulado pela parte. Assim, é possível encontrar-se liminares de natureza acautelatória (art. 804 do CPC) ou natureza antecipatória (a- antecipação da tutela geral, art. 273 do CPC; b- antecipação de tutela específica, arts. 461 e 461-A do CPC; e, c- as antecipações de tutela previstas nos procedimentos especiais – *v.g.*, mandado de segurança, ações possessórias, etc.[26]).

---

sentença e, se for o caso, os meios executivos. Ela abrange, portanto, as tutelas relacionadas às obrigações de entrega de coisa, de fazer e não fazer. (Flávio Luiz Yarshell, "Tutela Específica e a reforma do Código de Processo Civil", *Revista da Associação dos Advogados de SP*, 1995, p. 39)

22 "A nova redação do art. 461 do CPC, importado, praticamente ipsis litteris, do art. 84 da Lei 8.078, de 11.09.90 (CDC), trouxe, como se percebe, inovações expressivas, todas inspiradas no princípio da maior coincidência possível entre a prestação devida e a tutela jurisdicional entregue. No sistema anterior, a alternativa que se oferecia ao credor para a impossibilidade (ou, eventualmente, seu desinteresse) de obter tutela específica era a de converter tal prestação em sucedâneo pecuniário de perdas e danos. Agora, nova alternativa é apresentada: a de substituir a prestação específica por outra prestação que assegure "resultado prático equivalente ao do adimplimento". (Teori Albino Zavascki, *in* "Antecipação de tutela e obrigações de fazer e não fazer", *RJ* 237, 1997, p. 20)

23 *In Direito das Obrigações*, Forense Universitária, 1990, p. 55.

24 *In Direito das Obrigações*, 9ª ed., Editora Paulo de Azevedo, 1957, p. 60.

25 Parágrafo acrescentado pela Lei nº 8.952, de 13.12.1994.

26 "Resta oportuno assinalar que a expressão liminar, do latim *liminare*, traduz, em uma linguagem ampla, todo o tipo de procedimento antecedente ao mérito". (Reis Friede, *in* "Limites objetivos para a concessão de medidas liminares em tutela antecipada", *Revista de Direito*, vol. 41, p. 65)

Por este prisma, o legislador, ao prever a possibilidade de o autor obter a conduta liminarmente (*em ação que tenha por escopo seja ordenado*[27] *ao réu a realização ou a abstenção acerca de determinada conduta*), nada mais fez do que garantir a ele a satisfação antecipada do seu direito. Poderá o demandante, antes da sentença, passar a gozar dos seus futuros efeitos práticos. Ora, isso nada mais é do que "antecipação da tutela".

Preciosa é a lição de Carreira Alvim, *verbis*:

> "Como se vê, em princípio, qualquer que seja a natureza da ação, existe em tese a possibilidade de antecipação de tutela, de dar, de fazer ou de não fazer, tudo dependendo do caso concreto".[28]

Exatamente a mesma situação pode ser vista no novíssimo[29] artigo 461-A, que trata daquelas ações destinadas a entrega de coisa certa (perfeitamente individuada) ou coisa incerta (determinada pelo gênero e pela quantidade – art. 243 do Código Civil brasileiro).

A contar do momento em que o legislador, no § 3° do aludido dispositivo, estatuiu que "aplica-se à ação prevista neste artigo o disposto nos §§ 1° a 6° do artigo 461", também abriu a possibilidade de o autor poder receber a coisa móvel ou imóvel pretendida, "liminarmente". Melhor dizendo, restou viabilizada a antecipação da tutela para o fim de que o juiz, antes da sentença,[30] já possa determinar a entrega da coisa devida.[31]

Do acima exposto, então, conclui-se que tanto o artigo 273, quanto o artigo 461 e o 461-A, trazem em seus ventres autorizações para que o magistrado possa operar a antecipação dos efeitos da tutela ao final pretendida.

Entretanto, mister se faz o reforço de que o único dos dispositivos analisados que trata exclusivamente da antecipação da tutela é o art. 273. Os outros dois – 461 e 461-A – têm finalidades principais diversas – *estabelecer regras procedimentais específicas para as ações onde se pretenda obter conduta ou coisa* –, apresentando a possibilidade de antecipar-se a tutela para estes fins como questão radial. Tal compreensão é essencial às ponderações contidas no presente trabalho.

---

[27] "Podemos agora acrescentar, com toda a convicção, que com as recentes inovações, principalmente aquela introduzida pelo art. 461, 'ficou bem clara' a existência do provimento mandamental em nosso sistema processual." (Kazuo Watanabe, "Tutela antecipatória e tutela específica das obrigações de fazer e não fazer", *Revista da Associação dos Juizes do RS*, v. 23, n. 66, 1996, p. 168).

[28] *In Tutela específica das obrigações de fazer, não fazer e entregar coisa*, Forense, 2003, 3ª ed., p. 113.

[29] Pois foi introduzido no CPC pela Lei 10.444, em 7 de maio do ano de 2002.

[30] Ou na própria sentença, hipótese já consagrada pela doutirna e pela jurisprudência.

[31] "A obrigação de dar ou entregar coisa, tenha ela um objeto 'específico' (açúcar) ou equivalente (rapadura), tem cabimento, *ex vi legis, o provimento antecipatório* da tutela, preenchidos os pressupostos legais, nos mesmos moldes das demais obrigações, aplicando-se subsidiariamente, no que couber, o disposto nos §§ 1° a 6° do art.461 do CPC." (Luciana Gontijo Carreira Alvim, *in Tutela antecipada na sentença*, Forense, 2003, p. 115)

3. Pressupostos à antecipação da tutela e modalidades antecipativas

3.1. Previsão do Art. 273 do CPC

Muito embora seja prevista a possibilidade de antecipar-se a tutela nos três artigos, a norma do art. 273 traz requisitos e hipóteses de cabimento não reproduzidos no artigo 461 e, por via de conseqüência, também ausentes no artigo 461-A.

Da atenta leitura do art. 273, depreende-se que os requisitos à guarida da pretensão antecipativa são:

a) o pedido da parte. Apesar de posições isoladas na doutrina,[32] exige-se, com base na dicção do *caput* do artgo 273 do CPC, que, para haver a antecipação da tutela, haja requerimento expresso ("O juiz poderá, à requerimento da parte ..."), preservando a máxima "*ne procedat iudex ex officio*" e os comandos dos artigos 2º, 128, 262, 1ª parte, e 459, todos do CPC.

b) a verossimilhança. O reclamante da antecipação da tutela deve demonstrar a probabilidade de seu direito.[33] Ou seja, que, muito provavelmente, obterá a tutela definitiva pretendida[34] ao final do processo. Cabe trazer à colação o ensinamento de Ovídio Baptista da Silva de que "verossímil é a verdade possível, aquele início de certeza capaz de ser alcançado pela compreensão humana".[35] Em contrapartida, vale a referência magistral de José Maria Tesheiner, *verbis*:

> "A doutrina distingue juízo de probabilidade, apto à concessão de medida cautelar ou antecipatória, e juízo de certeza, exigido para a decisão definitiva. Essa distinção parece decorrer naturalmente dos textos legais, mas não corresponde à realidade. O juiz nunca ou raramente chega à certeza. Como, por exemplo, chegar-se à certeza com base em prova testemunhal, inevitavelmente duvidosa?"[36]

---

[32] *Verbi gratia*, a do magistrado do Estado do Ceará George Marmelstein Lima, *in* "Antecipação de Tutela de ofício?", *in R. CEJ*, Brasília, nº 19, p. 90/93.

[33] "O grau dessa probabilidade será apreciado pelo Juiz, prudentemente e atento à gravidade da medida a conceder". (Antonio Souza Prudente, "A antecipação da tutela na sistemática do Código de Processo Civil", *in Revista da Associação dos Juízes do RS*, v. 23, n. 66, 1996, p. 281)

[34] "O conceito da evidência pertence à tradição retórica. O *eikos*, o *verosimile*, o evidente, formam uma série que pode defender sua própria justificação, face à verdade e à certeza do que está demonstrado e sabido". (Hans-Georg Gadamer, *Verdade e Método*, 3ª ed. Petrópolis: Vozes, 1999, p. 701)

[35] "O Processo Civil e sua recente reforma", *in Aspectos Polêmicos da Antecipação da Tutela*, RT, 1997, p. 427.

[36] *Antecipação de tutela e litisregulação...*, ob. cit., p. 33.

c1) o risco de dano irreparável ou de difícil reparação (requisito de urgência) – art. 273, I, CPC. Antecipa-se efeito bastante para impedir a lesão, mediante a tomada de medidas práticas.[37]

ou

c2) o manifesto propósito protelatório ou abuso no direito de defesa (quando empregada punitivamente) – art. 273, II, CPC. Luiz Guilherme Marinoni ressalta que Proto Pisani, ao escrever sobre tal tutela, afirma que ela visa a realizar o princípio da isonomia, constituindo medida de *desincentivazioni dellínteresse della parte economicamente più forte alla durata del processo.*[38]

d) a reversibilidade da medida. Tendo em conta a natureza jurídica (satisfativa) e os efeitos da decisão concessiva da tutela antecipada no plano fatual, somados às circunstâncias de que, via de regra, a medida decorre de cognição sumária (vertical) e limitada (horizontal), procurou o legislador reformista agir cuidadosamente ao implementar este instituto jurídico no seio do processo de conhecimento de rito comum, proibindo expressamente o seu deferimento diante de situação de "perigo de irreversibilidade do provimento antecipado", segundo se infere sem maiores dificuldades do disposto no § 2º, do art. 273 do CPC. Em outros termos, a pura e radical proibição de concessão da tutela diante do perigo de irreversibilidade do provimento antecipado poderá significar, para o autor, o perecimento de seu próprio direito, ou seja, a perda do objeto da demanda. Mister se faz, portanto, que se encontre o equilíbrio, a via do meio, através da aplicação do princípio da proporcionalidade e dos sistemas de freios e contrapesos, na busca da decisão justa, capaz de evitar o que chamaríamos de "um mal maior", tendo-se sempre presente a imprescindível proibição de excessos em face da distribuição adequada dos direitos (bens da vida) litigiosos.[39]

Também, a antecipação da tutela prevista no artigo 273 poderá ser concedida, à luz de seu § 6º, quando um ou mais dos pedidos cumulados, ou parcela deles, mostrar-se incontroversa. Esta possibilidade inexistia na redação dada pela Lei 8.952/94, que instituiu a tutela antecipada na lei processual. Foi introduzida recentemente pela Lei 10.444/2002. E sobre ela, manifestou-se Athos Gusmão Carneiro, *verbis*:

"Com efeito, exegese voltada à eficiência do processo permite enquadrar a hipótese no art. 273, II: se o 'abuso da defesa' autoriza a AT,

---

[37] Alvaro de Oliveira, *Alcance e natureza* ..., ob. cit., p. 203.

[38] *Commentario breve al Codice di Procedura Civile"*, Padova, Cedam, 1988, p. 639, *apud*, "A reforma do Código de Processo Civil e a efetividade do processo (tutela antecipatória, tutela monitória e tutela das obrigações de fazer e não fazer)", *in Revista Forense*, v. 338, 1997, p. 139.

[39] Joel Dias Figueira Jr, *in Comentários ao Código de Processo Civil*, RT, v. 4, tomo I, p. 227/228.

mais ainda a antecipação será admissível nos casos em que simplesmente não seja oposta defesa alguma a determinada pretensão do demandante".[40]

Aqui, exige-se tão-somente a formulação do pleito antecipatório pela parte e a incontrovérsia sobre parte do pedido ou de um (ou mais) pedidos cumulados. Por outro lado, mostrando-se incontrovérso todo(s) o(s) pedido(s), possível é o jugamento antecipado da lide (pela mão do artigo 330 do CPC), sem prejuízo da antecipação de tutela na própria senteça.

Outra inovação trazida pela bem-aventurada Lei 10.444/2002 foi a regulação normativa[41] da fungibilidade entre a tutela antecipada e a tutela cautelar. Estatui o § 7° do artigo 273 do CPC que: "Se o autor, a título de antecipação de tutela, requerer providência de natureza cautelar, poderá o juiz, quando presentes os respectivos pressupostos, deferir a medida cautelar em caráter incidental do processo ajuizado." Nesse passo, proposta equivocadamente ação de conhecimento com pedido de antecipação da tutela, quando deveria ter sido proposta ação cautelar com pedido da liminar prevista no artigo 804 do CPC, o juiz não indeferirá a petição inicial e julgará extinto o feito (conseqüência que se poderia depreender da combinação do artigo 267, I, do CPC, com o artigo 295, V, do mesmo *Codex*), mas, sim, substituirá uma medida pela outra. Porém a fungibilidade na via inversa, não é matéria pacífica na doutrina.[42]

3.2. Previsão do Art. 461 e do Art. 461-A, do CPC

Uma vez que o § 3° do artigo 461-A (tutela específica das obrigações de entrega de coisa) faz remissão expressa quanto à aplicabilidade dos parágrafos do artigo 461 (tutela específica das obrigações de conduta), pode-se, sem maiores problemas, enfrentar conjuntamente o tema proposto.

Como requisitos à antecipação da tutela nas ações previstas nos arts. 461 e 461-A, o § 3° daquele artigo, elenca:

---

[40] *In Da Antecipação...*, ob. cit., p. 61.

[41] Pois, doutrinária e jurisprudencialmente já era admitida.

[42] "Trata-se de uma fungibilidade numa só direção, sem que se possa pretender estabelecer *reciprocidade*. Talvez em casos absolutamente extremos, em que poderia haver irremissivelmente perda do direito, se possa vir a fazer exceções, ainda que arranhado a letra da lei e o próprio princípio que, no caso, a informa, que é o referencial do princípio dispositivo." (Arruda Alvim, "Notas sobre a disciplina da antecipação da tutela na Lei 10.444, de 7 de maio de 2002", *in Revista de Processo*, ano 27, 2002, p. 108). Admitindo a fungibilidade absoluta, Márcio Louzada Carpena: "Ainda que a redação imposta a tal norma tenha sido, de certa forma, imprecisa, tem-se que a teor da mesma, é plenamente viável o deferimento de uma medida cautelar deduzida como antecipação de tutela, e vice-versa." (*in Do Processo Cautelar Moderno*, Forense, 2ª ed., 2004, p. 108)

a) a relevância do fundamento da demanda. Falar em relevância do fundamento não é outra coisa que exigir a verossimilhança de tudo o que arrola o autor para pretender a tutela jurisdicional,[43] e

b) o risco de ineficácia do provimento final. O receio da ineficácia do provimento traduz uma situação de perigo (real ou temido), pelo que deve vir acompanhado de circunstâncias fáticas, a demonstrar que a falta de liminar poderá comprometer o provimento final.[44]

De uma rápida leitura desses requisitos, poder-se-ía, até, interpretar que há diferença entre os reclames do artigo 273 e os do artigo 461 para o antecipar-se a tutela. Contudo, assim não é.

4. Interpretando sistematicamente os artigos 273, 461 e 461-A

Como já pontificou Guiseppe Zaccaria, professor da Universidade de Padova, "La filosofia ermeneutica, questa corrente di pensiero così rilevante e sempre piú influente nella riflessione e nella cultura contemporânea, Che muove della comprensione heideggeriana dell'essere dell'uomo nella sua estruttura ontológica, há esteso in modo progressivo l'ambito Del suo antichissima origene di techne Che si applica a tutto quanto si transmette lungo la catena Del tempo, ma soprattutto ai testi poetici, savri e giuridici".[45]

E interpretar, segundo o renomado jurista uruguaio Eduardo Couture diz com "... ainda que inconscientemente, tomar partido por uma concepção do Direito, o que significa dizer, por uma concepção do mundo e da vida. Interpretar é dar vida a uma norma. Esta é uma simples proposição hipotética de uma conduta futura. Assim sendo, é um objetivo ideal, invisível (já o texto escrito é a representação da norma, mas não a própria norma) e suscetível de ser percebido pelo raciocínio e pela intuição. O raciocínio e a intuição, todavia, pertencem a um determinado homem, e por isso, estão prenhes de subjetivismo. Todo intérprete é, embora não o queiram, um filósofo, um político da lei".[46]

É cediço, entretanto, a existência de inúmeros métodos interpretativos e, até mesmo, das suas pregações dissonantes. Sobre tais diferenças,

---

[43] Humberto Theodoro Jr., "Tutela específica das obrigações de fazer e não fazer", *in Revista Síntese de Direito Civil e Processual Civil*, nº 15, 2002, p. 23.

[44] J. E. Carreira Alvim , *in Tutela específica ...*, ob. cit., p. 120.

[45] *In* "Diritto come interpretazione", *Rivista di Diritto Civile*, 1994, p. 303.

[46] *Apud* João Batista Harkenhoff, *in Como aplicar o Direito à luz de uma perspectiva axiológica, fenomenológica e sociológica-política*, Forense, 1986, p. 112.

já se pronunciou Eduardo Garcia Maynes que "Las diferencias entre ello derivan fundamentalmente de la concepción que sus defensores tienem acerca de lo que debe entenderse por sentido de los textos, así como de las doctrinas que profesan sobre el derecho en general". "Las diversas escuelas de intepretación parten de concepciones completamente distintas acerca del orden jurídico y del sentido de la labor interpretativa. No es, pues, extraño que los métodos que proponen difieran de manera tan honda".[47]

Mediante o emprego do método de interpretação gramatical (ou literal) – onde apenas o texto legal é que deve ser tomado em conta, não se questionando se efetivamente está em consonância com o justo, ante a primazia da letra da lei –,[48] [49]os requisitos para antecipação da tutela estabelecidos no artigo 273 e no artigo 461 apresentam significativa diferença semântica.

Para a obtenção de provimento antecipado fulcrado no artigo 273, conforme visto alhures, faz-se necessária a presença de: (a) pedido (273, *caput*), (b) verossimilhança – fundada em prova inequívoca (273, *caput*), (c) risco de dano irreparável ou de difícil reparação (273, I) ou abuso de direito de defesa ou manifesto propósito protelatório (273, II), e (d) reversibilidade da medida (273, § 2º).

Enquanto isso, para a antecipação da tutela nas ações previstas nos artigos 461 e 461-A, basta a presença de: (a) relevância no fundamento da demanda (461, § 3º) e (b) risco de ineficácia do provimento final (461, § 3º).

Logo, à segunda modalidade de antecipação seria despiciendo: (1) o pedido (o juiz poderia antecipar a tutela *ex officio*), (2) a verossimilhança fundada em prova inequívoca (bastaria apenas verossimilhança e, por via de conseqüência, exigir-se-ia menos probabilidade de direito) e (3) a reversibilidade da medida (o juiz poderia deferir, sem o sopesamento axiológico entre os direitos envolvidos na demanda, a antecipação da tutela de resultado irreversível). Também, não se poderia antecipar a tutela punitivamente (273, II) nas ações do 461 e 461-A, bem como não se poderia, nestas, antecipar a tutela relativamente à parte incontroversa do pedido (art. 273, § 6º), nem se operar fungibilidade com a tutela cautelar (art. 273, § 7º).

---

[47] *In Introducción al Estúdio del Derecho*, 7ª ed. México: Editorial Porrua, 1956, p. 331.

[48] Edmar Vianei Marques Daudt, "A hermenêutica e a aplicação do direito", *in Revista da PGE*, nº 56, 2002, p. 100.

[49] No mesmo sentido, Paulo de Tarso Vieira Sanseverino, para quem o método gramatical busca "... o sentido objetivo dalei com base na linguagem utilizada nos textos normativos, considerando os significados comuns e técnicas das expressões." ("Métodos de interpretação da lei no direito comparado", *in Revista da Associação dos Juízes do Rio Grande do Sul*, Porto Alegre, v. 22, nº 64, 1995, p. 122.)

E parte da jurisprudência[50] e da doutrina brasileira assim entendem. Sobre o tema, o ministro Luiz Fux traz à batalha que:

> "Trata-se de contemplação expressa da tutela antecipada nas denominadas obrigações de conduta. Observam-se, de início, algumas diferenças entre esta forma de antecipação judicial e a regra geral do art. 273. no art. 461, do CPC, desaparece a interdição à concessão de tutela de efeitos irreversíveis, bem como o requisito da prova inequívoca. Entretanto, substituiu o legislador a expressão por 'relevante fundamento da demanda' e 'justificado receio de inoperância do provimento final'".[51]

E, completando o autor acima apontados, Nelson Nery Júnior e Rosa Maria de Andrade Nery, sublinham que:

> "É interessante notar que, para o adiantamento da tutela de mérito, na ação condenatória em obrigação de fazer ou não fazer, a lei exige menos do que para a providência da ação de conhecimento *tout court* (CPC 273). É suficiente a mera probabilidade, isto é, a relevância do fundamento da demanda, para a concessão da tutela antecipatória da obrigação de fazer ou não fazer, ao passo que o CPC 273 exige, para as demais antecipações de mérito: a) a prova inequívoca; b) o convencimento do juiz acerca da verossimilhança da alegação; c) ou o *periculum in mora* (CPC 273 I) ou o abuso do direito de defesa do réu (CPC 273, II)".[52]

Em que pese a inegável consistência dos trabalhos dos juristas acima referidos, a matéria reclama uma exegese diferenciada.

Primeiramente, porque a técnica interpretativa utilizada à obtenção dessas conclusões não se afigura como aquela que deva se sobressair sobre as demais. Maria Helena Diniz recentemente apontou que:

> "A técnica literal não é uma verdadeira interpretação, pois não se pode conceber a consideração de uma norma isoladamente. A norma jurídica não se confunde com o texto legal – este é mero suporte físico: ela precisa, para ser compreendida, da análise de vários textos normativos e até de princípios gerais de direito. A determinação de seu sentido requer uma árdua tarefa hermenêutica exercida pelo aplicador, que coloca vida no texto".[53]

---

[50] "Agravo de Instrumento. Pedido de tutela especifica fundado no art. 461 do CPC. Requisitos menos abrangentes do que os necessários para a concessão de tutela antecipada previstos no art. 273 do CPC. Concessão da medida postulada. Cominação de multa diária em caso de descumprimento. Agravo provido." (Agravo de Instrumento Nº 70004255006, Sexta Câmara Cível, Tribunal de Justiça do RS, relator: Antonio Guilherme Tanger Jardim, julgado em 04/09/2002)

[51] *In Curso de Direito Processual Civil*, Forense, 2001, p. 70.

[52] *In Código de Processo Civil Comentado*, RT, 7ª ed., p. 782.

[53] "Interpretação literal: uma leitura dos leigos", *in Revista do Advogado*, ano XXII, nº 67, 2002, p. 96.

A interpretação literal não pode ser o ponto de chegada para a interpretação das normas jurídicas. Deve, sim, ser apenas uma das fases (a primeira, cronologicamente) de toda interpretação jurídico-sistemática.[54]

É preciso trabalhar com outra lógica racional (de natureza axiológica, hierarquizadora e finalística) que passe a privilegiar mais o conteúdo do que a forma (sem ferir e, sobretudo) para qualificar a unitariedade do sistema jurídico.[55]

Assim, para interpretar uma norma jurídica, deve-se partir da idéia de que elas compõem um "sistema jurídico". Com base nas idéias de Direito como sistema já existentes e consagradas, *v.g.*, a de Claus-Wilhelm Canaris, Juarez Freitas, na obra "A Interpretação Sistemática do Direito", bem redimensionou o conceito de sistema jurídico, *verbis*:

> "Entende-se mais apropriado que se conceitue o sistema jurídico como uma rede axiológica e hierarquizada de princípios gerais e tópicos, de normas e de valores jurídicos cuja função é a de, evitando ou superando antinomias, dar cumprimento aos princípios e objetivos fundamentais do Estado Democrático de Direito, assim como se encontram consubstanciados, expressa ou implicitamente, na Constituição".[56]

Nesse passo, os requisitos e hipóteses de aplicabilidade contidos no artigo 273 e nos artigos 461 e 461-A do CPC devem ser interpretados sistematicamente, e não apenas gramaticalmente.

Em primeiro lugar, deve-se partir do seguinte ponto: o artigo 273 e o § 3º do artigo 461 (também aplicável ao 461-A) tratam da antecipação de tutela. Logo, esta unidade conceitual deve, para o hermeneuta, aproximá-los e não distanciá-los. Isso também para a manutenção da unidade do sistema.

Em segundo lugar – e partindo-se da premissa de que o artigo 273 traz (por força do parágrafo único do artigo 272 do CPC[57]) regra geral à antecipação de tutela[58] e o artigo 461, § 3º, traz regra especial ao mesmo "telos" antecipativo – deve-se fazer uma necessária justaposição de seus conteúdos. Realizar esta operação equivale a integrar. Ao lado da inter-

---

[54] Jurez Freitas, *in Interpretação Sistemática do Direito*, Malheiros, 1995, p. 53.

[55] Luiz Egon Richter e Thaís Carnielettto Müller, "Considerações sobre uma hermenêutica sistêmica", *in Rev. Direito, Santa Cruz do Sul*, nº 13, 2000, p. 43.

[56] *In* ob. cit., p. 40.

[57] "Art. 272. ... Parágrafo único. O procedimento especial e o procedimento sumário regem-se pelas disposições que lhes são próprias, aplicando-se-lhes, subsidiariamente, as disposições gerais do procedimento ordinário."

[58] Nesse sentido, Calmon de Passos ressalta que "... Se a antecipação é possível no processo de conhecimento, ela o é por "disposição geral", donde ser extensível, subsidiariamente, ao processo sumário (antigo sumaríssimo) e aos especiais, salvo havendo absoluta incompatibilidade." (*in Inovações no Código de Processo Civil*, Forense, 2ª ed., 1995, p. 8).

pretação encontramos a integração do direito, a inserção no mundo da ordem jurídica, desse microcosmo que é a lei, o contrato e o testamento. Portanto, toda tarefa interpretativa pressupõe trabalho de relacionar a parte com o todo.[59]

Em terceiro lugar, após esta justaposição, devem ser preenchidas as lacunas do sistema e afastadas as antinomias.[60]

Parte-se, então, para esta tentativa de sistematizar os conteúdos dos dispositivos ora tratados (art. 273, 461 e 461-A), no que diz respeito à antecipação da tutela. Lembrando sempre que, para todas estas as hipóteses de antecipação, o legislador exigiu que o deferimento (ou indeferimento) fosse motivado[61] e estatuiu a possibilidade de revogação a qualquer tempo.[62]

Muito embora o § 3º do artigo 461 do CPC nada refira sobre a necessidade de ser formulado pedido expresso para que o juiz antecipe a tutela, deve-se aplicar a regra do artigo 273. Ou seja, exigir também o requerimento da parte, vedando-se, por via de conseqüência, a antecipação *ex officio*.

Isso porque, em nada referido a norma especial acerca disso, incide a norma geral. Somente assim não ocorreria se a norma especial tratasse a matéria de forma diversa, permitindo a antecipação sem o pedido da parte. Isso, de per si, é obstáculo difícil de ser transposto por aqueles que optam pela permissividade.

Seguindo o cânone de que interpretar é "hierarquizar",[63] a idéia de que a tutela possa ser antecipada de ofício naufraga, também, ante o sopesamento axiológico entre ela e a necessidade de requerimento. Ao admitir-se a antecipação *ex offício* ao § 3º do 461 – e conseqüentemente ao 461-A – estar-se-ía violando o consagrado "princípio[64] da demanda"

---

[59] Eduardo Couture, *in Interpretação das Leis Processuais*, trad. Gilda Russomano, Max Limonad, 1956., p. 37.

[60] Definidas por Juarez Freitas como sendo "... incompatibilidades possíveis ou instauradas, entre normas, valores ou princípios jurídicos pertencentes, validamente, ao mesmo sistema jurídico, tendo de ser vencidas para a preservação da unidade interna e coerência do sistema e para que se alcance a efetividade de sua teleologia constitucional" (*in* ob. cit, p. 62).

[61] Mantendo a integridade do sistema, e resguardando o seu núcleo constitucional intangível previsto no art. 93, IX, da CF/88.

[62] Decorrência lógica da natureza provisória desse tipo de tutela.

[63] Juarez Freitas, *in* ob. cit., p. 143.

[64] "los *principios* son normas que ordenan que se realice algo en la mayor medida posible, en relación con las posibilidades jurídicas y fácticas. Los principios son, por consiguiente, *mandatos de optimización* que se caracterizan porque pueden ser cumplidos en diversos grados y porque la medida ordenada de su cumplimiento no sólo depende de las posibilidades fácticas, sino también de las. posibilidades jurídicas. El campo de las posibilidades jurídicas está determinado a través de principios y reglas que juegan en sentido contrario. En cambio, las *reglas* son normas que exigen un cumplimiento pleno y, en esa medida, pueden siempre ser sólo o cumplidas o incumplidas." (Robert Alexy, *in Sistema Jurídico, Princípios Jurídicos y Razón Prática*, trad. Manuel Atienza, p. 143/144)

contido no artigo 2º do CPC,[65] que, como "mandado de otimização" que é, veda ao juiz a prestação da tutela jurisdicional sem a provocação da parte.

Mas não é só. Violaria, modo expresso, o artigo 128 do CPC, o qual veda à autoridade jurisdicional conhecer das questões que a lei exija sejam suscitadas pela parte e que, por esta, não foram levantadas no processo.

Por derradeiro e como argumento de autoridade, a responsabilidade decorrente da revogação da antecipação de tutela concedida[66] é objetiva à parte que usufruiu dos efeitos antecipados do provimento definitivo.[67] [68] Nesse passo, ao admitir-se que o magistrado antecipe a tutela sem o pedido da parte e sendo esta revogada posteriormente, instaurar-se-á a kafkiana situação de a parte responder por danos que não criou. Isso vai além da responsabilidade objetiva, em que se examina a relação de causa e efeito entre o comportamento do agente e o dano experimentado pela vítima.[69] E é justamente a ausência de conduta do beneficiário da tutela antecipada que, *in casu*, não se verifica, desaparecendo, conseqüentemente, o nexo de causalidade exigido à caracterização dessa modalidade de responsabilidade extracontratual.

No que tange à probabilidade do direito alegado, a verossimilhança fundada em prova inequívoca – prevista no *caput* do artigo 273 do CPC – também deve ser estendida ao art. 461 do CPC. Afasta-se a idéia pregada de que o § 3º deste dispositivo exige menos probabilidade de direito do que aquele.

A lacuna quanto à prova inequívoca (contida na regra especial) deve ser preenchida pela regra geral, pois não há sentido lógico nem sistemático para que, a duas providências de idêntica natureza (antecipação), exija-se graus diferenciados de verossimilhança. Admitir isso é aceitar a quebra da unidade do sistema. Poderia ser acolhida tal hipótese apenas se as ações previstas no arts. 461 e 461-A apresentassem relevância axiológica hierarquicamente superior às demais, o que, no nosso sentir, não ocorre. Quem

---

[65] "Princípio da ação, ou princípio da demanda, indica a atribuição à parte da iniciativa de provocar o exercício da função jurisdicional" (Antonio Carlos de Araújo Cintra, Ada Pellegrini Grinover e Cândido Rangel Dinamarco, *Teoria Geral do Processo*, 18ª ed., Malheiros, 2002, p. 57).

[66] Não só pelo teor do inciso I do artigo 588 do CPC, a que faz remissão expressa o § 3º do artigo 273, mas também, e principalmente, pela "teoria do risco criado".

[67] A doutrina, majoritariamente, assim se posiciona. Vale a referência a passagem de José Maria Tesheiner: "As medidas cautelares ou antecipatórias são concedidas na suposição da existência do direito tutelado. Daí decorre, como conseqüência lógica, a responsabilidade objetiva de quem, sem direito, as obtém. ... efetiva-se a medida a requerimento do autor e por sua conta e risco." (*in Antecipação ...*, ob. cit., p. 39).

[68] "... também a medida que antecipa tutela de obrigação de fazer e não fazer corre por conta e risco do requerente." (Teori Albino Zavascki, *in Antecipação...*, ob. cit., p. 158.

[69] Sílvio Rodrigues, *in Direito Civil*, v. 4, 19ª ed. Saraiva, p. 11.

necessita, *v.g.*, de efeitos práticos mandamentais antecipadamente e quem necessita efeitos práticos constitutivos ou condenatórios antecipadamente, está em pé de igualdade.

Todavia, há de se ter presente que a verossimilhança, tanto à antecipação pelo 273, quanto pelo 461, § 3º, deve ser avaliada tópica e dialogicamente. Apenas as nuances do caso concreto trazido aos autos, oferecerão ao julgador os subsídios necessários à aferição do preenchimento deste requisito.

O risco de ineficácia do provimento final reclamado pelo § 3º do art. 461, salvo melhor juizo, pode ser encaixado dentro da concepção de risco de dano irreparável ou de difícil reparação (art. 273, I). Restando ineficaz o provimento final (*v.g.*, quando a conduta se torna impossível de ser realizada ou ocorre o perecimento da coisa), a conseqüência natural é a de que ao autor da ação sofra dano (de ordem patrimonial – em regra – ou extrapatrimonial).

Ratificando o entendimento acima exposado, Teori Albino Zavascki magistra que "fundamento relevante" é enunciado de conteúdo equivalente a "verossimilhança da alegação"; e "justificado receio de ineficácia do provimento final" é expressão que traduz fenômeno semelhante a "fundado receio de dano irreparável ou de difícil reparação". E continua sobre o § 3º do Art. 461, "... há ali, apesar da diferença terminológica, reprodução dos requisitos para a antecipação de tutela da hipótese do inc. I, do art. 273 do CPC".[70]

Já a reversibilidade da medida (requisito imposto pelo § 2º do art. 273) reclama uma análise mais detida. Inicialmente, pois, modo diverso das obrigações pecuniárias e de entrega de coisa – em que a reversibilidade pode ser visualizada com maior facilidade (basta, na via inversa, a entrega do dinheiro recebido ou da coisa entregue) – as obrigações de conduta não apresentam a mesma facilidade em serem revertidas. Ao contrário. Como regra, as obrigações de conduta apresentam-se, no plano dos fatos, irreversíveis (*v.g.*, é impossível "desrevelar" um segredo, "descantar" uma música, etc.). A solução, aqui, quanto à reversibilidade, passa pela transformação da conduta em pecúnia. Melhor dizendo, sendo impossível a reversibilidade *in natura* (e isso vale tanto para as obrigações de conduta, quanto às demais), deverá o beneficiário da antecipação, reestabelecer a situação econômica da outra parte, consagrando à existência de uma verdadeira reversibilidade *in pecúnia*.

Eduardo Talamini, em notável estudo sobre os deveres de fazer e não fazer constatou que "O limite negativo da irreversibilidade é decorrência da própria provisoriedade e instrumentalidade da antecipação, em nosso

---

[70] *In Antecipação da tutela e obrigações ...*, ob. cit., p. 29.

sistema. O provimento antecipador está funcional e estruturalmente ligado ao provimento final: é concedido tomando-se em conta a probabilidade e os riscos do resultado final e não suprime a necessidade de prosseguimento do processo, para 'final julgamento'. No art. 273, há regra expressa a respeito (§ 5º). No art. 461, § 3º, a mesma conclusão é extraída da menção a 'receio de ineficácia do provimento final', bem como da possibilidade de 'revogação' e 'modificação' do provimento antecipador – o que pressupõe o prosseguimento do processo. Daí que o requisito da reversibilidade, sob certo aspecto, não tem como ser pura e simplesmente afastado da antecipação de tutela referente aos deveres de fazer e de não fazer. Mas cabem, desde logo, as mesmas ressalvas que a doutrina tem insistentemente feito ao interpretar o § 2º do art. 273, acerca da necessidade de aplicação do princípio da proporcionalidade: tal proibição de antecipar fica afastada toda vez que o interesse que vier a ser gravemente prejudicado pela falta da medida antecipadora for mais urgente e relevante do que aquele que seria afetado pelos efeitos irreversíveis[71] da antecipação".[72]

Os princípios da proporcionalidade e da razoabilidade acima tratados apenas incidirão – a qualquer modalidade de antecipação – ante a irreversibilidade *in natura* e *in pecunia*, e somente quando for para prestigiar valor maior.

A possibilidade de se antecipar a tutela nas ações previstas no 461 e 461-A com base no inciso II do art. 273, encontra arrimo não apenas na sistematicidade de aplicação justaposta da norma geral à especial anteriormente tratada, mas, principalmente, na busca de um maior alcance do instituto para, com isso, garantir-lhe a plena efetividade para o qual foi criado.

Nesse sentido, Teori Albino Zavascki firmou a seguinte posição:

> "Se a hipótese do § 3º é semelhante à do inc. I do art. 273, cabe indagar, ante o silêncio do art. 461, se é viável antecipação da tutela em caso de abuso do direito de defesa ou de manifesto propósito protelatório do réu, tal como se prevê no inc. II do art. 273. A resposta deve ser afirmativa. Ante o sistema geral implantado pelo art. 273, não teria justificativa alguma o veto à tal hipótese de antecipação. Nem teria sentido algum supor que o dispositivo do art. 461, exatamente aquele que consagra mecanismos que privilegiam a tutela específica e célere

---

[71] No mesmo sentido, Flávio Luiz Yarshel: "Ainda quento às divergências, o limite da "irreversibilidade", imposto para a antecipação "genérica" do artigo 273 deve prevalecer para a antecipação de tutela específica ..." (ob. cit., p. 41). Ainda, Humberto Theodoro Jr.: "A irreversibilidade é de exigir-se, como regra, porque a antecipação de tutela é forma de execução provisória e toda a execução da espécie tem de ser praticada de forma a prever a eventualidade do retorno ao *status quo ante*." (*in* ob. cit., p. 24).

[72] *In Tutela relativa aos deveres de fazer e não fazer*, RT, 2001, p. 347.

das prestações de fazer c não fazer, tenha pretendido também, e paradoxalmente, retirar dela uma via de antecipação assegurada a todas as demais. Aqui, no entanto, as causas determinantes da medida são os obstáculos que o réu, com seus atos protelatórios, está colocando à prolação da sentença".[73]

De igual sorte à aplicação da antecipação prevista no inciso II do artigo 273 da lei processual, também se deve admitir a fungibilidade entre as tutelas antecipadas e as tutelas cautelares, ainda que não prevista nos arts. 461 e 461-A.

De todo o exposto, constata-se que os requisitos e as hipóteses de aplicabilidade da antecipação da tutela para os casos gerais (art. 273 do CPC) e para os casos especiais do art. 461 e do art. 461-A devem ser rigorosamente os mesmos! Em relevante estudo sobre o tema, Humberto Theodoro Júnior concluiu que a hipótese especial prevista pelo § 3° do art. 461 do CPC é medida de cunho satisfativo e, com isso, deve se sujeitar "...aos requisitos gerais do artigo 273 do CPC...".[74]

Esta unidade entre a antecipação geral e a especial não pode mais ser contestada. O próprio legislador a reconhece. A alteração do teor do § 3° do artigo 273 do CPC, pela Lei 10.444/2002, é prova disso.

Antes do advento deste diploma legal, a redação[75] do aludido parágrafo referia que a execução da medida antecipadamente deferida haveria de observar o disposto no artigo 588, II e III, do CPC. Com isso, se não havia diferença na essência antecipativa, nem nos pressupostos ou hipóteses de cabimento (tutela antecipatória preventiva e punitiva), esta se fazia presente na efetivação da tutela deferida antecipadamente. Quando o fosse pela força do artigo 461 do CPC, poder-se-ia aplicar a multa prevista em seu § 4° e as medidas sub-rogatórias do § 5°. Já quando a antecipação fosse aplicada pela regra do artigo 273, apenas as tradicionais medidas executivas poderiam ser empregadas à sua efetivação. A multa e as medidas sub-rogatórias não.

Agora, em sua nova redação, o § 3° do art. 273 do CPC assim estabelece:

> "Art. 273. (...) § 3° A efetivação da tutela antecipada observará, no que couber e conforme sua natureza, as normas previstas nos arts. 588, 461, §§ 4° e 5°, e 461-A."

Com esta alteração, o legislador, como dito, reconhece a unidade entre a tutela antecipada à luz do art. 273, 461 e 461-A. Tanto assim que passou a viabilizar idênticos meios de efetivação para todas as hipóteses.

---

73 *In Antecipação da tutela e obrigações ...*, (ob. cit., p. 31).

74 *In* ob. cit., p. 35.

75 Dada pela Lei 8..952, de 13 de dezembro de 1994.

A multa prevista no § 4º, do artigo 461,[76] as medidas sub-rogatórias e de coerção estatuídas no § 5º do mesmo dispositivo, bem como as medidas previstas no § 2º do artigo 461-A, passaram a ser incorporadas ao regime geral da antecipação da tutela, que não está mais escravizado aos consagrados – e, muitas vezes, ineficazes – meios executivos à obtenção do direito material. Claro, porém, que tais mecanismos não serão aplicáveis indistintamente. Deverão variar a sua incidência de acordo com a natureza da obrigação pretendida, seu objeto, etc.,[77] consagrando-se a aplicação tópica dos institutos aqui tratados. Sempre, porém, para emprestar a maior eficiência ao processo e atingir o seu verdadeiro propósito: ser mecanismo seguro e eficaz para se obter a tutela jurisdicional.

5. Conclusão

No sistema jurídico de interpretação não existem argumentos corretos e incorretos, mas fortes e fracos. E a interpretação nunca é coercitiva (o ser livre pode ou não aderi-la).[78]

Através do presente estudo, buscamos demonstrar que o fenômeno da antecipação da tutela regulado nos artigos 273, 461 e 461-A, todos da lei adjetiva, é o mesmo. Antecipando a tutela, o juiz entrega à parte, mediante cognição sumaria e de forma provisória, o bem da vida pretendido ao final do processo.

Também pretendemos aclarar, via interpretação sistemática, a questão dos requisitos à obtenção da tutela de modo antecipado. Firmamos posicionamento de que, às hipóteses tratadas nestes três dispositivos, são aplicáveis os mesmos requisitos. Assim como idênticas são as suas possibilidades de incidência, seja para evitar dano, seja para punir a outra parte pela prática de conduta procrastinatória, seja frente a incontrovérsia de parte ou algum dos pedidos formulados.

Constatamos, ainda, que, com a nova redação do § 3º do artigo 273, as únicas diferenças concretas que separavam a tutela deferida antecipadamente pela mão do artigo 273, 461 ou 461-A, desapareceram. Os ins-

---

[76] Esta multa, chamada de "*astreinte*", ensina Guilherme Rizzo Amaral, se apresenta como "uma das ferramentas para a concepção de um "processo de resultados" e "Trata-se de uma forma de coerção do réu para o alcance da tutela específica, alvo, como visto, das maiores e mais relevantes preocupações do processualista moderno." (*In As Astreintes e o Processo Civil Brasileiro*, Livraria do Advogado, 2004, p. 23).

[77] Por, exemplo, não é possível a aplicação da *astreinte* às obrigações de prestar declaração de vontade, na medida em que a decisão judicial, de per si, substitui a conduta do obrigado. No mesmo sentido, Guilherme Rizzo Amaral, *in* ob. cit., p. 89/91.

[78] Chaïm Perelman, *in Ética e Direito*, Martins Fontes, 1996, p. 583.

trumentos para a sua efetivação são, hoje, os mesmos e devem ser aplicados segundo os reclames do caso concreto.

Com relação à fungibilidade entre a tutela antecipada e a tutela cautelar – previsão contida no § 7º do artigo 273 do CPC – entendemos ser ela aplicável também aos artigos 461 e 461-A.

Sob a idéia de unicidade das previsões antecipativas e da constatação de que o legislador está, cada vez mais, aproximando as tutelas de urgência (cautelar e tutela antecipada), a última das conclusões só poderia ser a de que está, mais viva do que nunca, a idéia de "litisregulação" no nosso Direito, tal como a previu José Maria Rosa Tesheiner.

— 6 —

Técnicas de tutela e o cumprimento da sentença no Projeto de Lei 3.253/04: uma análise crítica da reforma do Processo Civil brasileiro

GUILHERME RIZZO AMARAL

Sumário: 1. Introdução; 2. Duas sistemáticas para o cumprimento das sentenças. Artigos 461 e 461-A do CPC – obrigações de fazer, não-fazer e entrega de coisa; artigos 475-J, 475-L e 475-M – obrigações de pagar quantia; 3. A eliminação do processo de execução autônomo para as sentenças que "condenam" ao pagamento de quantia certa e a natureza da sentença do artigo 475-J; 4. A inadequação da adoção exclusiva da técnica de tutela condenatória para os deveres de pagar quantia; 5. Conclusões

1. Introdução

Em 31 de julho de 1972, Alfredo Buzaid apresentou ao então Presidente da República, Emílio Médici, o projeto de Código de Processo Civil, que resultou na Lei 5.869, de 11 de janeiro de 1973, atual Código de Processo Civil brasileiro.

Naquela ocasião, o ilustrado aluno de Liebman, ao sustentar as razões pelas quais se adotava uma nova codificação, e não se reformava, em parte, a anterior, afirmou que "o grande mal das reformas parciais é o de transformar o Código em mosaico, com coloridos diversos que traduzem as mais variadas direções. Dessas várias reformas tem experiência o país; mas, como observou Lopes da costa, umas foram para melhor; mas em outras saiu a emenda pior que o soneto".[1]

[1] Exposição de Motivos do Código de Processo Civil de 1973.

Talvez pela veemência com que se tem sustentado a perfeição sistemática do Código de Buzaid,[2] tenham os seus reformadores deixado de lado o alerta do saudoso processualista, ao implementar mudanças tópicas, parciais, no texto original da lei processual, carente de diversos instrumentos que permitissem o atendimento aos princípios fundamentais cristalizados na Constituição Federal de 1988, ou, até mesmo, antes desta, como afirmou Carlos Alberto Alvaro de Oliveira:

> "(...) o caráter individualístico e liberal do estatuto processual de 1973 – essencialmente inspirado em modelos legislativos e ensinamentos doutrinários da Europa continental – já se encontrava, ainda antes da promulgação da Carta Política de 1988, em aberta contradição com as linhas mestras do sistema constitucional e as tradições do direito brasileiro".[3]

Realmente, se o Código de 1973 preocupava-se com a solução de litígios tipicamente individuais, não apresentava instrumentos adequados para atender às "demandas de cunho social ou coletivo, a se refletir na extensão da legitimidade, da coisa julgada, nos poderes do juiz e de modo geral e toda a conformação do próprio Código".[4] Acrescente-se, ainda, a morosidade de que se revestia o original processo de conhecimento, carente de instrumentos aptos a satisfazer, ainda que provisoriamente, os direitos evidentes e sob ameaça. Como visto, não se mostrava capaz o sistema processual originado no Código de 1973, de concretizar princípios e objetivos constitucionais, tais como a dignidade da pessoa humana (art. 1º, III), a justiça e solidariedade (art. 3º, I), a promoção do bem de todos os cidadãos (art. 3º, IV), e a proteção preventiva dos direitos (art. 5º, XXXV), para citar alguns.

Em especial a partir de 1985, com a promulgação da Lei 7.347 (Lei da Ação Civil Pública), juristas de escol passaram a implementar reformas pontuais no sistema processual brasileiro. O Código de Defesa do Consumidor (Lei 8.078), de 11 de setembro de 1990, começou a derrubar, com seu artigo 84, o muro que dividia a atividade cognitiva e executiva em

---

[2] Veja-se, neste particular, a opinião de VICENTE GRECO FILHO: "Sob o aspecto técnico, o Código de 1973 é dos mais modernos e de melhor qualidade do mundo, inclusive segundo depoimento de eminentes processualistas estrangeiros, tendo causado, já, benéficas influências na ciência do processo e na prática forense" (*Direito Processual Civil Brasileiro*. 1º Volume, Ed. Saraiva, 2003. 17ª ed., atualizada, p. 69). No mesmo sentido, embora criticando a ausência de melhorias na efetividade e celeridade da prestação jurisdicional, ATHOS GUSMÃO CARNEIRO: "Como magnífica obra de arquitetura jurídica, o Código de 1973 pouco terá deixado a desejar." (*Sugestões para uma nova sistemática da execução*. Revista de Processo nº 102, p. 139)

[3] ALVARO DE OLIVEIRA, Carlos Alberto. *Do Formalismo no Processo Civil*. São Paulo: Saraiva, 1997, p. 106.

[4] Ibidem.

dois processos distintos, permitindo uma tutela interinal satisfativa dos direitos,[5] ainda que adstrita às relações de consumo.

Foi em 1994, com a Lei 8.952, que se introduziu no sistema processual a antecipação da tutela *em caráter geral*, por meio da nova redação do artigo 273 do CPC. Estava em outro dispositivo, no entanto, a mudança que se tornaria o embrião, ou o *molde* das reformas que se seguiram. Referimo-nos ao artigo 461 do CPC, que em sua nova redação permitia, para as obrigações de fazer e não-fazer, além da antecipação da tutela (§ 3°), a utilização das *astreintes* para a efetivação da tutela específica (§ 4°), bem como a tomada de diversas outras medidas tendentes à obtenção do resultado prático equivalente àquele pretendido pelo autor (§ 5°).

Ilustrados processualistas, como Cândido Rangel Dinamarco,[6] Kazuo Watanabe[7] e Ada Pellegrini Grinover,[8] passaram a defender a tese de que tal concepção normativa já teria como decorrência a aplicação apenas subsidiária do *processo de execução autônomo* para as obrigações de fazer e de não fazer advindas de sentença.[9] Entretanto, tais opiniões não foram suficientes para apagar as dúvidas existentes, na doutrina e na jurisprudência, a respeito da suposta auto-suficiência dos processos de conhecimento para a tutela específica das obrigações de fazer e não fazer.[10]

Foi, então, inaugurada a chamada *segunda etapa da reforma processual civil*, na qual, em função da Lei 10.444, de 07 de maio de 2002, foi decretada a desnecessidade de um processo de execução autônomo para promover a tutela específica das *obrigações de fazer ou não fazer* constantes de sentença, por força da nova redação do artigo 644 do CPC. Ainda, por força da inclusão do artigo 461-A (obrigações de entregar), proposta pelo então Desembargador Federal, hoje Ministro do STJ, Teori

---

[5] Não que isto não ocorresse nas chamadas "ações executivas *lato sensu*", como a reintegração de posse, ação de despejo, etc. O CDC teve o mérito de ampliar significativamente o escopo da tutela satisfativa interinal, possibilitando a sua concessão em ações de procedimento ordinário.

[6] DINAMARCO, Cândido Rangel. *A reforma do CPC*. 2ª ed. São Paulo: Malheiros, 1995, p. 155.

[7] WATANABE, Kazuo. *Tutela antecipatória e tutela específica das obrigações de fazer e não fazer (arts. 273 e 461 do CPC)*. *In* TEIXEIRA, Sálvio de Figueiredo (coord.). *Reforma do Código de Processo Civil*. São Paulo: Saraiva, 1996, p. 43-47.

[8] GRINOVER, Ada Pellegrini. *Tutela jurisdicional nas obrigações de fazer e não fazer*. *In* TEIXEIRA, Sálvio de Figueiredo (coord.). *Reforma do Código de Processo Civil*. São Paulo: Saraiva, 1996, p. 260.

[9] RODRIGUES, Geisa de Assis. *Notícia sobre a Proposta de Nova Disciplina da Execução das Obrigações de Entrega de Coisa, de Fazer e de Não Fazer*. (MARINONI, Luiz Guilherme (coord.) *A segunda etapa da reforma processual civil*. São Paulo: Malheiros, 2001, p. 179).

[10] MARCELO LIMA GUERRA, por exemplo, se opunha fortemente à interpretação conferida pelos juristas antes referidos, afirmando que "a atuação prática de sentença que imponha obrigação de fazer ou de não fazer continua a exigir a instauração de processo executivo e os poderes conferidos ao juiz no mesmo §5° só nesse processo é que podem ser exercidos". *In* GUERRA, Marcelo Lima. *Execução Indireta*, São Paulo: Revista dos Tribunais, 1998, p. 66.

Albino Zavascki, e da alteração do artigo 621 do CPC, eliminou-se também a necessidade de execução autônoma para sentenças que determinassem a entrega de coisa.

Nos casos citados, uma vez imposto ao réu dever de fazer, não fazer ou entrega de coisa, por sentença transitada em julgado (ou sujeita a recurso desprovido de efeito suspensivo) será o mesmo intimado para cumpri-la, podendo o juiz fixar multa (*astreintes*) para o caso de descumprimento (art. 461, § 4º) ou tomar as medidas necessárias para a efetivação da tutela específica ou a obtenção do resultado prático equivalente (art. 461, § 5º), tais como busca e apreensão ou requisição de força policial (sendo o rol do §5º meramente exemplificativo). Não há mais que se falar, nesses casos, em instauração de processo de execução mediante citação do devedor, ajuizamento de embargos à execução, etc. Para o Ministro Sálvio de Figueiredo Teixeira, "dá-se aí um processo sincrético, no qual se fundem cognição e execução".[11]

Nesta breve exposição, já se pode vislumbrar que o sistema processual brasileiro atual se mostra bastante desfigurado, se comparado àquele fundado pela codificação que, em janeiro de 2004, completou 30 anos de vigência. A expressão *desfigurado* talvez seja imprópria, ema vez que as reformas não foram estéticas, na *face*, mas de caráter substancial, estrutural, essencial.

Entretanto, se, de um lado, foram grandes as mudanças havidas na tutela dos deveres de fazer, não-fazer e entrega de coisa, de outro, quedou praticamente intocada a tradicional sistemática de tutela dos deveres de pagar quantia, qual seja, a duplicidade de processos – conhecimento e execução – e de técnicas de tutela jurisdicional – condenatória e executiva *ex intervallo*.

Todavia já se anunciava, pela comissão reformadora e pela comunidade jurídica em geral, uma proposta legislativa que abarcaria também mudanças na sistemática de tutela das obrigações de pagar quantia, à semelhança do que ocorrera para as obrigações de fazer, não-fazer e entrega de coisa.[12] O objetivo a ser alcançado: retirar da *execução* a pecha

[11] TEIXEIRA, Sálvio de Figueiredo. *As novas e boas propostas da reforma*. Artigo publicado no *site* http://www.neofito.com.br/artigos/art01/pcivil17.htm. Acesso em 20 de julho de 2004.

[12] Como referimos recentemente, "Chegamos, assim, a um sistema provido de técnicas mais eficazes e céleres para a tutela dos direitos relativos a obrigações de fazer, não fazer e de entregar. Pois bem, para onde vamos? As sentenças que condenam ao pagamento de quantia certa, e que, geralmente, são as que mais dificuldades encontram no processo de execução autônomo (incidente sobre a penhora, ocultação de bens do executado, controvérsia acerca de cálculos, etc.), são o próximo alvo da comissão reformadora do CPC. Ora, não há sentido em outorgar-se à sentença proferida por um magistrado investido de jurisdição, forjada no contraditório fiscalizado e conduzido pelo Estado, o mesmo tratamento que se dá a títulos extrajudiciais, muitas vezes produzidos sem o conhecimento do próprio devedor." *A Lei 10.444/02, as futuras reformas do CPC e a gradual extinção do processo de execução de sentença*, *in* Jornal do Comércio, Porto Alegre-RS, 06 de agosto de 2002.

de *calcanhar de Aquiles* do processo,[13] dando a este maior *efetividade* na busca da satisfação do credor.

Após diversos debates travados em seminários e congressos realizados em todo o país, o Instituto Brasileiro de Direito Processual finalizou o texto do anteprojeto de lei, subscrito por Athos Gusmão Carneiro, Sálvio de Figueiredo Teixeira, Petrônio Calmon Filho e Fátima Nancy Andrighi, e o encaminhou ao Ministro da Justiça Márcio Thomaz Bastos. Este, por sua vez, remeteu ao Presidente da República o projeto e a sua exposição de motivos, "acreditando que, se aceito, estará o Brasil adotando uma sistemática mais célere, menos onerosa e mais eficiente às execuções de sentença que condena ao pagamento de quantia certa".[14]

Encaminhado à Câmara dos Deputados, o referido projeto de lei foi tombado sob o nº 3.253/04, tendo sido em tal casa aprovado em definitivo e sem alteração de conteúdo em 6 de julho de 2004, e enviado ao Senado Federal. Como principais modificações no sistema processual vigente, no tocante à tutela das obrigações pecuniárias, propõe a fusão do processo de conhecimento e execução (extinção do segundo, com o surgimento de um *procedimento* de execução, dentro do processo de conhecimento), e a substituição dos embargos do devedor pela *impugnação*, esta, *de regra*, sem o condão de suspender a execução.

Nosso propósito, neste trabalho, consiste na análise das *técnicas de tutela* empregadas no projeto de lei em comento, para o cumprimento dos deveres de pagar quantia. A distinção entre tutela e técnica de tutela é relevante, e a faz com a habitual clareza Luiz Guilherme Marinoni:

> "Deixe-se claro que quando se pensa nos meios que permitem a obtenção de um resultado no plano do direito material, não é incorreto falar em 'tutela jurisdicional'. Quando se percebe, contudo, a necessidade de distinguir os meios (que permitem a prestação da tutela) do fim a ser obtido (o resultado no plano do direito material), apresenta-se como adequada a distinção entre tutela jurisdicional *stricto sensu* e técnicas de tutela jurisdicional. As sentenças (condenatória, mandamental etc.) são apenas técnicas que permitem a prestação da tutela jurisdicional. (...) Na verdade, tais sentenças refletem apenas o modo (a técnica) através do qual o processo tutela os diversos casos conflitivos concretos".[15]

Feita essa importante ressalva, indagamos: terá a extinção de um processo autônomo de execução para as sentenças que determinam o pagamento de quantia certa o condão de abolir por completo a técnica de

---

[13] CARNEIRO, Athos Gusmão. *Sugestões para uma nova sistemática da execução.* Revista de Processo nº 102, p. 140.

[14] Trecho constante da exposição de motivos do Projeto de Lei nº 3.253/04.

[15] MARINONI, Luiz Guilherme. *Tutela Específica: arts. 461, CPC e 84, CDC.* São Paulo: Revista dos Tribunais, 2001, p. 63.

tutela condenatória no Código de Processo Civil, considerando que a mesma notadamente já desaparecera para os deveres de fazer, não-fazer e entrega de coisa?[16] Estaríamos diante do *ocaso da condenação*, termo utilizado em recente monografia?[17] E mais: terá sido adequada a opção da comissão reformadora, ou outras técnicas de tutela, desprestigiadas no projeto de lei, poderiam ter sido utilizadas? São essas as indagações a que intencionamos responder.

Antes, traçaremos um panorama geral dos dois modelos distintos, delineados a partir da Lei 10.444/02 e do Projeto de Lei nº 3.253/04, para o cumprimento da sentença. Somente assim, poderemos estabelecer a necessária comparação entre o tratamento dado aos deveres de fazer, não-fazer, entrega de coisa e pagar quantia.

2. Duas sistemáticas para o cumprimento das sentenças. Artigos 461 e 461-A do CPC – obrigações de fazer, não-fazer e entrega de coisa; artigos 475-J, 475-L e 475-M – obrigações de pagar quantia

Dispõe o artigo 475-I,[18] *caput*, que "o cumprimento da sentença far-se-á conforme os arts. 461 e 461-A ou, tratando-se de obrigação por quantia certa, por execução, nos termos dos demais artigos deste capítulo".

Os artigos 461 e 461-A do CPC, como já tivemos a oportunidade de demonstrar,[19] permitem ao juiz a adoção de *técnicas de tutela* mandamental e executiva, nos casos em que o dever do demandado consiste num fazer, não-fazer ou entrega de coisa. A sentença, assim como as decisões que antecipam a tutela ao autor, podem combinar simultaneamente ou sucessivamente os efeitos mandamentais e executivos, independentemente de modificação formal das mesmas, e sem ter de se cogitar em afronta ao artigo 463 do CPC. Trata-se de uma *instabilidade virtuosa*[20] da decisão

[16] Como veremos adiante, comentando o artigo 461-A, ANTÔNIO CARLOS DE ARAÚJO CINTRA afirmou que, adotando-se a classificação quinária de Pontes de Miranda, não haveria mais, no processo civil brasileiro, sentenças condenatórias à entrega de coisa. (CINTRA, Antônio Carlos de Araújo. *Comentários ao Código de Processo Civil*. Rio de Janeiro. Forense, 2003, p. 296). O mesmo vale, pelo mesmo fundamento, para as sentenças referentes a deveres de fazer e não fazer.

[17] MACHADO, Fábio Cardoso. *Jurisdição, Condenação e Tutela Jurisdicional*. Rio de Janeiro: Lumen Juris, 2004, p. 231.

[18] O projeto de lei em comento, no que tange ao cumprimento de sentença, prevê, em seu artigo 4º, a inclusão dos artigos 475-I a 475-R no texto do Código de Processo Civil Brasileiro. Iremos nos referir, no curso deste ensaio, apenas ao número 475 e letra do artigo, sem mencionar, repetidamente, o projeto.

[19] AMARAL, Guilherme Rizzo. *As astreintes e o processo civil brasileiro*. Porto Alegre: Livraria do Advogado, 2004, p. 43 e seguintes.

[20] Estamos a trabalhar esta idéia em nossa tese de doutoramento na Universidade Federal do Rio Grande do Sul – UFRGS.

judicial, uma vez que se reconhece a sua adaptabilidade, maleabilidade perante a eventual resistência ao seu cumprimento, verificada no plano real.

Assim, por hipótese, o juiz que determina a uma indústria que instale filtro para evitar a poluição do ar, sob pena de multa diária, pode, sucessivamente, caso não obedecida a ordem judicial, determinar atos dos auxiliares da justiça ou de sub-rogação (eficácia executiva), tais como o fechamento da indústria ou a instalação por terceiros do referido equipamento – exemplo de aplicação *sucessiva* das técnicas mandamental e executiva; ou, ainda, o magistrado que determina a entrega de coisa certa sob pena de multa diária, pode, simultaneamente, determinar a busca e apreensão do bem – exemplo de aplicação *simultânea* das técnicas ora apontadas.

Tal *maleabilidade*, não é, hoje, refletida na tutela das obrigações de pagar quantia. Não podendo considerá-las simplesmente como obrigação de dar, em função de sua extrema consumptibilidade,[21] e em razão da necessidade de agressão e transformação do patrimônio do devedor em pecúnia, sujeitam-se, na sistemática atual do Código de Processo Civil, ao engessamento provocado pelo modelo da tutela condenatória – mero juízo de reprovação e autorização para o credor ingressar com a ação executiva – e execução *ex intervallo.* Segundo sustenta Carlos Alberto Alvaro de Oliveira, a realização da tutela condenatória agride patrimônio de terceiro, genérico e indefinido, requerendo, por esta razão, "maiores possibilidades de defesa (princípio da segurança) e assim processo autônomo de execução".[22]

Entretanto, relutamos em aceitar que, somente pela razão acima apontada, a natureza das obrigações submetidas, hoje, à técnica de tutela condenatória (obrigações de pagar quantia), seja incompatível com a técnica de tutela mandamental ou executiva. O que há, isto sim, é uma incompatibilidade legislativa, pois o Código de Processo Civil determina que as sentenças que condenam ao pagamento de quantia certa devam ser efetivadas por meio de processo autônomo de execução, deixando a tutela mandamental e executiva *lato sensu*[23] para o cumprimento dos deveres de fazer, não-fazer e entrega de coisa.

---

[21] COUTO E SILVA, Clóvis do. *A obrigação como processo.* São Paulo: José Bushatsky, 1976, p. 183.

[22] ALVARO DE OLIVEIRA, Carlos Alberto. *O problema da eficácia da sentença.* Revista de Processo nº 112, p. 21.

[23] Uma crítica à expressão executiva *lato sensu* pode ser encontrada no artigo "Sentença Executiva?", de José Carlos Barbosa Moreira (*Revista de Processo* nº 114, p. 140). O eminente processualista afirma: "Quem quer que se refira a 'sentença executiva *lato sensu*' deve, pois, esclarecer em que consiste a espécie 'sentença executiva *stricto sensu*' e indicar a diferença específica que a caracterizaria. Sem tal cuidado, aquela expressão soa inexpressiva, para não dizer carente de sentido". No presente ensaio, mencionamos tutela executiva *lato sensu* apenas para diferenciá-la, no que tange ao momento em que é prestada, da tutela executiva proporcionada pelo processo de execução autônomo. A primeira, seria aquela prestada no curso do processo de conhecimento; a segunda, durante o processo de execução. Ambas, no entanto, guardam a mesma fundamental característica: importam,

Aliás, dizer que o legislador não pode alterar a carga de eficácia de determinadas decisões judiciais, ou, diríamos melhor, que não pode outorgar ao juiz, mediante mudança na lei instrumental, técnicas de tutela diferentes da mera condenação para determinadas situações, é ignorar que, até pouco tempo atrás, as sentenças que *condenavam* à entrega de coisa eram, por mais óbvio que isso possa parecer, *condenatórias*, meros juízos de reprovação, demandando a iniciativa do autor e um novo e autônomo processo, de execução, para a satisfação do demandante. Hoje, em face única e exclusivamente das mudanças na legislação processual, proporcionadas pela Lei 10.444/02, as sentenças proferidas com base no artigo 461-A, como visto, podem ser classificadas como executivas, ou mesmo como mandamentais em alguns casos. Mas, o que é certo: nunca ensejarão mera condenação,[24] juízo de reprovação, providência mediata e dependente, em sua definição tradicional,[25] de processo autônomo de execução.

De outra parte, esta extremada preocupação com o réu "condenado" a pagar quantia, privilegiando-o em comparação àqueles a que são impostas ordens de fazer ou de abstenção, e mesmo àqueles que sofrem a busca e apreensão de coisa em seu poder, não se justifica sob nenhum argumento.

Em primeiro lugar, é necessário ressaltar, como bem o faz Cássio Scarpinella Bueno, que, mesmo no sistema atual, a tutela dos deveres de pagar quantia já se realiza na forma executiva e mandamental em diversos casos, como, por exemplo, naqueles envolvendo alimentos, alienação fiduciária em garantia, improbidade administrativa e, até mesmo, em mandado de segurança.[26] Pontes de Miranda já bem demonstrava tal particularidade - aliás, confirmando o ponto anteriormente exposto - ao afirmar que "no direito brasileiro, transformaram-se as ações de condenação, em matéria de alimentos, em ações mandamentais – particularidade técnica que revela a capacidade de invenção dos juristas brasileiros".[27] Leia-se: os juristas

---

em nosso sentir, atos de sub-rogação ou praticados por auxiliares do poder judiciário, de modo a promover a satisfação do direito do autor sem a participação do demandado.

[24] Afirmando a necessidade de admitir-se outras espécies ou conceitos de sentenças, à luz do disposto nos artigos 84 do CDC e 461 do CPC, aduz MARINONI, "não é possível reunir sob o rótulo de 'condenação' provimentos que jamais tiveram alguma semelhança entre si". MARINONI, Luiz Guilherme. *Tutela Específica: arts. 461, CPC e 84, CDC.* São Paulo: Editora Revista dos Tribunais, 2001, p. 41. Por sua vez, comentando o artigo 461-A, ANTÔNIO CARLOS DE ARAÚJO CINTRA afirma: "Ou seja, se se adotasse a classificação quinária de Pontes de Miranda, aparentemente não haveria mais, no processo civil brasileiro, sentenças condenatórias à entrega de coisa, uma vez que estas teriam sido substituídas pelas sentenças executivas em sentido *lato*." CINTRA, Antônio Carlos de Araújo. *Comentários ao Código de Processo Civil.* Rio de Janeiro. Ed. Forense, 2003, p. 296.

[25] Veremos, adiante, que a *autonomia* do processo executivo subseqüente não chega a ser uma nota essencial da condenação, diferentemente do seu caráter mediato.

[26] BUENO, Cassio Scarpinella. *Ensaio sobre o cumprimento das sentenças condenatórias.* Revista de Processo nº 113, p. 40-50.

[27] PONTES DE MIRANDA, Francisco Cavalcanti. *Tratado das Ações.* T. 1. 2ª edição. São Paulo: Revista dos Tribunais, 1972, p. 210.

brasileiros (ou, ainda, o *legislador* brasileiro) transformaram uma ação condenatória em mandamental.[28]

De outra banda, vale lembrar que, quando estamos diante de um dever de fazer ou não-fazer, lidamos diretamente com o valor *liberdade*, mais especificamente, com a liberdade de conduta do demandado. Valor este tão caro aos modelos liberais surgidos após a revolução francesa, que acabou extremado no Código de Napoleão, como já ressaltamos em oportunidade anterior, fazendo-o também José Maria Rosa Tesheiner, em prefácio com que nos brindou recentemente:

> "Até pouco tempo, sob o paradigma do Código de Napoleão, havia certa relutância em admitir-se a exigência de cumprimento específico de deveres e obrigações, contentando-se, doutrina e legislação, com o sucedâneo das perdas e danos. Levava-se às últimas conseqüências um princípio de liberdade (*nemo potest praecise cogi ad factum*), com execução a recair exclusivamente sobre o patrimônio do devedor. Não eram idéias desprezíveis, porque se tratava, na essência, de resguardar a liberdade individual. Contudo, a sociedade moderna tomou novo rumo. Não mais se contentou com o sucedâneo das perdas e danos. Passou a exigir, não mais como exceção, mas como regra, o cumprimento específico das obrigações".[29]

Aliás, chega a ser truísmo falar-se em primazia do direito à liberdade sobre o direito à propriedade, sendo o primeiro um direito fundamental de primeira geração.[30]

Assim, não podem subsistir os receios antes apontados para a adoção, por exemplo, de uma técnica de tutela mandamental para os deveres de

---

[28] Ressalte-se ser a ação, em nosso entender, abstrata, e portanto não poder a mesma ser identificada como condenatória, mandamental, executiva, etc. Afinal, o que seria a ação para entrega de coisa? Executiva ou mandamental? Ora, a possibilidade de a sentença aplicar qualquer uma das técnicas de tutela apontadas, ou até mesmo ambas, simultânea ou sucessivamente, indica que a ação, abstrata e portanto não sujeita à classificação segundo a sua eficácia, poderá redundar em técnicas de tutela diversificadas. Não nos cabe desenvolver, aqui, esta idéia, que decorre, em nosso entender, da superação do conceito de ação de direito material, introduzido no Brasil por PONTES DE MIRANDA e seguido, ainda hoje, por OVÍDIO BAPTISTA DA SILVA (sobre a ação de direito material, vejam-se os estudos de DANIEL MITIDIERO em *Comentários ao Código de Processo Civil.* SP: Memória Jurídica Editora, 2004, p. 88 ss. e *Por uma nova teoria geral da ação: as orientações unitárias e a orientação dualista da ação, in* Revista Gênesis de Direito Processual Civil. Curitiba: Gênesis, 2002, n. 26). Fica apenas, aqui, a importante ressalva feita acima.

[29] Prefácio escrito para nossa obra, intitulada *As astreintes e o processo civil brasileiro.* Porto Alegre: Livraria do Advogado, 2004.

[30] Para uma visão do processo civil na perspectiva dos direitos fundamentais, é indispensável a leitura do magnífico artigo de CARLOS ALBERTO ALVARO DE OLIVEIRA, *"O processo civil na perspectiva dos direitos fundamentais"*, publicado na Revista de Processo nº 113, p. 9-21. Neste trabalho (p. 12), ALVARO DE OLIVEIRA repercute a lição de Paulo Bonavides, erigindo o direito à liberdade à categoria de direito fundamental de primeira geração.

pagar quantia certa – atingindo indiretamente a esfera *patrimonial* do devedor – se tal técnica já se encontra disponível para os deveres de fazer e não-fazer – influindo na vontade, na liberdade do réu.

Quem encampa essa idéia de forma contundente é Marinoni, sustentando que "não há motivo para que a tutela que objetiva o pagamento de soma tenha que ser prestada unicamente através da execução forçada".[31] Repercutindo as idéias de Michele Taruffo, propõe o uso da multa (técnica de tutela mandamental) para "estimular" o cumprimento da sentença pelo devedor de quantia, evitando, assim, "as complicações inerentes à execução por expropriação, com necessidade de avaliação, leilão etc.".[32]

O que queremos provar, aqui, muito antes de afirmar que a proposta de Marinoni seja a mais adequada, é manter a mente aberta para todas as possibilidades possíveis de técnica de tutela para as obrigações de pagar quantia. Salvo a vedação constitucional de prisão por dívida (artigo 5º, LXVII da Constituição Federal), não há técnica de tutela que, *a priori*, possa ser descartada para os deveres de pagar quantia.

Apenas assim, livres de prévias e injustificadas restrições, é que poderemos avaliar se a opção da comissão reformadora, no Projeto de Lei nº 3.253/04, foi a mais adequada dentre todas as técnicas de tutela que poderia ter adotado para, enfim, dar-nos um processo efetivo e conectado às exigências do mundo atual e, o que é mais importante, da sociedade brasileira.

3. A eliminação do processo de execução autônomo para as sentenças que "condenam" ao pagamento de quantia certa e a natureza da sentença do artigo 475-J

O artigo 475-J, *caput,* reflete a principal mudança que será proporcionada pelo projeto de lei em comento, caso o mesmo venha a ser aprovado e incorporado à legislação processual vigente. Por isso, vale transcrevê-lo:

> "Art. 475-J. Caso o devedor, condenado ao pagamento de quantia certa ou já fixada em liquidação, não o efetue no prazo de quinze dias, o montante da condenação será acrescido de multa no percentual de dez por cento e, a requerimento do credor e observado o disposto no art. 614, inciso II, expedir-se-á mandado de penhora e avaliação."

---

[31] MARINONI, Luiz Guilherme. *Tutela Específica: arts. 461, CPC e 84, CDC*. São Paulo: Revista dos Tribunais, 2001, p. 194.

[32] Idem, p. 195.

Vislumbra-se, desde já, à semelhança do que se passou com as sentenças referentes a deveres de fazer[33] e entrega de coisa, a eliminação por completo do processo de execução autônomo. Este ficará, agora, relegado apenas a títulos executivos extrajudiciais, quebrando-se, definitivamente, a *unidade do processo de execução,* tão propalada por Alfredo Buzaid, na exposição de motivos do CPC de 1973, como de supostas vantagens sob o ponto de vista prático.

Reúnem-se, assim, em apenas um processo (de conhecimento), o juízo de reprovação, a exortação ao pagamento e, a requerimento do autor (agora credor), a tomada de atos executivos em caso de recalcitrância do réu (agora devedor).

E, para que não haja dúvidas de que se trata, aqui, do mesmo *processo*, até o conceito de sentença deverá ser alterado pela nova redação que terão os artigos 162, § 1°, e 269 (artigo 1° do Projeto de Lei n° 3.253/04). De "ato pelo qual o juiz põe termo ao processo, decidindo ou não o mérito da causa" (art. 162, § 1°, do CPC), passará a ser "o ato do juiz proferido conforme os arts. 267 e 269". E no artigo 269, em vez de constar que "extingue-se o processo com julgamento de mérito", constará apenas "haverá julgamento de mérito". Ou seja, decidindo o mérito na sentença, prossegue o *mesmo* processo, com os atos necessários ao cumprimento do comando sentencial, seja ele qual for.

Aliás, mais sintomática ainda é a proposta de retirada da expressão "o juiz cumpre e acaba o oficio jurisdicional" do artigo 463 do CPC.[34] Arriscamo-nos a dizer que, mais do que nunca, é aqui reconhecido que o grande desafio da jurisdição, qual seja, "impor no mundo dos fatos os preceitos abstratamente formulados no mundo do direito",[35] *inicia-se*, e não *acaba*, quando da publicação da sentença. Tal idéia é consentânea com a inclusão da execução, ou da efetivação prática das decisões judiciais, no conceito moderno de jurisdição. Para Becerra Bautista, "la jurisdicción implica la aplicación de los medios de coacción para poder restablecer la vigencia de la norma abstracta, violada o desconocida por la parte que ha sido condenada en el juicio".[36]

---

[33] Em relação aos deveres de não-fazer, obviamente não havia que se falar em processo de execução autônomo. Processo autônomo ter-se-ia, somente, na execução de um *desfazer* (em nada diferente de um *facere*), decorrente do descumprimento dos deveres de abstenção.

[34] Hoje, está assim redigido o *caput* do artigo 463: "Ao publicar a sentença de mérito, o juiz cumpre e acaba o ofício jurisdicional, só podendo alterá-la:" O Projeto de Lei n° 3.253/04 prevê, em seu artigo 1°, a mudança da redação do *caput* do artigo 463 para "Publicada a sentença, o juiz só poderá alterá-la."

[35] CARNEIRO, Athos Gusmão. *Sugestões para uma nova sistemática da execução.* Revista de Processo n° 102, p. 140.

[36] BAUTISTA, Jose Becerra. *El Proceso Civil en Mexico.* México: Porruá, 1965. 2ª edição, p. 286-287.

No entanto, é de se indagar se a mera transposição da atividade executiva para dentro do processo de conhecimento determinará, por si só, o reconhecimento de técnicas de tutela mandamental ou executiva, ou se a combalida técnica condenatória ainda encontra, no projeto de lei em comento, o seu espaço.

Não é nosso objetivo, aqui, desvendar um tema que tem sido objeto de grande discussão no meio jurídico, qual seja, o problema da eficácia da sentença. Sobre o mesmo, brilhantes ensaios têm sido produzidos,[37] há bastante tempo, sem que se tenha conquistado um consenso sobre a matéria. Tentaremos, apenas, descobrir o lugar da sentença referente ao dever de pagar quantia, dentro dos tradicionais modelos de classificação segundo a sua carga de eficácia.

Embora encontre, ainda, alguma resistência na doutrina processual atual,[38] a classificação quinária das sentenças segundo a sua eficácia, proposta por Pontes de Miranda,[39] parece melhor descrever as diferentes espécies de tutela jurisdicional (ou, com maior precisão terminológica, de técnica de tutela jurisdicional[40]). Temos, assim, ao lado das tradicionais eficácias declaratória, constitutiva e condenatória, as eficácias mandamental e executiva. Passaremos, assim, a descrevê-las brevemente, para, após, definirmos qual a carga de eficácia preponderante da sentença prevista no artigo 475-J do projeto de lei em comento.

Iniciando-se pela sentença declarativa, Pontes de Miranda afirmava ser a mesma "a prestação jurisdicional que se entrega a quem pediu a tutela jurídica sem querer 'exigir'. No fundo, protege-se o direito ou a pretensão somente, ou o interesse em que alguma relação jurídica não exista, (...)". A definição encontra-se presente em trabalhos recentes, como o de Luiz Fux, que acrescenta àquela, ainda, o elemento *certeza jurídica*: "As sentenças declaratórias afirmam a existência ou inexistência de uma relação jurídica como objeto principal ou incidental de um processo. Com essa

---

[37] Veja-se, por exemplo: TESHEINER, José Maria Rosa. *O problema da classificação da sentença por seus efeitos. In* Revista da Consultoria Geral do Estado, Porto Alegre, (14): 41-80, 1976; ALVARO DE OLIVEIRA, Carlos Alberto *O problema da eficácia da sentença.* Revista de Processo nº 112, p. 9-22.; BARBOSA MOREIRA, José Carlos. *"Conteúdo e efeitos da sentença – variações sobre o tema". In* Revista da AJURIS, Vol. 35, p.204/212 e *Questões velhas e novas em matéria de classificação das sentenças. In* Revista Dialética de Direito Processual nº 7, p. 26-38.

[38] CÂNDIDO RANGEL DINAMARCO, na 4ª edição de sua obra-prima, *Instituições de Direito Processual Civil* (São Paulo: Malheiros, 2003, V. III), não reconhece as sentenças mandamentais e executivas como categorias autônomas, inserindo-as dentro do gênero "tutela jurisdicional condenatória", p. 229/246. O mesmo faz HUMBERTO THEODORO JÚNIOR, em seu *Curso de Direito Processual Civil.* (Rio de Janeiro: Forense, 2004, 41ª edição, p. 476).

[39] PONTES DE MIRANDA, Francisco Cavalcanti. *Tratado das ações.* 2ª edição. São Paulo: Revista dos Tribunais, 1972, T. I.

[40] MARINONI, Luiz Guilherme. *Tutela Específica: arts. 461, CPC e 84, CDC.* São Paulo: Revista dos Tribunais, 2001, p. 63.

essência, as sentenças declaratórias conferem a *certeza jurídica* almejada pela parte através da decisão judicial".[41]

A declaração basta por si mesma, e independe de atos complementares do réu ou do Juízo em face deste, quiçá de um processo complementar tal qual o executivo, para que a tutela final pretendida pelo autor seja alcançada.

Já a constitutividade, diferentemente da declaração, "muda em algum ponto, por mínimo que seja, o mundo jurídico".[42] Para Ovídio A. Baptista da Silva, "por meio das ações constitutivas,[43] busca-se a formação, a modificação ou a extinção de uma relação jurídica".[44] Não obstante as diferenças em relação ao efeito declarativo, também o efeito constitutivo satisfaz plenamente o autor, sendo que para a mudança no *mundo jurídico* não se mostram necessários atos complementares do Juízo ou do réu.

É possível, assim, descartar as eficácias declaratória e constitutiva para descrever os efeitos da sentença que, *segundo o artigo 475-J,* "condena" o devedor ao pagamento de quantia certa. Ora, a satisfação do autor, longe de se dar com a mera prolação da sentença, dependerá, sim, de atos subseqüentes, sejam eles do próprio réu (pagamento) ou do Juízo (execução por sub-rogação).

Podemos, no entanto, qualificar a sentença de *condenatória*, pela simples menção que o projeto faz a tal eficácia?

Condenar, na lição de Pontes de Miranda, é reprovar, é "ordenar que sofra. Entra, além do *enunciado de fato, o de valor.* [...] A eficácia executiva das sentenças de condenação é só *efeito*, não é *força*. Por isso não lhe é inerente, essencial".[45] Essa definição repercute até hoje, sendo que Araken de Assis a reverbera, afirmando que, na condenação, "o juiz reprova o réu e ordena que sofra a execução".[46]

---

[41] FUX, Luiz. *Curso de direito processual civil.* Rio de Janeiro: Forense, 2001, p. 687.

[42] PONTES DE MIRANDA, Francisco Cavalcanti. *Tratado das ações.* 2ª ed. São Paulo: Revista dos Tribunais, 1972, T. I, p. 203.

[43] Note-se que é apenas aparente a controvérsia entre OVÍDIO BAPTISTA DA SILVA e PONTES DE MIRANDA. Ao afirmar que *tanto faz classificarem-se as sentenças (de procedência) quanto classificarem-se as ações de direito material* (Ob. Cit, p.340), o mestre gaúcho aparentemente contradiz o alagoano, que nega relação necessária entre os pesos eficaciais da ação de direito material e da sentença (Ob. Cit, p.126). Este aparente dissídio somente ocorre porque PONTES DE MIRANDA trabalha com a hipótese de sentença de improcedência, o que, por OVÍDIO BAPTISTA DA SILVA, foi descartado ao aduzir o termo *sentenças de procedência.* Para ambos, no entanto, se a sentença for de cognição completa e de procedência, a eficácia da mesma será equivalente à eficácia da ação, até mesmo pelo chamado princípio da congruência entre o pedido e a sentença.

[44] SILVA, Ovídio Araújo Baptista da. *Curso de processo civil (processo de conhecimento).* 2ª ed. Porto Alegre: Fabris, 1991. V. 1, p. 140.

[45] PONTES DE MIRANDA, Francisco Cavalcanti. *Tratado das ações.* 2ª edição. São Paulo: Revista dos Tribunais, 1972, T. I., p. 209/210.

[46] ASSIS, Araken de. *Sobre a execução civil (Réplica a Tesheiner).* Revista de Processo V. 102, p.10.

No entanto, bem percebendo as peculiaridades do fenômeno da *condenação,* Tesheiner critica a definição de Pontes de Miranda, afirmando, corretamente, que a condenação não constitui *ordem* para que o réu sofra a execução, mas tão-somente *autorização* para que o autor promova a execução.[47] Sequer há que se falar em exortação para o pagamento: "Jamais me ensinaram, nem jamais ensinei, nem ensino, que a sentença condenatória contém exortação ao comandado. Ela constitui, sim, o título executivo; é constitutiva do poder de executar".[48]

Afirma ainda que, pela definição de Araken de Assis, a sentença condenatória confundir-se-ia com a mandamental e com a executiva, visto que as duas primeiras autorizariam a execução, e as duas últimas possibilitariam a execução no mesmo processo em que foram proferidas.[49]

Assiste inteira razão a Tesheiner. A sentença condenatória é ato mediato, fica a meio caminho da satisfação do autor e, como lembra Carlos Alberto Alvaro de Oliveira, "não contém ordem de cumprimento da prestação, mas somente juízo de reprovação", sendo que "o descumprimento não está sujeito a qualquer sanção penal ou civil",[50] demandando, na sistemática atual, um processo autônomo de execução para a satisfação do autor.[51]

A sentença condenatória "é a que, além de afirmar devida pelo réu uma prestação (elemento declaratório da sentença), cria, para o autor, o poder de sujeitá-lo à execução". Ensina Tesheiner, inspirado nas idéias de Alfredo Rocco:

> "Enquanto a sentença declaratória não produz outro efeito que a determinação de uma relação jurídica concreta, a sentença condenatória, além desse efeito, produz outro: o de constituir um título para a execução forçada da relação declarada. A diferença entre as duas espécies de sentença está, pois, em que da simples declaração não pode jamais

---

[47] TESHEINER, José Maria. *Execução Civil (Um estudo fundado nos* Comentários *de Araken de Assis).* Revista de Processo V. 102, p. 30.

[48] Comentário feito pelo professor José Maria Rosa Tesheiner em artigo publicado no seu *site*, intitulado *"O ocaso da condenação". In* www.tex.pro.br, publicado em 12.07.2004.

[49] TESHEINER, José Maria. *Execução Civil (Um estudo fundado nos* Comentários *de Araken de Assis).* Revista de Processo V. 102, p. 31.

[50] ALVARO DE OLIVEIRA, Carlos Alberto *O problema da eficácia da sentença.* Revista de Processo nº 112, p. 22. Discordamos do ilustre processualista quando o mesmo afirma conter a sentença condenatória uma exortação ao pagamento. A sentença não exorta a nada, apenas declara a existência do dever e autoriza o autor, agora credor, a promover a execução.

[51] Digno de nota é o recente estudo de OVÍDIO BAPTISTA DA SILVA, em que este nega a existência de uma ação condenatória, reafirmando, no entanto, a existência da sentença condenatória como categoria jurídica do Direito Processual Civil (SILVA, Ovídio A. Baptista da. *A ação condenatória como categoria processual.* Ensaio publicado na obra do autor, *Da sentença liminar à nulidade da sentença.* Rio de Janeiro: Forense, 2001, p. 233-251).

derivar execução forçada; ao passo que a possibilidade de sobrevir execução forçada caracteriza a sentença condenatória. Uma vez que a diferença prática substancial entre ambas se encontra em seu nexo com a execução, aí é que também se deve buscar a distinção conceitual entre elas. Se a sentença condenatória dá lugar à execução forçada e a declaratória não, isso significa que na primeira existe algum elemento que toma possível a execução e que falta na segunda. Esse elemento é a condenação".[52]

Na sentença condenatória, acrescentaríamos, há não apenas a declaração da existência de uma relação jurídica, como também um juízo de valor, colocando o autor em posição de vantagem em face do réu, decorrente do poder do primeiro em submeter este último à execução forçada por meio do órgão jurisdicional.

Já no que toca à sentença mandamental, é precisa a lição de Eduardo Talamini: "o provimento mandamental (...) é efetivado por meios de pressão psicológica, para que o próprio réu, por conduta própria, cumpra a ordem que lhe foi dada".[53] Realmente, em se tratando de provimentos mandamentais, mesmo que o réu não cumpra a ordem imposta judicialmente, são inegáveis os efeitos que a mesma produz, sujeitando aquele, uma vez recalcitrante, a sanções cíveis, processuais e até criminais. Aliás, antes mesmo de ser verificada a recalcitrância do réu, este já está sob os efeitos de invasão em sua esfera jurídica, influenciada que está a sua vontade pelo mero recebimento de intimação. Assim, a sentença mandamental traz em si ordem para o demandado, bem como sanções pelo seu descumprimento. Prescinde, assim, de um processo autônomo de execução.

Tal processo autônomo é, também, dispensado pela sentença executiva, última categoria a ser, aqui, analisada. Esta permite que o Estado (juiz) atue de forma a substituir a vontade do réu, no mesmo processo em que é proferida, através de meios sub-rogatórios que, segundo Ada Pellegrini Grinover, são "as medidas que, sem depender da colaboração do devedor, podem levar ao resultado prático desejado".[54] Como expõe Paulo Henrique dos Santos Lucon, o juiz emite um comando ordenando a reali-

---

[52] TESHEINER, José Maria Rosa. *Elementos para uma teoria geral do processo.* Texto disponível em www.tex.pro.br, acesso em 21.7.2004.

[53] TALAMINI, Eduardo. *Tutela relativa aos deveres de fazer e de não fazer: CPC, art. 461; CDC, art. 84.* São Paulo: Revista dos Tribunais, 2001, p.205.

[54] *Apud* THEODORO JÚNIOR, Humberto. Tutela Específica das Obrigações de Fazer e Não Fazer. Revista de Processo nº 105, janeiro-março 2002, p. 24. MARINONI distingue o meio sub-rogatório do que chama de coerção direta. Atos de sub-rogação seriam aqueles praticados por terceiros, para obter o *facere* almejado. A coerção direta seria a atuação de um auxiliar do juízo (MARINONI, Luiz Guilherme. *Tutela Específica: arts. 461, CPC e 84, CDC.* São Paulo: Editora Revista dos Tribunais, 2001, p. 77-78). No conceito de Ada Pellegrini Grinover, citado por Humberto Theodoro Júnior, não se vislumbra tal distinção.

zação de atos práticos e materiais a serem executados de imediato por *auxiliares do poder judiciário.*[55]

Partindo, pois, das definições empregadas às sentenças condenatórias, mandamentais e executivas, poderíamos afirmar que a sentença do artigo 475-J é, efetivamente, condenatória?

Muito embora tenha sido eliminada a necessidade de um processo de execução autônomo para a sentença em referência, não vemos como afastar por completo o caráter *mediato* da mesma, dado que, como deixa bastante claro o dispositivo em referência, será necessário ainda *requerimento* do credor para a expedição de mandado de penhora e avaliação. Remanesce, portanto, a *disponibilidade* do autor quanto aos atos posteriores à prolação da sentença e, portanto, o mediatismo característico da tutela condenatória, em oposição ao imediatismo das tutelas mandamental e executiva, tal como descrevemos em outra oportunidade:

> "Na sentença condenatória, resta evidenciada a total disponibilidade das partes quanto aos atos ulteriores à sua prolação. Findo o processo de conhecimento, e querendo o autor, poderá dispor o mesmo da execução independentemente da condenação e da ação principal, que ficará *estacionada.* O mesmo vale para o réu em relação ao procedimento do artigo 570 do Código de Processo Civil Brasileiro. Na sentença mandamental, esta disponibilidade encerrou-se quando do ajuizamento da ação. Só não será cumprido o mandamento se o autor desistir da ação ou renunciar ao direito nela discutido. Deixando-a *viva*, o impulso inicial será suficiente para que o Estado ordene e faça cumprir sua ordem, no mesmo processo em que a mesma foi proferida (como visto, é o que ocorre com a nova sistemática das ações previstas nos artigos 461 e 461-A do CPC)".[56]

Note-se, no entanto, que, muito embora seja necessário um requerimento do credor para que se inicie o *procedimento* executivo, há, *em momento anterior*, um elemento estranho à tutela puramente condenatória. Referimo-nos à multa de dez por cento, aplicada ao devedor que deixa de pagar, no prazo de quinze dias, o montante determinado na sentença.

Trata-se de uma técnica de tutela coercitiva, não temos dúvida, pois consistente em ameaça ao patrimônio do devedor, que se faz no plano psicológico. Quando conceituamos as *astreintes,* afirmamos que as mesmas "constituem técnica de tutela coercitiva e acessória, que visa a pressionar o réu para que o mesmo cumpra mandamento judicial, pressão esta

---

[55] LUCON, Paulo Henrique dos Santos. *Eficácia das decisões e execução provisória.* São Paulo: Revista dos Tribunais, 2000, p. 161.

[56] AMARAL, Guilherme Rizzo. *As astreintes e o processo civil brasileiro.* Porto Alegre: Livraria do Advogado, 2004, p. 77-78.

exercida através de ameaça ao seu patrimônio, consubstanciada em multa periódica a incidir em caso de descumprimento".[57]

A diferença, aqui, está no fato de que a multa prevista no artigo 475-J é fixa – nem mais, nem menos do que dez por cento sobre o montante devido – e não está atrelada, exatamente, a um *mandamento judicial*, pois não conseguimos encontrar, em nenhum momento, qualquer menção a *ordem* para o pagamento na sistemática legislativa proposta.

De qualquer forma, a sentença prevista no projeto de lei em referência não guarda total identidade com a tradicional sentença condenatória, pois, se é *mediata* no sentido de obter a satisfação do credor (demanda requerimento deste para instauração do procedimento executivo), possui *imediato* conteúdo coercitivo, consubstanciado na multa – tímida e limitada, é bem verdade – aplicável ao devedor que permanece inadimplente.

Como já lembrava Pontes de Miranda, "não há nenhuma ação, nenhuma sentença, que seja pura. Nenhuma é somente declarativa. Nenhuma é somente constitutiva. Nenhuma é somente condenatória. Nenhuma é somente mandamental. Nenhuma é somente executiva. (...) A ação somente é declaratória porque sua eficácia maior é a de declarar (...) A ação somente é constitutiva porque sua carga maior é a de constitutividade".[58]

Aqui, tal lição mostra-se relevante. Ainda há, na sentença de que trata o artigo 475-J, conteúdo condenatório prevalecente, consubstanciado no juízo de reprovação e no seu caráter mediato, dependente de nova iniciativa do credor para obter sua satisfação. Entretanto, há, ao menos, técnica de tutela típica da sentença mandamental. Vale dizer: há, agora, a *exortação ao pagamento,* que muitos, equivocadamente, atribuíam e atribuem como característica da condenação tradicional.

Ora, se "o mandamento atua sobre a vontade do obrigado, por meios de coerção",[59] mesmo que não haja menção expressa à *ordem* judicial, a coerção do devedor pela ameaça da multa é evidente, não podendo ser desconsiderado este elemento quando da análise da sentença do artigo 475-J. Aliás, Marinoni já afirmara não ser a *ordem* a característica fundamental da sentença mandamental, mas, sim, o meio de coerção:

> "Uma sentença não é mandamental apenas porque manda, ou ordena mediante mandado. A sentença que 'ordena', e que pode dar origem a um mandado, mas não pode ser executada mediante meios de coerção

---

[57] AMARAL, Guilherme Rizzo. *As astreintes e o processo civil brasileiro.* Porto Alegre: Livraria do Advogado, 2004, p. 85.

[58] PONTES DE MIRANDA, Francisco Cavalcanti. *Tratado das ações.* 2ª edição. São Paulo: Revista dos Tribunais, 1972, T. I, p.124.

[59] ALVARO DE OLIVEIRA, Carlos Alberto *O problema da eficácia da sentença.* Revista de Processo nº 112, p. 22.

suficientes, não pode ser classificada como mandamental. A mandamentalidade não está na ordem, ou no mandado, mas na ordem conjugada à força que se empresta à sentença, admitindo-se o uso de medidas de coerção para forçar o devedor a adimplir. Só há sentido na ordem quando ela empresa força coercitiva; caso contrário, a ordem é mera declaração".[60]

Já o efeito executivo só se dará, como vimos, de forma *mediata*, após a provocação do credor. Pode-se falar, aqui, em eficácia executiva *contida*, ou *condicionada*, pois depende da iniciativa do credor para a sua atuação. O fenômeno é um pouco distinto do que se chamava de *efeito executivo da condenação,*[61] pois este se consubstanciava na possibilidade de a condenação, por meio de um *processo* futuro (de execução), atuar sobre o patrimônio do devedor. Aqui, o efeito executivo é mais latente, pois se encontra apenas em estado de inércia, aguardando o impulso da parte interessada para atuar, no mesmo processo.

Concluímos, assim, que a sentença de que trata o artigo 475-J pode ainda ser designada de "sentença condenatória", muito embora agregue, ainda que de forma limitada, técnica de tutela típica da sentença mandamental (multa), e concentre um efeito executivo em estado de inércia. Para tanto, devemos admitir que não é a *autonomia* da execução (leia-se, um processo autônomo de execução) que se segue à condenação, uma nota essencial desta última, mas, sim, o caráter *mediato* dos atos executivos, dependentes de requerimento do autor (credor), após o juízo de reprovação da sentença condenatória e manutenção do estado de inadimplemento do réu (devedor).

4. A inadequação da adoção exclusiva da técnica de tutela condenatória para os deveres de pagar quantia

Como bem se vê, o projeto não previu a adoção das técnicas de tutela mandamental e executiva para as sentenças referentes ao dever de pagar quantia com a mesma intensidade que o fez para as referentes aos deveres de fazer, não-fazer e entrega de coisa. Isto porque, para o cumprimento dos deveres de pagar quantia, não estará o juiz autorizado a fixar multa periódica por tempo de atraso, e nem determinar as medidas necessárias para a efetivação da tutela específica ou a obtenção do resultado prático

---

[60] MARINONI, Luiz Guilherme. *Tutela inibitória. Individual e coletiva.* São Paulo: Revista dos Tribunais, 1998, p. 356.

[61] ALVARO DE OLIVEIRA, Carlos Alberto *O problema da eficácia da sentença.* Revista de Processo nº 112, p. 22.

equivalente. Ficará limitado a reprovar o réu na sentença, reconhecer a incidência da multa de 10% em caso de manutenção do inadimplemento e, a requerimento do credor, iniciar o procedimento executivo com a expropriação de bens do executado.

Terá sido adequada a opção da comissão reformadora?

Cada vez mais, nos convencemos do acerto de Carlos Alberto Alvaro de Oliveira, ao afirmar que "a eficácia se apresenta apenas como uma forma da tutela jurisdicional, outorgada a quem tenha razão".[62] A forma adequada de tutela jurisdicional deve atender, essencialmente, "aos princípios da efetividade e da segurança". Esses princípios informadores, segundo o eminente professor titular da Universidade Federal do Rio Grande do Sul, "é que determinam, de envoltas com as especificidades jurídicas de cada ordenamento, as espécies possíveis de tutela jurisdicional *in abstracto*".[63] Aliás, tal entendimento não destoa, em nosso sentir, do raciocínio empreendido por Marinoni para definir as eficácias condenatória, declaratória, constitutiva, mandamental e executiva como *técnicas de tutela jurisdicional.*[64]

Assim, a forma adequada de tutela jurisdicional, ou melhor, de técnica de tutela jurisdicional, não deve ser, e não é, aliás, ditada pelo direito material. É, sim, fruto da ponderação entre os princípios da efetividade e da segurança, levando sempre em conta os limites traçados na legislação processual. Ora, se o código determina que o dever de pagar quantia deva ser tutelado por meio de uma técnica condenatória, isso não se dá pela natureza da obrigação em si, mas por uma opção legislativa.[65] É evidente que essa opção estará calcada nas "diferentes necessidades do direito substancial",[66] mas não será este que determinará, de forma rígida, as técnicas de tutela adequadas. Essa é uma tarefa do legislador instrumental e, quando o mesmo apresentar diferentes espécies possíveis de técnicas de tutela para a mesma situação de direito material – o que, como estamos a

---

[62] ALVARO DE OLIVEIRA, Carlos Alberto. *O problema da eficácia da sentença.* Revista de Processo nº 112, p. 18.

[63] Idem, p. 19.

[64] MARINONI, Luiz Guilherme. *Tutela Específica: arts. 461, CPC e 84, CDC.* São Paulo: Editora Revista dos Tribunais, 2001, p. 63.

[65] Neste sentido, já apontava ZAVASCKI: "Reafirma-se, portanto, que a autonomia do processo de execução não é absoluta, nem decorre de uma imposição de natureza científica. Depende, na verdade, de opção política do legislador, que, atento para a natureza instrumental do processo, deve dotá-lo de formas e procedimentos adequados ao fim a que se destina: a realização segura, célere e efetiva do direito material" (ZAVASCKI, Teori Albino. *Comentários ao Código de Processo Civil.* São Paulo: Revista dos Tribunais, 2000. V. 8, p. 44). No mesmo sentido, veja-se o que referiu José Maria Rosa Tesheiner: "Na verdade, a execução, como processo autônomo, não decorre da natureza das coisas. Trata-se de uma opção legislativa, fundada em critérios de conveniência e oportunidade". (*in* "o ocaso da condenação", publicado em www.tex.pro.br. Acesso em 16 de julho de 2004).

[66] MARINONI, Luiz Guilherme. Ob. cit., p. 63.

tentar demonstrar, mostra-se recomendável –, será do juiz a responsabilidade de adotar, separada ou conjuntamente, os meios necessários à realização da tutela jurisdicional, em cada caso concreto.

Por uma lado, busca-se justificar a opção pela tutela condenatória, dado que o *cumprimento* do dever de pagar quantia depende da existência efetiva de patrimônio para o devedor, ou seja, inócuo (e até injusto) seria ordenar o cumprimento mediante multa diária, ou determinar medidas de sub-rogação, em não havendo patrimônio penhorável do demandado. Tal situação agrava-se pela rigidez das regras contidas no artigo 649 do CPC e na Lei 8.009/90 (Bem de Família), que reduzem ainda mais o escopo patrimonial atingível pela execução.

Por outro lado, é inegável que o devedor, no direito processual brasileiro, recebe tratamento privilegiado, pois, mesmo quando possui plenas capacidades de satisfazer a execução por quantia certa, tem a opção de utilizar-se de um sistema processual emperrado e burocrático para administrar suas dívidas, a baixíssimo custo (juros de 1% ao mês[67] e correção monetária), ficando o credor muitas vezes à mercê do custo que o dinheiro encontra no mercado financeiro.[68] Pouco acrescentará, neste sentido, uma multa fixa de 10% para o réu inadimplente, até mesmo porque, em contrapartida, não terá de arcar com honorários advocatícios fixados em processo autônomo de execução (honorários para pronto pagamento) ou em embargos do devedor.

O que sobressai dos argumentos esposados, é algo que o legislador havia percebido na Lei 10.444/02, e que parece ter, aqui, esquecido: é o engessamento das técnicas de tutela que contribui para a injustiça e debilidade do processo, seja para o autor, seja para o réu. Predeterminar um *programa* processual, por meio do qual se espera seja realizado o direito

---

[67] Discute-se se o artigo 406 do novo Código Civil determina a fixação de juros com base na taxa SELIC (conforme a Lei 10.522/02), ou em 1% ao mês, nos termos do artigo 161, § 1º do Código Tributário Nacional. Esta última hipótese foi a conclusão a que chegou o Centro de Estudos Judiciários do Conselho de Justiça Federal, manifestada no Enunciado 20: "a taxa de juros moratórios a que se refere o art. 406 é a do art. 161, § 1º, do Código Tributário Nacional, ou seja, 1% (um por cento) ao mês." Sobre o tema, escrevemos em *Ensaio acerca do impacto do Novo Código Civil sobre os processos pendentes*, publicado na Revista da AJURIS, nº 90, Ano XXX, Junho de 2003.

[68] MARINONI, em sua mais recente obra, afirma com propriedade: "Ora, como é pouco mais do que óbvio, *o simples fato de o infrator poder trabalhar com o dinheiro durante o tempo de demora – que não é pequeno – da execução por expropriação somente pode lhe trazer benefício, com igual prejuízo ao lesado.*" (MARINONI, Luiz Guilherme. *Técnica processual e tutela dos direitos*. São Paulo: Revista dos Tribunais, 2004, p. 625). Neste mesmo livro, o professor paranaense desenvolve importantes considerações acerca da efetividade da tutela pecuniária, propondo a adoção das *astreintes*, e citando acórdão do Tribunal de Justiça do Estado do Rio Grande do Sul (Ação Rescisória nº 599263183), onde se vislumbrou a possibilidade *atual* de utilização de tal técnica de tutela. Não encontramos, no entanto, espaço para a mesma dentro do atual sistema processual, a não ser por meio de mudança expressa no texto legal.

material postulado, significa algemar o juiz e torná-lo mero espectador ou fiscalizador do funcionamento débil do aparato processual.

Ovídio Baptista da Silva, em prefácio de notável monografia intitulada "Jurisdição, Condenação e Tutela Jurisdicional", afirmou ser a condenação civil "a ponta de um enorme *iceberg,* que nos mantém servidores dóceis de um sistema cujo anacronismo se torna cada vez mais insuportável".[69] Diríamos que o problema não está na condenação, mas, sim, no atrelamento absoluto dos deveres de pagar quantia à técnica de tutela condenatória.

Sobressai, no projeto de lei em comento, a timidez do legislador, que ficou a meio caminho entre a tutela condenatória tradicional e a tutela mandamental, ao prever a aplicação de multa de 10% ao réu recalcitrante. Essa multa poderá ser manifestamente insuficiente, nos casos em que o demandado possui suficiente patrimônio para saldar o débito, e opta por investi-lo e apostar na demora processual. Poderá, todavia, revelar-se injusta, se implicar ampliação do débito do réu que, insolvente, nada pode fazer. O juiz, entretanto, não poderá optar entre uma solução justa e outra injusta: deverá seguir o *programa legal*!

Teria se saído bastante melhor a comissão reformadora, se tivesse permitido ao juiz a adoção de variadas técnicas de tutela, de acordo com as circunstâncias do caso concreto, à semelhança do louvável § 5º do artigo 461 do CPC,[70] salutar regra processual trazida pelas recentes reformas. É evidente o descabimento de multa diária para coagir réu insolvente ao pagamento de quantia, mas, se é dado ao réu provar a impossibilidade de uma obrigação de fazer para ver afastadas as *astreintes*, a mesma possibilidade se lhe abriria para evitar, na impossibilidade econômica de saldar sua dívida, a incidência da multa. Portanto, caso a caso, a técnica de tutela adequada poderia ser aplicada pelo magistrado, se liberdade lhe fosse dada pelo legislador para tanto.

Poderia também o legislador, por exemplo, ter proposto a relativização da regra do artigo 649, IV, permitindo, a exemplo do que ocorre no

---

69 MACHADO, Fábio Cardoso. *Jurisdição, Condenação e Tutela Jurisdicional.* Rio de Janeiro: Lumen Juris, 2004, p. XV.

70 Art. 461. Na ação que tenha por objeto o cumprimento de obrigação de fazer ou não fazer, o juiz concederá a tutela específica da obrigação ou, se procedente o pedido, determinará providências que assegurem o resultado prático equivalente ao do adimplemento. (Redação dada pela Lei nº 8.952, de 13.12.1994)

(...)

§ 5º Para a efetivação da tutela específica ou a obtenção do resultado prático equivalente, poderá o juiz, de ofício ou a requerimento, determinar as medidas necessárias, tais como a imposição de multa por tempo de atraso, busca e apreensão, remoção de pessoas e coisas, desfazimento de obras e impedimento de atividade nociva, se necessário com requisição de força policial. (Redação dada pela Lei nº 10.444, de 7.5.2002)

direito norte-americano,[71] o desconto em folha de, pelo menos, 25% dos salários ou vencimentos do devedor.

Isto para não se falar, aqui, em *execução imediata da sentença*, tema que tem sido tão bem abordado por Luiz Guilherme Marinoni.[72]

Não sejamos, no entanto, demasiadamente críticos da reforma. Ela tem seus méritos, é de se reconhecer. A ausência de efeito suspensivo na *impugnação*, que substitui os embargos do devedor, a dispensa de caução na execução provisória, quando da pendência de agravo de instrumento aos Tribunais Superiores (poderia, é bem verdade, ter sido a mesma dispensada já na pendência dos Recursos Especial e Extraordinário), são medidas que, sem dúvida, trarão maior celeridade aos feitos processuais.

Anuncia-se, ainda, em futuro projeto a ser encaminhado ao Congresso Nacional, importante mudança no processo de execução de títulos executivos extrajudiciais, aplicável também ao procedimento de execução por quantia certa, qual seja, a inversão da ordem entre arrematação e adjudicação. Esta, passará a ser a primeira opção do credor, seguida da alienação por iniciativa particular, deixando como última alternativa, assim, a longa e custosa hasta pública.[73] Enfim, os esforços legislativos prosseguem, na busca de um processo mais efetivo e justo.

---

[71] Como noticiam Jack H. Friedenthal, Mary Kay Kane e Arthur R. Miller, é possível a dedução de valores dos vencimentos do executado, à discrição da Corte. Tem o executado a oportunidade de demonstrar as razoáveis necessidades suas e de sua família, que ficam preservadas do desconto. Tal desconto pode se dar periodicamente, de forma que o credor receba parceladamente seu crédito. Alguns legislativos estaduais limitaram a discrição das Cortes quanto ao valor a ser descontado dos vencimentos do executado, e o Congresso legislou no sentido de que nenhuma Corte – estadual ou federal – pode determinar desconto maior do que 25% do valor líquido que o devedor recebe mensalmente ou 30 vezes o valor mínimo da hora trabalhada (prevalece o maior valor). (FRIEDENTHAL, Jack H., KAYNE, Mary Kay; MILLER, Arthur R. *Civil Procedure*. 3ª ed. St. Paul, Minnesota: West Group/Hornbook Series, 1999, p. 729).

[72] MARINONI, Luiz Guilherme. *Tutela antecipatória e julgamento antecipado, parte incontroversa da demanda*. 5ª ed. rev, atual. e ampl. São Paulo: Revista dos Tribunais, 2002. Estamos, de certa forma, caminhando para a execução imediata da sentença, tendo sido recentemente aprovado, na Câmara dos Deputados, e remetido ao Senado, o Projeto de Lei 3.605/04, que modifica a redação do artigo 520 do CPC, retirando da apelação seu efeito suspensivo, e autorizando-o apenas em casos de "dano irreparável à parte". Eis a redação proposta: "Art. 520. A apelação terá somente efeito devolutivo, podendo o Juiz dar-lhe efeito suspensivo para evitar dano irreparável à parte."

[73] Segundo ATHOS GUSMÃO CARNEIRO, "quanto aos *meios executórios*, vem sugerida relevante mudança. A alienação em hasta pública, formalista, onerosa e demorada, é sabidamente a maneira menos eficaz de alcançar um justo preço para o bem expropriado. Propõe-se, assim, como meio expropriatório preferencial, a *adjudicação* ao credor, por preço não inferior ao da avaliação. (...) não pretendendo adjudicar o bem penhorado, o credor poderá solicitar sua *alienação por iniciativa particular*, sob a supervisão do juiz; (...) somente em último caso far-se-á a alienação em *hasta pública*, simplificados seus trâmites e permitido o pagamento parcelado do preço do bem imóvel, mediante garantia hipotecária; (...)" (CARNEIRO, Athos Gusmão. *Sugestões para uma nova sistemática da execução*. Revista de Processo nº 102, p. 141)

O que não devemos fazer é fechar os olhos para o que ainda pode ser feito, em matéria de efetividade processual, nas reformas vindouras. Infelizmente, no Projeto de Lei 3.253/04, manteve-se uma sistemática demasiadamente rígida para o cumprimento das sentenças referentes a deveres de pagar quantia, ainda atrelada, como visto, à técnica de tutela condenatória, muito embora com alguns facilitadores procedimentais que, se não resolvem integralmente os problemas existentes, ao menos os atenuam.

5. Conclusões

Mesmo antes de sua promulgação – aliás, provável, seguindo-se a tendência verificada nas reformas precedentes – o referido projeto já recebeu toda a sorte de críticas em diversos sentidos, dentre elas a do aqui homenageado, professor José Maria Rosa Tesheiner, que, comentando artigo publicado no seu *site,*[74] sentenciou:

> "De um modo geral, pode-se antecipar que tais objetivos não serão atingidos, porque o drama das execuções por quantia certa não decorre da exigência de uma nova citação, para a execução, mas da inexistência de bens penhoráveis, sobretudo depois da Lei Sarney.
> Pode-se apontar, na proposta, um erro psicológico. No sistema atual, o autor é obrigado a buscar, inicialmente, apenas a condenação do réu. Obtendo-a, estará satisfeita sua pretensão. Para a execução, precisa intentar uma nova ação. Seu advogado ou conselheiro pode então adverti-lo de que, não havendo bens penhoráveis, perderá seu tempo. Dando-se mais um passo, poder-se-ia até mesmo condicionar a propositura de ação de execução à indicação de bens penhoráveis.
> No sistema proposto, pelo contrário, a pretensão do autor não se limitará à condenação. A ação será proposta, não para o fim processual da condenação, mas para a satisfação de seu direito de crédito. Logicamente, o autor não terá sua pretensão satisfeita, sempre que não lograr obter, efetivamente, o seu crédito.
> Em outras palavras, haverá, no sistema proposto, uma promessa de prestação jurisdicional que o Estado não poderá cumprir".

Contrasta com tal posicionamento, aquele esposado por Cassio Scarpinella Bueno:

> "O Anteprojeto que propõe radicais modificações no 'processo de execução' e no 'cumprimento da sentença condenatória'. Ora em fase de

---

[74] TESHEINER, José Maria Rosa. *Sobre a autonomia do processo de execução.* www.tex.pro.br, edição de 23.09.2003. Acesso em 16.7.2004.

discussão final, representa, de outra parte, um enorme avanço em prol da efetividade da jurisdição".[75]

Logo se vê que, longe de constituir consenso na doutrina processual, essa reforma, que sequer foi implementada, já desencadeia uma série de questionamentos, o que nos motivou ainda mais a conceber este pequeno ensaio e apresentá-lo à crítica dos leitores.

Ao final, podemos resumir assim nossas conclusões:

1. A reforma implementada pelo Projeto de Lei nº 3.253/04 representa a continuação de um movimento de adaptação do Código de Processo Civil de 1973 às demandas constitucionais e às necessidades da sociedade brasileira moderna.

2. Como principais mudanças no tocante ao cumprimento de sentença referente ao dever de pagar quantia, prevê o projeto de lei em comento a fusão do processo de conhecimento e execução (extinção do segundo, com o surgimento de um *procedimento* de execução, dentro do processo de conhecimento), e a substituição dos embargos do devedor pela *impugnação*, esta, *de regra*, sem o condão de suspender a execução. Remanescerá um processo de execução autônomo apenas para títulos executivos extrajudiciais, quebrando-se, definitivamente, a *unidade do processo de execução,* pregada por Alfredo Buzaid na exposição de motivos do Código de Processo Civil Brasileiro de 1973.

3. Salvo a vedação constitucional de prisão por dívida (artigo 5º, LXVII, da Constituição Federal), não há técnica de tutela que, *a priori*, possa ser descartada para os deveres de pagar quantia.

4. A técnica de tutela jurisdicional não é ditada pelo direito material. É, sim, fruto da ponderação entre os princípios da efetividade e da segurança, levando sempre em conta os limites traçados na legislação processual.

5. É o engessamento das técnicas de tutela que contribui para a injustiça e debilidade do processo, seja para o autor, seja para o réu. Predeterminar um *programa* processual, pelo qual se espera seja realizado o direito material postulado, significa algemar o juiz e torná-lo mero espectador ou fiscalizador do funcionamento débil do aparato processual.

6. O projeto não previu a adoção das técnicas de tutela mandamental e executiva para as sentenças referentes ao dever de pagar quantia com a mesma intensidade que o fez para as referentes aos deveres de fazer, não-fazer e entrega de coisa

---

[75] BUENO, Cassio Scarpinella. *Ensaio sobre o cumprimento das sentenças condenatórias.* Revista de Processo nº 113, p. 63.

7. Embora não guarde total identidade com a *tradicional* sentença condenatória, a sentença de que trata o artigo 475-J do Projeto de Lei nº 3.253/04 pode ainda ser designada de condenatória, muito embora agregue, ainda que de forma limitada, técnica de tutela típica da sentença mandamental (multa), e concentre um efeito executivo em estado de inércia.

8. A condenação não pressupõe um processo autônomo de execução posterior, mas, sim, o mediatismo dos atos executivos, dependentes de requerimento do autor (credor), após o juízo de reprovação da sentença condenatória e manutenção do estado de inadimplemento do réu (devedor).

9. Deveria a Comissão Reformadora do CPC ter, a exemplo do que fez na Lei 10.444/02, soltado as amarras do magistrado, permitindo-lhe a adoção de técnicas de tutela diferenciadas de acordo com as circunstâncias do caso concreto.

10. Mesmo assim, o Projeto de Lei nº 3.253/04 deverá trazer maior celeridade e efetividade no cumprimento das sentenças que condenam ao pagamento de quantia, se não resolvendo, ao menos atenuando os problemas existentes.

— 7 —

A execução provisória e a antecipação da tutela dos deveres de pagar quantia: soluções para a efetividade processual

JÚLIO CESAR GOULART LANES

1. Considerações iniciais

Ao esgotar-se a segunda etapa da reforma do Código de Processo Civil (Leis 10.352/2001, 10.358/2001 e 10.444/2002), por meio da qual se acentuou a busca da efetividade processual, passa-se a esperar a etapa final, em que merece destaque a recente aprovação do Projeto de Lei 3.253/04, que ambiciona a simplificação do processo de execução de títulos judiciais.[1]

---

[1] A Comissão de Constituição e Justiça da Câmara dos Deputados aprovou, no dia 15.06.2004, o Projeto de Lei nº 3253/04, que simplifica o processo de execução de títulos judiciais. O projeto, que agora está no Senado, altera o Código de Processo Civil e deverá reduzir o tempo de tramitação de processos que envolvam indenização por danos morais e materiais e cobrança de dívidas.

É nesse ambiente que ao operador do direito está imposta a obrigação de interpretar as normas processuais vigentes de forma a outorgar à lei instrumental sua verdadeira função: a busca e entrega célere do bem da vida a quem de direito, a prevenção de lesão à ordem jurídica e, com isto, a pacificação social com justiça. Não é em vão o entendimento de Cândido Rangel Dinamarco "A maior aproximação do processo ao direito, que é uma vigorosa tendência metodológica hoje, exige que o processo seja posto a serviço do homem, com o instrumental e as potencialidades de que dispõe, e não o homem a serviço de sua técnica".[2]

Esta maior aproximação do processo com as necessidades de atendimento imediato ao direito material – que deve-se dar não apenas com reformas legislativas mas com a adequada hermenêutica da lei instrumental vigente – nada mais é do que a concretização do direito fundamental à efetividade do processo, denominado também, segundo o hoje Ministro Teori Albino Zavascki, de *direito de acesso à justiça* ou *direito à ordem jurídica justa*, compreendendo, em suma, não apenas o direito de provocar a atuação do Estado, mas também, e principalmente, o de obter, em prazo adequado, uma decisão justa e com potencial de atuar eficazmente no plano dos fatos.[3]

Neste contexto, no entanto, é necessário atentar para a segurança jurídica, que é, também, um valor reconhecido pela ordem constitucional brasileira. Aliás, o próprio Zavascki afirma, com propriedade:

> "(...) O direito de não sofrer, no curso do processo, dano irreparável ou de difícil reparação, decorre da Constituição. É que a jurisdição, esse poder do Estado de tornar efetiva a ordem jurídica, exercido em forma monopolizada, enseja, em relação ao jurisdicionado, duas ordens de conseqüência: o dever de submissão e o dever de fazê-la atuar (direito de ação). (...) Em outras palavras: se, por força da Constituição, têm os litigantes o dever de submissão às vias processuais estabelecidas, também por força constitucional têm eles o direito de não sofrer danos irreparáveis no curso do processo, enquanto não esgotados os meios e recursos inerentes ao contraditório e à ampla defesa".[4]

Assim, é a *exacerbação injustificada* da proteção à segurança jurídica que pode comprometer a efetividade processual antes referida. Hoje, segundo abalizada opinião, tal ocorre na sistemática processual, na qual "vige o processo civil do réu, em razão dos infindáveis meios protelatórios

---

[2] DINAMARCO, Cândido Rangel. *A instrumentalidade do processo.* 10.ed. São Paulo: Malheiros, 2002, p. 365.

[3] ZAVASCKI, Teori Albino. Antecipação da tutela e colisão de direitos fundamentais. *Revista AJURIS*, v. 22, n. 64, jul. 1995, p. 399.

[4] ZAVASCKI, Teori Albino. *Antecipação da Tutela.* 2. Ed. São Paulo: Saraiva, 1999, p. 123.

de que o executado pode utilizar".[5] Trata-se de um fenômeno histórico, já há muito retratado por Calamandrei: "Uma vez iniciado o processo, o abuso clássico ou tradicional que uma ou outra parte tentará (e até inclusive ambas as partes, as duas em acordo), será o de "enrolar".[6]

Nesta confrontação dos princípios da efetividade e da segurança,[7] é que se insere nossa proposta de estudar a execução provisória e, mais especificamente, a execução provisória da antecipação de tutela dos deveres de pagar quantia, respondendo às seguintes questões: *(a)* Quais as alterações pertinentes trazidas pela segunda etapa da reforma processual (Lei 10.444/02) e da reforma em tramitação (Projeto de lei 3.253/04)? *(b)* Há que se falar em *execução provisória* da decisão antecipatória antes referida, ou estaríamos diante de mera efetivação, sem a necessidade de um processo autônomo de execução? *(c)* Caso estejamos diante da necessidade de execução autônoma, caberão nesta embargos do devedor? *(d)* Caso afirmativo, com ou sem efeito suspensivo?

E, por fim, é possível sustentar uma solução que preserve, ao mesmo tempo, a efetividade processual e a sistemática legislativa atual? Tratemos de, desde já, enfrentar essas relevantes questões.

2. Conceitos de execução provisória e execução definitiva

Apenas para fins de situar o leitor, firmando com o mesmo um acordo semântico, iremos, ainda que brevemente, traçar alguns conceitos importantes para o deslinde do tema.

O Código de Processo Civil, no artigo 587, admite que a execução possa ser definitiva ou provisória, sendo que a primeira é fundada em sentença transitada em julgado ou em título extrajudicial, enquanto a segunda tem por base sentença impugnada mediante recurso, recebido só no efeito devolutivo.

Como se vê, a simples leitura do artigo 587 do Código de Processo Civil automaticamente nos conduz ao conceito de execução provisória e, ao mesmo tempo, fixa a diferença entre esta e a execução definitiva.

Observa-se, portanto, que a execução é definitiva quando envolve título extrajudicial e sentença transitada em julgado, sendo que, por sentença, obviamente se entendem também decisões interlocutórias (ex. an-

---

[5] BEDAQUE, José Roberto dos Santos. *Direito e processo, influência do direito material sobre o processo.* 3. ed. rev. e ampl. São Paulo: Malheiros, 2003, p. 125.

[6] CALAMANDREI. Piero. *DireitoProcessual Civil.* Campinas: Bookseller, 1999, v. 3, p. 233.

[7] Sobre o tema, veja-se: ALVARO DE OLIVEIRA, Carlos Alberto. "O processo civil na perspectiva dos direitos fundamentais", publicado na *Revista de Processo* nº 113, p. 9 e segs.

tecipação da tutela) e acórdãos.[8] E, aqui, é preciso que fique claro: a execução que nasce definitiva, morre como tal. Referido ponto, desde já fixado, gerou e tem gerado verdadeira celeuma no dia-a-dia forense.

Discordamos, por exemplo, de Humberto Theodoro Júnior, para quem a oposição de embargos do devedor tornaria provisória a execução de título executivo extrajudicial.[9] Acolhendo-se a tese do professor mineiro, mesmo que o recurso de apelação interposto contra a rejeição dos embargos não tenha efeito suspensivo, não se poderia mais cogitar execução definitiva, porque a sua base jurídica, que é o título do exeqüente, teria passado à instabilidade própria das relações jurídicas na dependência de análise judicial.[10]

A tese oposta, que reputa como sendo definitiva a execução antes apontada, a nosso ver é a que merece adesão, uma vez que a oposição de embargos, assim como a apelação proposta contra a decisão que rejeitou liminarmente ou julgou tais embargos improcedentes, não tem o condão de provocar mutação na execução que iniciou definitiva, assim como não tem força para alterar expressa disposição da lei processual.[11]

Apenas uma ressalva se faz importante: entendemos que a sentença, ao rejeitar liminarmente ou julgar improcedentes os embargos à execução, acaba, conseqüentemente, proferindo *condenação* acerca da verba honorária, assim como poderá ainda impor *condenação* em razão de eventual litigância de má-fé. Em tais hipóteses, a execução tanto da verba honorária, quanto da multa por litigância de má-fé, ao nosso juízo, será provisó-

---

[8] Nas palavras de Federico Carpi: "Per esecuzione provvisoria si intende l'anticipazione dell'efficacia esecutiva della sentenza o di altri provvedimenti giudizialli, rispetto al momento ed al grado di maturità che la legge considera come normale". CARPI, Federico. *La provvisoria esecutorietà della sentenza* Milano: Giuffrè, 1979, p. 3.

[9] É também nesse sentido o entendimento de José Frederico Marques, ao registrar que a execução baseada em título extrajudicial que iniciou definitiva, torna-se provisória, o que ocorre, no entanto, não em razão do título executivo, mas em razão dos embargos que foram opostos. (MARQUES, José Frederico. *Instituições de direito processual civil* Campinas: Millennium, 2000, v. 5, p. 64.)

[10] THEODORO JÚNIOR, Humberto. *Curso de direito processual civil.* 34. ed. Rio de Janeiro: Forense, 2003, v. 2, p. 21. No mesmo sentido, MARQUES, José Frederico. *Instituições de direito processual civil* Campinas: Millennium, 2000, v. 5, p. 64.

[11] Neste sentido, veja-se o que referem Nelson Nery Júnior e Rosa Maria Andrade Nery: "Quando iniciada a execução, por título judicial transitado em julgado ou por título extrajudicial, é *sempre* definitiva. Iniciada definitiva não se transmuda em provisória, nem pela oposição de embargos do devedor, nem pela interposição de recurso contra sentença que julgar improcedentes os embargos ou rejeitá-los liminarmente (CPC 520 V). É que a sentença transitada em julgado e o título extrajudicial têm plena eficácia executiva e gozam de presunção de certeza, liquidez e exigibilidade. Com a rejeição liminar ou a improcedência dos embargos, essa presunção resta reforçada e confirmada, de sorte que a execução deve prosseguir sem a suspensividade operada pela oposição dos embargos e/ou pela interposição de recurso recebido apenas no efeito devolutivo. Provido o recurso, resolve-se em perdas e danos em favor do devedor." (NERY JÚNIOR, Nelson; NERY, Rosa Maria Andrade. *Código de processo civil comentado e legislação processual civil extravagante.* 7. ed. rev. e amp. São Paulo: Revista dos Tribunais, 2003, p. 982.)

ria, uma vez que passa a ser aplicável ao caso a segunda parte do artigo 587 do Código de Processo Civil.

Já a execução provisória é aquela que se origina de sentença da qual pende algum recurso não dotado de efeito suspensivo.[12] Na opinião de Liebman, inspirador do Código de Processo Civil de Buzaid, quando a sentença é exeqüível, apesar de não ter transitado em julgado, a execução que se promover estará sujeita à eventualidade da reforma da sentença em grau de recurso e, conseqüentemente, à possibilidade de dever desfazer-se o que foi feito e restabelecer-se o estado anterior. Daí, a lei considerar *provisória* tal execução.[13]

Entretanto, o termo *provisória*, eleito pelo legislador no artigo 588 do Código, não é imune a críticas. Isso porque o mesmo sugere a falsa idéia de que a execução poderia ser substituída por outra definitiva.[14]

Nas palavras de Federico Carpi: "Per esecuzione provvisoria si intende l'anticipazione dell'efficacia esecutiva della sentenza o di altri provvedimenti giudizialli, rispetto al momento ed al grado di maturità che la legge considera come normale".[15]

Como bem refere Araken de Assis a palavra *provisória* "não representa adequadamente o fenômeno, porque se cuida de adiantamento ou antecipação da eficácia executiva".[16]

---

[12] DINAMARCO, Cândido Rangel. *Execução civil*. 8. ed. rev. e atual. São Paulo: Malheiros, 2002, p. 524.

[13] LIEBMAN, Enrico Tullio. *Processo de execução*. São Paulo: Saraiva, 1980, p. 73.

[14] Sobre o tema, Luiz Guilherme Marinoni profere a seguinte lição: "Pensamos, contudo, que nem mesmo os efeitos da sentença podem ser ditos provisórios. Provisória é a decisão (sentença ou decisão interlocutória) na qual se funda a execução chamada provisória. No atual sistema processual, a decisão que recebe um recurso apenas no efeito devolutivo abre oportunidade para a sentença produzir imediatamente os seus efeitos. Tais efeitos, à semelhança do que ocorre com a execução, não são diferentes dos efeitos da sentença definitiva. A 'decisão provisória' (por exemplo, sentença contra a qual foi interposto recurso recebido apenas no efeito devolutivo) pode produzir efeitos imediatamente, mas para que estes efeitos possam ser produzidos ou para que atos executivos possam ser praticados, pouco importa o resultado da decisão que ainda deve ser proferida. Os atos executivos praticados com base na decisão provisória (cognição não-definitiva) não serão novamente praticados após ter sido proferida decisão final (decisão com cognição definitiva). Portanto, é apenas a decisão (que pode ser qualificada de sentença ou de decisão interlocutória) que é provisória.
O adequado, assim, seria falar de decisão provisória (ou título executivo judicial provisório) com efeitos imediatos. Entretanto, apenas para facilitar a comunicação, preferimos utilizar a expressão 'execução imediata', que evidencia que a decisão provisória (por exemplo, sentença) está imediatamente produzindo seus efeitos" (MARINONI, Luiz Guilherme. *Tutela antecipatória e julgamento antecipado, parte incontroversa da demanda*. 5. ed. rev, atual. e ampl. São Paulo: Revista dos Tribunais, 2002, p. 186-187)

[15] CARPI, Federico. *La provvisoria esecutorietà della sentenza* Milano: Giuffrè, 1979, p. 3. No mesmo sentido LUCON, Paulo Henrique dos Santos. *Eficácia das decisões e execução provisória*. São Paulo: Revista dos Tribunais, 2000, p. 208.

[16] ASSIS, Araken de. *Manual do processo de execução*. 8. ed. rev, atual. e ampl. São Paulo: Revista dos Tribunais, 2002, p. 361.

Não há como discordar da crítica. Cremos, no entanto, tratar-se de expressão tradicionalmente consagrada, o que credencia seu uso neste breve estudo, desde já salientando nossa opinião, no sentido de que *provisório* é o título, e não a execução que o mesmo origina.

2.1. Execução definitiva da parte não impugnada

Antes de endereçarmos diretamente as questões principais levantadas no preâmbulo deste ensaio, cumpre fixarmos uma premissa importante para nossas conclusões finais. Conforme autoriza o artigo 505 do Código de Processo Civil, a sentença pode ser impugnada no todo ou em parte. O mesmo raciocínio vale para a decisão interlocutória que antecipa a tutela ao autor. Logo, há possibilidade de coexistirem execução definitiva e execução provisória.

Assim, tendo sido interposto recurso parcial, é possível a execução definitiva da parte da decisão já transitada materialmente em julgado, desde que observados pressupostos indispensáveis, tais como: *(a)* autonomia concreta ou abstrata entre o capítulo da decisão que se pretende executar e aquele objeto da impugnação; *(b)* havendo litisconsórcio, que não seja ele unitário, quando houver recurso interposto por apenas um ou alguns dos litisconsortes.[17]

Segundo claríssimo ensinamento do professor Araken de Assis, prevista a apelação com efeito suspensivo e devolutivo, está a sentença *sub conditione* suspensiva desde a publicação. E, se o recurso for total, o acórdão irá liberar eficácia, modificando ou não o conteúdo. *Parcial*, a parte intocada transitará em julgado, valendo para o recorrido a regra geral.[18]

3. A Lei 10.444/02 e o Projeto de lei 3.253/04: as mudanças e as conseqüências para a sistemática da execução provisória de obrigações de pagar quantia

3.1. Lei 10.444/02: execução completa?

Os incrementos garantidos pela Lei 10.444 refletem, indubitavelmente, alguns dos pontos mais ambicionados pelos processualistas comprometidos com a efetiva entrega do chamado *bem da vida*.

---

[17] Nesse sentido, LUCON, 2000, p. 222.

[18] ASSIS, Araken de. Da natureza jurídica da sentença sujeita a recurso. *Revista Jurídica*, Porto Alegre, 101, set./out. 1983, p. 16.

Antes da vigência da referida lei, o instituto da execução provisória recebia justificadas críticas, por representar uma execução incompleta, sendo que seu manejo, quase que na totalidade das vezes, proclamava a prestação de caução.

Nesse sentido, Ada Pelleguini Grinover sustentava que a execução provisória não era verdadeira execução, pois não conduzia a parte à satisfação do direito, sendo, na verdade, um instrumento que preparava a futura execução por meio de medidas tipicamente cautelares.[19]

A nova redação do inciso II do art. 588 do Código de Processo Civil permite a prática de atos que importem alienação de domínio, mediante caução idônea, requerida e prestada nos próprios autos da execução, enquanto, antes, tal possibilidade era restrita ao levantamento de depósito em dinheiro.

Em vista disto, a execução provisória pode ser completa, uma vez que atinge seu fim, ao chegar ao estágio de pagamento do credor. Aliás, conforme lembra Marinoni, é um grande equívoco imaginar que a execução não pode atingir o seu fim apenas porque é fundada em uma sentença provisória.[20]

3.2. Considerações sobre a caução

Sobre a caução, que pode ser real ou fidejussória, impõe-se que seja idônea, ou seja, deve representar, para o executado, o afastamento do risco de prejuízo, na hipótese de ser cassado ou modificado o título executivo judicial que sustenta a execução provisória. É importante que o julgador seja rigoroso na aferição da garantia, a fim de evitar situações de falsa caução, pois, conforme lembra Humberto Theodoro Júnior, permitir a execução provisória sem acautelamento integral do risco de prejuízo para o executado equivale ultrajar o devido processo legal e realizar um verdadeiro confisco de sua propriedade, ao arrepio das normas constitucionais que protegem tal direito.[21]

---

[19] GRINOVER, Ada Pellegrini. *A marcha do processo.* São Paulo: Forense Universitária, 2000, p. 133.

[20] Referido jurista ainda esclarece: "O novo inciso II do art. 588, que afirma que "a prática de atos que importem alienação de domínio" depende de "caução idônea", somente reafirma a teoria de que a "execução fundada em decisão provisória" pode ser "completa", demonstrando assim que o contrário de execução fundada em "decisão provisória" é execução fundada em "decisão definitiva" e o contrário de "execução incompleta" e "execução completa". Mais do que isso: o art. 588, II, ao admitir uma "execução completa" baseada em "decisão provisória" também abre oportunidade para a vulgarização da tese do "título executivo provisório", ou melhor, da idéia de que o título não é decorrência da cognição definitiva (ou da "existência" do direito), mas do desejo de permitir que o direito tenha realização prática (pouco importando a cognição alcançada)." (MARINONI, Luiz Guilherme. *Tutela antecipatória e julgamento antecipado, parte incontroversa da demanda.* 5. ed. rev, atual. e ampl. São Paulo: Revista dos Tribunais, 2002, p. 191-192)

[21] THEODORO JÚNIOR, 2003, v. 2, p. 22.

Já a exceção à regra de prestar caução, está contemplada no até então inexistente § 2º do artigo 588 do Código de Processo Civil, especificamente para os casos de natureza alimentar, até o limite de 60 (sessenta) vezes o salário mínimo, quando o exeqüente se encontrar em estado de necessidade.

Referido incremento da reforma não mostra sintonia com os demais dispositivos do Código de Processo Civil, uma vez que o parágrafo único do artigo 732, ao tratar da execução de prestação alimentícia, permite, sem prestação de caução, o levantamento mensal da prestação, quando a penhora tiver recaído sobre dinheiro.

Tais desatenções do legislador mancham a arquitetura do Código, pois geram distinções que não poderiam ter sido contempladas pela lei processual.

3.3. Qual é a responsabilidade do exeqüente?

É fundamental destacarmos que a responsabilidade do exeqüente é objetiva e decorre da vontade da própria lei, que prescinde do elemento subjetivo dolo ou culpa *stricto senso*.[22]

De qualquer forma, devemos lembrar que a execução provisória é fruto da iniciativa do exeqüente, o qual assume o risco e a responsabilidade inerente à sua iniciativa.[23]

Com efeito, diz Egas Dirceu Moniz de Aragão, que a legislação brasileira adota cautelas que visam a evitar que a execução provisória possa consolidar injustiça, o que sucederá se o vencedor em grau de recurso suportar a execução como se fora o vencido.[24]

Ao que tudo indica, o legislador, nesse particular, tomou por base o disposto no artigo 574 do Código de Processo Civil, o qual prevê a obrigação de o credor ressarcir os danos que o devedor sofreu, quando a sentença, com trânsito em julgado, "declarar inexistente, no todo ou em parte, a obrigação, que deu lugar à execução."

Adequado, ainda, o entendimento de Cássio Scarpinella Bueno, na medida em que diz ser a execução provisória uma faculdade do exeqüente, razão pela qual somente a este possa ser imputada a responsabilização por

---

[22] THEODORO JÚNIOR, 2002, p. 183.

[23] Sobre o tema, explica Humberto Theodoro Júnior: "Não há execução ex officio no processo civil, de maneira que, seja provisória, seja definitiva, a execução forçada dependerá sempre de provocação do credor através de petição inicial (art. 580), que há de observar os requisitos normais das postulações inaugurais de qualquer processo (art. 282), sendo obrigatoriamente instruída com o título executivo." (Ibidem, p. 183-184.)

[24] ARAGÃO, Egas Dirceu Moniz de. *Novas Tendências da Execução Provisória*. São Paulo: Revista dos Tribunais, 1998, p. 61, Texto apresentado na Jornada de Direito Processual Civil, Brasília, 15.08.1997.

eventuais danos, ainda que por intermédio da prestação jurisdicional do Estado-Juiz.[25] Entendemos, contudo, que tal situação não se estende aos casos em que restar comprovada a prestação jurisdicional eivada de dolo.

Registre-se que são duas as possibilidades envolvendo o desfecho da execução provisória; primeira, o recurso pendente é desprovido, transmudando-se a execução em definitiva; segunda, o recurso é provido integralmente ou parcialmente, sendo, nessa última hipótese, impositiva a restauração do *statu quo ante*. Mas, como adverte Pontes de Miranda: "Pode acontecer que só se haja dado provimento ao recurso em parte; de jeito que somente fica sem efeito a execução naquilo em que a sentença for reformada".[26]

Diante das referidas possibilidades, exige análise a segunda, visto que envolve matéria de maior complexidade, na medida em que o provimento do recurso atrairá foco ao risco da execução provisória.

Há de se considerar que o que deve ser restituído ao estado anterior, quando ocorrer de acórdão modificar ou anular a decisão judicial objeto da execução, é a situação jurídica das "partes", sujeitos de direito na relação jurídica.

Os riscos envolvendo a execução provisória, presentes exatamente em decorrência da provisoriedade do título, envolvem – tão-somente – as partes, não tendo o condão de atingir terceiros que legitimamente tenham adquirido a propriedade dos bens excutidos.

É, sem dúvida alguma, dotada de grande clareza a lição do processualista Lucon, ao referir que no caso de ter havido alienação judicial, o bem não poderá retornar ao patrimônio da parte que se sagrou vencedora, pois, em tais casos, é preferível entregar o produto da alienação ou a caução oferecida, mantendo a alienação. Diz, ainda, que a "respristinação não é possível por gerar insegurança nas relações jurídicas; é melhor manter eficácia do ato jurídico tutelando o interesse de terceiro adquirente, que nada tem a ver com a disputa existente entre as partes litigantes".[27]

---

[25] BUENO, 1999, p. 195.

[26] MIRANDA, Pontes de. *Comentários ao código de processo civil.* São Paulo: Forense, 1976. v.9: Arts. 566 a 611, p. 419.

[27] LUCON, 2000, p. 418. Também nesse sentido, Araken de Assis, ao dizer que os atos de disposição de domínio, a partir da assinatura do auto, (art. 693 e art. 715, *caput,* ambos do Código de Processo Civil), em princípio se revelam insuscetíveis de desfazimento. Esclarece, ainda, que não é razoável afetar o terceiro adquirente com as reviravoltas do processo executivo. E, finaliza, dizendo que a adjudicação poderá ser desfeita e o bem retornar ao patrimônio do executado se, entrementes, não houver sido alienado por terceiro (ASSIS, 2004. v. 6: arts. 566 a 645, p. 215.)

3.4. Projeto de lei 3.253/04: procedimento executivo, supressão do processo autônomo de execução e substituição dos embargos do devedor pela impugnação e alterações envolvendo a caução

O aguardado Projeto de Lei 3.253/04[28] estabelece normas que alteram significativamente o cumprimento da execução da sentença quando se tratar de pagamento de quantia certa.

Sobressai, no referido Projeto de lei, a sugestão de supressão do processo autônomo de execução, o qual será absorvido pelo processo de conhecimento, de forma assemelhada ao que ocorreu para os deveres de fazer, não-fazer e entregar de coisa.

Além disso, o Projeto de lei 3.253/04 propõe a eliminação dos embargos do executado na fase de cumprimento da sentença, sendo que qualquer objeção do executado passará a ser ventilada por intermédio do incidente de impugnação, a qual, como regra, não terá efeito suspensivo.

Fica, no entanto, ressalvada a possibilidade do julgador atribuir efeito suspensivo quando a impugnação contiver fundamentos relevantes e o prosseguimento da execução seja manifestamente suscetível de causar ao executado grave dano de difícil ou incerta reparação. E, mesmo assim, é facultado ao exeqüente requerer o prosseguimento da execução, desde que ofereça e preste caução idônea, arbitrada pelo julgador.

---

[28] Segue a transcrição dos artigos referentes ao presente estudo: "Art. 475- O. A execução provisória da sentença far-se-á, no que couber, do mesmo modo que a definitiva, observadas as seguintes normas:
I – corre por conta e responsabilidade do exeqüente, que se obriga, se a sentença for reformada, a reparar os danos que o executado haja sofrido;
II – sobrevindo acórdão que modifique no todo ou em parte, ou anule a sentença objeto da execução, serão as partes restituídas ao estado anterior, e eventuais prejuízos liquidados por arbitramento, nos mesmos autos;
III – o levantamento de depósito em dinheiro, e a prática de atos que importem alienação de propriedade ou dos quais possa resultar grave dano ao executado, dependem de caução suficiente e idônea, arbitrada de plano pelo juiz e prestada nos próprios autos da execução;
IV – quando o exeqüente demonstrar situação de necessidade, a caução (inciso III) pode ser dispensada nos casos de crédito de natureza alimentar ou decorrente de ato ilícito, até o limite de sessenta vezes o valor do salário mínimo;
V – igualmente é dispensada a caução nos casos de execução provisória na pendência de agravo de instrumento ao Supremo Tribunal Federal ou ao Superior Tribunal de Justiça (art. 544), salvo quando da dispensa possa manifestamente resultar risco de grave dano de difícil ou incerta reparação.
Parágrafo único. Ao requerer a execução provisória, o exeqüente instruirá a petição com cópias autenticadas das seguintes peças do processo, podendo o advogado valer-se do dispositivo no art. 544, § 1º, *in fine*:
I – sentença ou acórdão exeqüendo;
II – certidão de interposição do recurso não dotado de efeito suspensivo;
III – procurações outorgadas pelas partes;
IV – decisão de habilitação, se for o caso;
V – facultativamente, de peças processuais que o exeqüente considere necessárias."

Sobre tal alteração, entendemos que as hipóteses autorizadoras da concessão do efeito suspensivo deveriam estar declinadas de forma exaustiva, pois, desta forma, evitar-se-iam as situações de incerteza e desmedida discricionariedade.

Já sobre a caução, o Projeto dispõe que a mesma fica dispensada, além dos casos previstos pela Lei 10.444/02, nas seguintes hipóteses: *(a)* quando o exeqüente demonstrar situação de necessidade, nos casos de crédito decorrente de ato ilícito (preservado o limite de sessenta vezes o valor do salário mínimo); *(b)* sem qualquer limite, nos casos de execução provisória na pendência de agravo de instrumento ao Supremo Tribunal Federal ou ao Superior Tribunal de Justiça, salvo quando da dispensa possa advir risco de grave dano de difícil ou incerta reparação.

Além disso, também está determinado que a caução será arbitrada de plano pelo juiz, sendo, portanto, suprimida a necessidade de requerimento.

Por último, cabe referir que o Projeto de lei 3.253/04 revoga os artigos 589 e 590, sendo que os mesmos pontos serão disciplinados pelo parágrafo único, do artigo 475-O, o qual atualiza e simplifica as questões formais.

É que, em que pese não representar maior desafio, o atual artigo 589 do Código de Processo Civil determina que "a execução definitiva far-se-á nos autos principais; a provisória, nos autos suplementares, onde os houver, ou por carta de sentença, extraída do processo pelo escrivão e assinada pelo juiz."

Como sabido, os autos suplementares mostram-se cada vez mais divorciados da prática forense, por tal motivo, normalmente a execução provisória será instruída por meio de carta de sentença. Aliás, ao que tudo indica, esse é o motivo da atual redação do artigo 521 do Código de Processo Civil.

Por isso, a simplificação anunciada consiste basicamente na supressão da carta de sentença, sendo que o exeqüente, ao requerer a execução provisória, instruirá a petição com as cópias autenticadas das peças previstas na lei, podendo o advogado declarar a autenticidade das mesmas, sob sua responsabilidade (artigo 544, § 1º, *in fine*, do Código de Processo Civil).

3.5. Quadro comparativo sobre as principais alterações da legislação

No que diz respeito ao tema do presente estudo, segue quadro comparativo envolvendo as principais aspectos contemplados pela Lei 10.444

de 07 de maio de 2002, bem como quanto às futuras sugestões protagonizadas pelo Projeto de lei 3.253/04:

A execução provisória antes da Lei 10.444/2002	**A execução provisória depois da Lei 10.444/2002**	**A execução provisória e o Projeto de lei 3.253/04**
A execução depende de um processo autônomo.	A execução depende de um processo autônomo.	Fica eliminada a necessidade de um processo de execução autônomo, sendo que o cumprimento da sentença far-se-á conforme os artigos 461 e 461-A.
O credor deve prestar caução para fazer uso da execução provisória, estando afastada a possibilidade de atos envolvendo a alienação de domínio.	A caução deve ser prestada quando a execução provisória envolver levantamento de depósito em dinheiro, e a prática de atos que importem alienação de domínio ou dos quais possam resultar grave dano ao executado.	A caução será arbitrada de plano pelo juiz, devendo ser prestada quando a execução provisória envolver o levantamento de depósito em dinheiro, e a prática de atos que importem alienação de propriedade ou dos quais possa resultar grave dano ao executado.
A jurisprudência dispensa a prestação de caução no caso de créditos de natureza alimentar.[29]	O § 2º do artigo 588 dispensa a prestação de caução nos casos de crédito de natureza alimentar, até o limite de 60 (sessenta) salários mínimos, bem como quando o exeqüente encontrar-se em estado de necessidade.	Quando o exeqüente demonstrar situação de necessidade, a caução pode ser dispensada nos casos de crédito de natureza alimentar ou decorrente de ato ilícito, até o limite de 60 (sessenta) salários mínimos. Além de tais hipóteses, a caução pode ser dispensada, sem qualquer limite, nos casos de execução provisória na pendência de agravo de instrumento ao STF ou STJ, salvo quando presente risco de grave dano de difícil ou incerta reparação.
A lei silencia quanto à forma do exeqüente reparar os danos advindos da execução provisória.	A lei é explícita ao determinar que a liquidação de eventuais prejuízos tomará curso nos próprios autos da execução.	Eventuais prejuízos serão liquidados por arbitramento, nos mesmos autos em que a execução provisória tramitar.
O executado pode opor embargos de devedor.	O executado pode opor embargos de devedor.	Eliminação dos embargos de devedor, sendo que as objeções do executado serão discutidas por meio da impugnação, esta., de regra, desprovida de efeito suspensivo.

[29] "A jurisprudência do STJ consolidou entendimento no sentido de que em se tratando de execução provisória de crédito de natureza alimentar, atendendo ao aspecto social da pretensão, não tem cabimento a exigência de prestação de caução prevista no art. 588, com CPC"(BRASIL. Superior Tribunal de Justiça. ED no Resp 152.729-PE-AgRg. Relator: Min. Vicente Leal. j. 29 jun.2001, negaram provimento, v.u., DJU 22.10.01, p. 261) Jurisprudência extraída da obra NEGRÃO, Theotonio; GOUVÊA, José Roberto Ferreira. *Código de processo civil e legislação processual em vigor.* 36. ed. São Paulo: Saraiva, 2004, p. 710.

4. A antecipação da tutela (relacionada ao dever de pagar quantia) e sua execução provisória

É de fácil percepção a relação dos dois institutos acima apontados, uma vez que de nada adianta uma decisão que concede antecipação de tutela e que não pode ser instantaneamente executada. Ora, não podemos falar em preservação de tutela jurisdicional célere, sem admitirmos a possibilidade de execução provisória de uma decisão que concede antecipação de tutela, pois, do contrário, estarão sendo desprestigiadas exatamente as situações que demandam maior urgência.

É, na realidade, uma questão de bom senso, visto que o resultado prático depende da respectiva execução, ante o risco de perecimento do direito provisoriamente tutelado. Ou seja, sem a imediata interferência no plano da vida, não há realização.[30]

Antes de avançarmos, para melhor exposição do tema, importante referir que antecipação de tutela nada mais é do que a concessão provisória, total ou parcial, dos efeitos da futura sentença de procedência.[31]

Para José Joaquim Calmon de Passos, a antecipação de tutela é medida pela qual se empresta, provisoriamente, eficácia executiva à decisão de mérito normalmente desprovida desse efeito.[32]

Tal tutela é geralmente deferida por decisão interlocutória (não descartamos a hipótese de antecipação da tutela na própria sentença),[33] sendo que somente se torna definitiva após a respectiva confirmação por decisão de procedência com trânsito em julgado.

Feitas tais considerações, indaga-se novamente: Na execução da tutela antecipada será instaurado um processo de execução autônomo com a possibilidade de embargos?

Os próximos tópicos tratam de elucidar o problema.

---

[30] Nesse sentido Marinoni, para quem é irracional pensar em tutela antecipatória, mas não admitir a sua imediata execução (MARINONI, 2002, p. 202.)

[31] Nesse sentido, Ovídio Baptista da Silva (SILVA, Ovídio Baptista da. *Curso de Processo Civil*. 6. ed. rev. e atual. São Paulo: Revista dos Tribunais, 2002, p. 133).

[32] CALMON DE PASSOS, José Joaquim. *Comentários ao Código de Processo Civil Lei 5.869, de 11 de janeiro de 1973*. 8. ed. Rio de Janeiro: Forense, 1998, p. 21.

[33] Nesse sentido, José Roberto dos Santos Bedaque, ao dizer que: "Aliás, uma das tendências verificadas do sistema processual após as reformas é a ampliação dos poderes do juiz, visando sempre à efetivação da tutela. Nada obsta, todavia, a que, verificados os pressupostos, seja a antecipação concedida em segundo grau.
Também nada impede, evidentemente, que tal ocorra na própria sentença, proferida quer em sede de julgamento antecipado, quer após a audiência." (BEDAQUE, José Roberto dos Santos. *Tutela Cautelar e Tutela Antecipada: Tutelas Sumárias e de Urgência (tentativa de sistematização)*. São Paulo: Malheiros, 1998, p. 347)

4.1. Realização prática

De regra, admite-se a "execução" provisória das decisões interlocutórias que antecipam a tutela, por força do disposto nos artigos 273 e 461, § 3º, c/c 461-A, § 3º, todos do CPC. O termo "execução", aqui, é empregado no sentido de "efetivação", e não de processo autônomo de execução.

Isso porque, para os provimentos chamados "mandamentais" ou "executivos *lato sensu*", destinados, em nosso Código de Processo Civil, à tutela das obrigações de fazer, não-fazer e entrega de coisa,[34] o fenômeno é o da efetivação da decisão na própria relação processual originária, sendo inaplicável a execução *ex intervallo,* ou seja, por meio de um processo autônomo de execução.[35]

O mesmo não vale para a tutela dos deveres de pagar quantia, que se reveste de eficácia condenatória e, de regra, submete-se ao posterior processo de execução provocado pelo credor. No caso da antecipação da tutela, a problemática surge em virtude da necessidade premente de recebimento da quantia pelo autor, em *tese* incompatível com a criação de uma nova relação jurídica processual, autônoma e com diferente procedimento daquela em que foi concedida a tutela jurisdicional em caráter de urgência.

Sobre o tema, enfatiza Dinamarco:

> "As decisões interlocutórias concessivas de *tutela antecipada* são suscetíveis de execução imediata sempre que tenham conteúdo condenatório – ou seja, sempre que imponham ao demandado o dever de realizar uma prestação (porque sentença condenatória é *sentença de prestação – supra*, n. 911). Não é uma execução realizada após o término da fase cognitiva e depois de proferida *sentença*, como as demais execuções imediatas, mas realizada paralelamente à continuação dessa fase e antes da sentença. Quer se trate de uma obrigação de pagar dinheiro, de entregar coisa, de fazer ou não-fazer, por disposição expressa do art. 273, § 3º, do Código de Processo Civil sua execução 'observará, no que couber e conforme sua natureza, as normas previstas nos arts. 588, 461, §§ 4º e 5º, e 461-A'."[36]

---

[34] Existem, contudo, algumas exceções, como, por exemplo: casos envolvendo alimentos, alienação fiduciária em garantia, mandado de segurança e improbidade administrativa.

[35] Refere Araken de Assis: "Essa noção é particularmente relevante após a Lei 10.444/2002. De acordo com a nova disciplina, as condenações de prestações de fazer, positivas ou negativas, e de entrega de coisa, constantes de provimentos antecipados ou finais, executar-se-ão na própria relação processual originária. Não obstante, continuam tais provimentos dotados de força condenatória e de efeito executivo, abolida apenas a necessidade de nova estrutura (processo)" (ASSIS, Araken de. *Manual do processo de execução.* 8. ed. rev, atual. e ampl. São Paulo: Revista dos Tribunais, 2002, p. 159)

[36] DINAMARCO, Cândido Rangel. *Instituições de direito processual civil.* São Paulo: Malheiros, 2004, v. 4, p. 775.

De qualquer sorte, o que exige preocupação é a possibilidade de ser garantido o pronto alcance da medida condenatória antecipada, sob pena do beneficiário estar diante de uma *Vitória de Pirro.*

Ilustrando a questão, imaginemos a hipótese de ação indenizatória proposta por trabalhador que sofreu grave acidente no curso da jornada de trabalho e necessita dos valores para custear cirurgia de urgência e tratamento médico, além de ter direito à percepção de danos morais. De que adiantaria antecipar a tutela relativa a algum dos pedidos condenatórios (p. ex. valores para custeio das despesas médicas imediatas) se o dinheiro não pudesse ser usufruído imediatamente pelo autor? Absolutamente nada, pois seria inócuo o provimento jurisdicional diante do decurso do tempo.

Por isso, assegurado o contraditório – e veremos, a seguir, como isto será feito –, é plenamente viável uma condenação provisória, destinada a garantir, total ou parcialmente, o valor necessário ao integral ressarcimento do prejuízo provocado.

Mas, e quando o réu, instado a cumprir a decisão que concedeu a antecipação de tutela condenatória (pagamento de quantia certa), nega-se a fazê-lo?

Nessa hipótese, cabe, em nosso entender, àquele que conquistou a antecipação de tutela pretendida, buscar a desejada *efetivação* por intermédio de um novo processo (ação de execução). E, salvo engano, isso se deve ao fato de a lei não atribuir ao provimento condenatório provisório eficácia executiva *lato sensu.*

Além disso, uma decisão condenatória, não pode transmudar-se em mandamental, disso, inclusive, decorre a impossibilidade do julgador, no caso aqui discutido, utilizar as faculdades consagradas pelo inciso V parágrafo único do artigo 14, bem como do § 5º do artigo 461, todos do Código de Processo Civil.[37]

---

[37] DINAMARCO enfrentou a questão, dizendo que: "Nem toda sentença e nem toda decisão interlocutória pode conduto ser considerada como de cumprimento obrigatório e coativo por parte da parte vencida, para os fins desse dispositivo e das sanções cominadas à sua transgressão. Por isso e por outras razões sistemáticas que a seguir serão expostas, a alusão a *provimentos antecipatórios e finais* na redação do inc. V do art. 14, sem qualquer ressalva, suscita ao intérprete a necessidade de buscar o verdadeiro alcance do dispositivo, que não pode ter toda a dimensão que aparenta. Ao empregar essas palavras, sem nada especificar ou ressalvar, o legislador disse mais do que queria (*majus dixit quam voluit*), aparentando conferir ao preceito contido no inc. V uma amplitude que ele não tem e não pode ter.

Nem mesmo toda sentença de mérito é portadora de um comando tão enérgico, como são as mandamentais – não se podendo reputar transgressora a um dever ético inerente ao processo a omissão em cumprir o preceito contido em sentenças não incluídas no regime da mandamentalidade. É o caso das sentenças que condenam a pagar dinheiro, das constitutivas em geral e das que julgam improcedente a demanda do autor.

Quanto às *condenações de conteúdo pecuniário,* o mero descumprimento não passa da continuação de um inadimplemento que já vinha desde antes e, uma vez proferida a condenação, passa a ser sancionado com os atos inerentes à execução por quantia certa – e não mediante repressões ou as

E não se diga que o legislador, ao substituir o termo *execução* por *efetivação*, ambicionou demonstrar a desnecessidade de um novo processo, pois, fosse assim, não teria previsto a aplicação das regras do artigo 588 do Código de Processo Civil.

Como bem refere João Batista Lopes, havendo recalcitrância do devedor no cumprimento do mandado de pagamento, "outra solução não haverá senão o ajuizamento de ação de execução por quantia certa (citação para pagar, sob pena de penhora)".[38]

Para Teori Albino Zavascki, com base nos princípios da adequação das formas e finalidade, quando a medida antecipatória em ação condenatória for concedida com base no inciso I do artigo 273 do Código de Processo Civil e for incompatível ou frustrada a efetivação da medida antecipatória por simples mandado, na própria ação de conhecimento, caberá ao demandante promover ação autônoma de execução provisória, com fundamento no art. 588 do Código de Processo Civil, antecedida, se for o caso, por ação de liquidação de sentença.[39]

Inclusive, Nelson Nery Junior e Rosa Maria de Andrade Nery, lembram que é plenamente possível a execução imediata da tutela antecipada e com força de definitiva, desde que a parte que irá se beneficiar com a execução da medida prestar caução idônea, caso a efetivação da medida implique: o levantamento de depósito em dinheiro; atos de alienação de domínio; atos dos quais possa resultar grave dano à parte contrária.[40]

Pelas razões expostas, não concordamos com o respeitável entendimento de Athos Gusmão Carneiro, para quem a efetivação da antecipação de tutela independe de um novo processo, sendo que recomenda, tão-somente, a autuação do requerimento de "efetivação" em expediente apenso.[41] Da mesma forma, discordamos com a observação de Luiz Guilherme MarinoniI no sentido de que "não há motivo para que a tutela que objetiva o pagamento de soma tenha que ser prestada unicamente através da execução forçada".[42]

---

pressões psicológicas inerentes ao art. 461 e seus parágrafos (ao menos enquanto existir na ordem jurídica brasileira a figura de uma sentença mandamental de conteúdo pecuniário)". (DINAMARCO, Cândido Rangel. *A reforma da reforma*. São Paulo: Malheiros, 2003, p. 762-63)

[38] LOPES, João Batista. *Tutela antecipada no processo civil brasileiro*. São Paulo: Saraiva, 2001, p. 88.

[39] ZAVASCKI, Teori Albino. *Antecipação da tutela*. São Paulo: Saraiva, 1997, p. 96.

[40] NERY JÚNIOR, Nelson; NERY, Rosa Maria Andrade. *Código de processo civil comentado e legislação processual civil extravagante*. 7. ed. rev. e amp. São Paulo: Revista dos Tribunais, 2003, p. 651.

[41] CARNEIRO, Athos Gusmão. *Da antecipação de tutela*. 3. ed. Rio de Janeiro: Forense, 2002, p. 66.

[42] MARINONI, Luiz Guilherme. *Tutela Específica: arts. 461, CPC e 84, CDC*. São Paulo: Editora Revista dos Tribunais, 2001, p. 194.

É que, não obstante a antecipação de tutela condenatória deva ser rápida e eficaz, ao nosso juízo, o cumprimento da decisão se sujeita à ação autônoma, uma vez que não existe previsão legal capaz de autorizar o cumprimento da medida na própria ação de conhecimento.[43] Pelo contrário: como já expusemos anteriormente, a autonomia do processo de execução para pagamento de quantia certa é nota característica dos provimentos condenatórios, ainda que em decisão antecipatória.

Ademais, dentre os efeitos naturais da tutela condenatória está o surgimento do título executivo judicial, o qual é mera autorização para o credor promover a execução. Ou seja, caso o credor não utilize tal passaporte (título executivo judicial que declara a existência de um dever), para dar início ao processo destinado à satisfação de seu crédito, não há de se falar em qualquer espécie de irregularidade.[44]

Nesse sentido, esclarece Guilherme Rizzo Amaral: "Na sentença condenatória, resta evidenciada a total disponibilidade das partes quanto aos atos ulteriores à sua prolação. Findo o processo de conhecimento e, querendo o autor, poderá dispor o mesmo da execução independentemente da condenação e da ação principal, que ficará estacionada".[45]

Logo, aquele que se beneficiou com a concessão da tutela antecipada, deve buscar a efetivação da mesma, uma vez que está autorizado a promover a respectiva execução.

4.2. A oposição de embargos

Antes de enfrentarmos as questões envolvendo a oposição dos embargos de devedor, indispensável firmar que a atual redação do § 3º do artigo 273 do Código de Processo Civil, ao referir que "a efetivação da tutela antecipada observará, no que couber e conforme sua natureza, as normas previstas nos arts. 588, 461, §§ 4º e 5º, e 461-A.", demonstra a estreita ligação entre o instituto da antecipação da tutela e o da execução provisória.

Note-se, ainda, que tais expressões ("no que couber" e "conforme sua natureza"), sinalizam no sentido de que o cumprimento da medida dependerá da observância de determinados parâmetros. Ou seja, a efetivação se dará com ajustes que não descaracterizem a própria finalidade do instituto. Quem encampa esse entendimento é Ricardo Hoffman, afirmando que

---

[43] Cabe lembrar que com a vigência do Projeto de lei 3.253/04 o problema acima exposto ficará confinado ao passado, uma vez que deixará de ser necessário o processo de execução.

[44] Sobre o assunto, veja-se: TESHEINER, José Maria Rosa em artigo publicado no seu *site*, intitulado *"O ocaso da condenação"*. *In* www.tex.pro.br, publicado em 12.07.2004.

[45] AMARAL, Guilherme Rizzo. *As Astreintes e o Processo Civil Brasileiro*. Porto Alegre: Livraria do Advogado, 2004, p. 77.

"não será correta a aplicação automática da disciplina da execução provisória para todos os casos de antecipação de tutela".[46]

Sendo assim, considerando que a execução da medida antecipatória deve ser realizada de acordo com o sistema da execução provisória, o que se mostra compatível com a efetividade que se espera do atual processo civil, não vemos como possa ser afastado o direito do executado opor embargos de devedor.

Levando-se em conta que a satisfação da tutela condenatória depende de um novo processo, possível, adequada e necessária é a possibilidade do executado opor embargos de devedor.

Preservar a alternativa dos embargos significa garantir ao demandado o direito de ampla defesa contra eventual execução injusta. Tal meio de reação do executado é direito indissociável do *devido processo legal*, tradicional garantia constitucional, quanto mais por estarmos tratando de procedimentos que importam expropriação.

Nesse contexto, é valiosa a lição de Carlos Alberto Alvaro de Oliveira, ao dizer que:

> "quando se estatui no art. 5º, LIV, da Constituição brasileira que ninguém poderá ser privado de sus liberdade ou de seus bens sem o devido processo legal, pretende-se claramente abranger qualquer tipo de processo em que haja risco de perda de algum direito, pois, à evidência, expressão "bens" foi aí empregada em sentido larguíssimo, compreendendo qualquer situação de vantagem integrante do patrimônio jurídico do sujeito de direito."

Além do mais, fundamental atentarmos para o princípio da igualdade, substrato do devido processo legal.

Respeitando tais parâmetros, verifica-se que, se no caso de uma sentença condenatória que tenha eficácia imediata, dando ensejo à propositura de execução provisória, fica preservado o direito de interposição de embargos, dinâmica diversa não pode ser alcançada à execução provisória de deferimento de antecipação de tutela, a qual, dada a cognição sumária, em tese, está revestida de menor certeza.

Sendo assim, enquanto não forem vigentes as alterações previstas no Projeto de Lei 3.253/04, segue possível a impugnação da execução provisória acima enfocada por meio de embargos.

De mais a mais, mesmo sendo preservada a possibilidade de o executado requerer a revogação e alteração do provimento antecipatório no âmbito do processo em curso, somente a oposição dos embargos garante

---

[46] HOFFMANN, Ricardo. *Execução provisória*. São Paulo: Saraiva, 2004, p. 139.

a possibilidade de discutir questões complexas e dependentes de prova, conforme esclarece Araken de Assis:

> "Nada obstante, há questões atuais, complexas e dependentes de prova, que só nos embargos se resolvem convenientemente, a exemplo do excesso de execução (art. 741, V, parte inicial, c/c art. 743, I). Às vezes, o provimento antecipatório se revelará ilíquido, devendo o autor oferecer planilha atualizada, explicitando se deverá permitir impugnar o *quantum debeatur* e produzir prova técnica, incompatível com o desenvolvimento natural da causa "até final julgamento" (art. 273, § 5º) e o emprego da exceção de pré-executividade. Só os embargos servem ao justo propósito do executado".[47]

Por tais circunstâncias, respeitosamente entendemos vencidos os argumentos de Lucon, para quem, na execução da tutela antecipada, não será instaurado um processo de execução com a possibilidade de embargos, mesmo porque a adequação da decisão está sendo discutida no próprio processo de conhecimento em curso ou em recurso de agravo interposto pelo demandado.[48]

Também não nos parece adequada a solução de Cássio Scarpinella Bueno, no sentido da execução que com a tutela antecipada tem início não está sujeita a *embargos*, sob pena de, à mercê de sua oposição, a efetividade da medida ser suscetível de ser suspensa, tornando inócua a sua própria finalidade.[49]

É que, muito embora estejamos defendendo a possibilidade de o executado opor embargos de devedor, por força das expressões empregadas no § 3º do artigo 273 do Código de Processo Civil – *no que couber e conforme sua natureza* – entendemos que tais embargos serão desprovidos de efeito suspensivo.

É preciso termos em conta o real objetivo da antecipação de tutela, bem como o dia-a-dia forense. Isso tudo sem desprestigiarmos as garantias acima focadas, as quais refletem mecanismos adequados para equilibrar o contraditório e a igualdade das partes.

Na verdade, seria contraditório e ilógico conceber que o provimento de urgência sopesado pelo julgador, fosse suspenso por efeito *ex lege*. Fosse assim, a tutela condenatória antecipada ficaria desprovida de utilidade prática.

---

[47] ASSIS, Araken de. *Execução da tutela antecipada.* Artigo disponível no site www.abdpc.org.br. Acesso em 06 de agosto de 2004. p. 18.

[48] LUCON, Paulo Henrique dos Santos. *Eficácia das decisões e execução provisória.* São Paulo: Revista dos Tribunais, 2000, p. 275.

[49] BUENO, Cássio Scarpinella. *Execução provisória e antecipação da tutela*: dinâmica do efeito suspensivo da apelação e da execução provisória: conserto para a efetividade do processo. São Paulo: Saraiva, 1999, p. 350.

Como a própria lei, quando refere *no que couber* e *conforme sua natureza*, deixa margem de discricionariedade ao julgador, o mesmo pode, em tais situações, receber os embargos de devedor sem impedir o prosseguimento da execução.

Devemos ter em conta que nosso sistema é flexível, sendo que o correto emprego da hermenêutica permite a satisfatória e atualizada aplicação da norma ao caso concreto.

Daí afirmarmos que a utilização das referidas expressões é sintomática, pois legitima a hipótese aqui sustentada. Nosso sistema, fundado em leis gerais e abstratas, é, por isso mesmo, um sistema flexível.

Tal panorama confere ao executado o direito de opor defesa e discutir as injustiças porventura existentes, sem que exista o risco de tornar-se completamente inútil a tutela condenatória antecipada.

Nada obsta, ainda, que estando presentes os requisitos necessários, o executado requeira antecipação de tutela, conquistando, desde logo, o provimento final que ambiciona, o que provisoriamente trancará o curso da execução.

O que queremos provar é a possibilidade da execução provisória da tutela antecipada condenatória comportar impugnação por meio de embargos, os quais deverão ser recebidos *sem efeito suspensivo*, sob pena de restar prejudicada a aclamada efetividade.

O atual Ministro Teori Zavascki há muito já referia que, no caso de execução provisória de antecipação da tutela decorrida da hipótese do inciso I do art. 273, poderá o executado se defender por embargos, os quais, contudo, não terão efeito suspensivo, porque isso seria incompatível com a própria finalidade da antecipação deferida.[50]

Sustentamos, assim, solução capaz de conciliar a efetividade processual e a segurança jurídica (*due process of law*), o que se insere na visão de Kazuo Watanabe

> "O que se pretende é fazer dessas conquistas doutrinárias e de seus melhores resultados um sólido patamar para, com uma visão crítica e mais ampla da utilidade do processo, proceder ao melhor estudo dos institutos processuais – prestigiando ou adaptando ou reformulando institutos tradicionais, ou concebendo institutos novos –, sempre com a preocupação de fazer com que o processo tenha plena e total aderência à realidade sócio-jurídica a que se destina, cumprindo sua primordial vocação que é a de servir de instrumento à efetiva realização dos direitos".[51]

---

[50] ZAVASCKI, Teori Albino. *Antecipação da tutela*. São Paulo: Saraiva, 1997, p. 96.

[51] WATANABE, Kazuo. *Da cognição no processo civil* 2 ed. Campinas: Bookseller, 2000, p. 20-21.

Observadas tais considerações, compreendemos que será preservada a finalidade da antecipação deferida (acesso breve ao *bem da vida*), mesmo sendo necessária a propositura de ação autônoma de execução provisória, a qual manterá marcha, mesmo quando atacada por meio de embargos.

Ainda preocupados com a efetividade, mas sem abrirmos mão da realidade forense, lembramos que a execução provisória da antecipação de tutela deferida, se e quando atacada pelos embargos de devedor, muito provavelmente não alterarão substancialmente o cenário envolto ao deferimento em questão. Isso porque há grande possibilidade de tais embargos serem rejeitados liminarmente, conforme prevê o artigo 739 do Código de Processo Civil, pois não pode passar despercebido o fato do juiz responsável pelo julgamento dos embargos, salvo situações anômalas, ser o mesmo que deferiu a antecipação de tutela, o que facilita a análise da procedência ou não.

A questão realmente não é de fácil desenlace, mas para que a efetivação de uma determinação judicial não seja fonte de surpresas e armadilhas processuais, entendemos não ser possível, por criações e interpretações mágicas, ceifar o direito de interposição de embargos de devedor, enquanto possíveis soluções menos traumáticas e autorizadas pelo espaço criado na lei processual, como a mera supressão do efeito suspensivo.

5. Conclusões

O presente ensaio, ao analisar a execução provisória da antecipação da tutela dos deveres de pagar quantia, tentou demonstrar que o espírito que norteia os atuais trabalhos legislativos busca simplificar o processo, para agilizar e dar maior efetividade à prestação jurisdicional.

Por conta disso, o processualista moderno deve se valer das alternativas que garantam a efetividade, sem, contudo, sacrificar a segurança jurídica. Tal exercício é o grande nó da atual ciência processual, o que tem exigido maestria diária de todos os operadores do direito.

O professor José Maria Rosa Tesheiner há muito já ensinava:

> "O juiz que afasta a lei com um piparote trai a missão que lhe foi confiada e se arroga um poder que não tem. Freqüentemente, porém, o que se afirma lei injusta não passa de interpretação tola. Nosso sistema, fundado em leis gerais e abstratas, é, por isso mesmo, um sistema flexível. A hermenêutica abre amplo espaço para a adequação da norma geral ao caso concreto, afastando-se injustiças decorrentes da imprevisão do legislador relativamente às peculiaridades de cada caso.

Para isso, aliás, existem os juízes: para que cada um possa ter examinado o *seu* caso, com as suas circunstâncias próprias".[52]

Em tal ambiente, não há dúvida que a execução provisória representa importante atalho ao fim almejado, principalmente quando relacionada ao instituto da antecipação de tutela, outra importantíssima conquista introduzida no sistema processual pela Lei 8.952.

Resta agora, apresentarmos as respostas aos questionamentos que nortearam o presente ensaio:

1. A segunda etapa da reforma processual (Lei 10.444/02), marcada por regular a desnecessidade de um processo de execução autônomo para a tutela específica das obrigações de fazer ou não fazer e de dar coisa, no que diz respeito aos temas aqui analisados, trouxe como principais alterações:

a) a execução provisória passou a ser completa, ficando autorizados os atos que importem alienação de domínio (há satisfação do credor);

b) reconhecidas as atuais dificuldades sociais, a caução pode ser dispensada nos casos de créditos de natureza alimentar, devendo ser observado o limite de até 60 (sessenta) salários mínimos;

c) prejuízos causados pelo exeqüente em razão da execução provisória (responsabilidade objetiva), serão liquidados nos mesmos autos.

2. A reforma em tramitação (Projeto de lei 3.253/04) que se propõe a simplificar o cumprimento da execução da sentença quando se tratar de pagamento de quantia certa, anuncia as seguintes modificações:

a) fusão do processo de conhecimento e execução;

b) substituição dos embargos de devedor pela impugnação, a qual, de regra, será desprovida de efeito suspensivo;

c) prejuízos decorrentes da execução provisória serão liquidados por arbitramento nos mesmos autos em que esta tramita.

3. A efetivação da decisão antecipatória envolvendo pagamento de quantia depende de um processo autônomo de execução, pois relutamos em aceitar a possibilidade de uma decisão condenatório transmudar-se em mandamental ou executiva *lato sensu*.

4. Deve ser preservado ao executado o direito de opor embargos de devedor, uma vez que a efetividade não pode ser erigida como valor absoluto. O princípio da segurança também deve ser sopesado.

É atentatório ao bom sendo e ao devido processo legal privar o executado de tal direito de reação.

---

[52] TESHEINER, José Maria Rosa. *Elementos para uma teoria geral do processo*. São Paulo: Saraiva, 1993, p. 23.

5. As expressões *no que couber* e *segundo sua natureza* possibilitam que os referidos embargos de devedor sejam desprovidos de efeito suspensivo. É crível e plenamente aceitável adequação da norma processual, principalmente diante das aceleradas necessidades de uma sociedade moderna.

A motivação, ao nosso ver, é simples: efetividade e garantia podem e devem conviver, bastam ajustes que respeitem a interpretação sistemática da norma processual.

— 8 —

A tutela de urgência e a responsabilidade objetiva: algumas reflexões

VALTERNEI MELO DE SOUZA

Sumário: 1. Introdução; 2. Questões preliminares; 3. Delimitando a problemática; 4. Responsabilidade objetiva e subjetiva; 5. Direito comparado; 6. Crítica ao modelo; 7. Considerações finais.

1. Introdução

O presente ensaio tem por escopo analisar, de forma crítica e à luz dos princípios constitucionais vigentes, a perspectiva dogmático-normativa adotada na legislação processual civil com relação à responsabilização civil resultante da utilização das chamadas "medidas de urgência", tendo-se por referência, para isso, duas situações específicas previstas no direito pátrio. A primeira diz respeito à responsabilidade pelos danos decorrentes da "execução" (ou efetivação) da medida que antecipa os efeitos da tutela jurisdicional obtida no curso do processo de conhecimento, nos termos do artigo 273 do Código de Processo Civil. A segunda se relaciona à responsabilidade pela execução de medida cautelar, nos termos do que vem previsto no artigo 811 do mesmo diploma.

A menção a esses dois dispositivos, não obstante a circunstância de se encontrarem inseridos em livros diferentes do Código de Processo Civil, se deve à peculiaridade de que há, além do fato de ambos veicularem instrumentos pertencentes ao que a doutrina vem chamando de "tutela de urgência", no tocante ao tema da responsabilidade civil, estreita ligação entre ambos, decorrente da identidade de sistemática adotada nas duas hipóteses, como facilmente se conclui pelo que dispõem o § 3° do artigo 273 e o inciso I do artigo 811 do mencionado diploma instrumental.

2. Questões preliminares

Antes, porém, de se adentrar no exame do tema deste trabalho propriamente dito, cumpre destacar que a perspectiva teórica da qual se parte é a de que existe, de fato, uma *Ciência do Direito*, enquanto ramo do conhecimento humano, a qual possui método e objeto próprios, ainda que este, ressalte-se, não lhe seja exclusivo, pois, como é sabido, outras ciências igualmente realizam investigações sobre o fenômeno jurídico, tais como a História e a Sociologia.

Nesse sentido, há que se entender e admitir como pressuposto discursivo explicitamente adotado neste trabalho que, como ciência, ela não se coaduna com a afirmação de dogmas jurídicos imutáveis e infensos ao questionamento. Muito antes pelo contrário, pois a construção do conhecimento científico deve, na óptica aqui defendida, estar sedimentada em um método caracterizado pela receptividade à crítica e à mudança, sob pena de, cedo ou tarde, terminar por ocorrer um indesejável e pernicioso distanciamento entre o que é proposto (e disposto) pela Ciência e o que concretamente reclama a realidade social.

É importante destacar, desde logo, que a Ciência do Direito, por ser uma ciência essencialmente argumentativa, se caracteriza por ser dotada de uma dialeticidade que lhe é intrínseca e que não pode ser ignorada. Tal peculiaridade, que ora se destaca, torna-se ainda mais evidente se for considerado que o fenômeno concreto do qual ele provém (as chamadas, pelos manuais, de "fontes materiais") e para o qual ele se destina, se caracteriza por uma inerente cambialidade. Se assim é, não há razões para se defender um direito que seja imutável.

Tal afirmação, vale ressaltar, consubstancia a importantíssima constatação: a de que o Direito não é uma instância autônoma e independente da realidade concreta, estando, ao revés, intimamente relacionado com as transformações sociais, políticas e econômicas que nela ocorrem.

Em virtude disso, parece razoável admitir que a concepção caracterizada pela busca de soluções pretensamente definitivas não se apresenta como sendo o melhor caminho a se seguir no âmbito do Direito, na medida em que tais "soluções", por força das mencionadas transformações, estão fadadas a se tornar obsoletas e ineficazes, seja com relação aos fenômenos sociais, seja com relação aos avanços da própria ciência.

Não obstante a razoabilidade de tal entendimento, não se pode negar que a perspectiva do direito como um sistema aberto e mutável vai de encontro ao que propõe a lógica que historicamente permeia o sistema jurídico vigente, a qual, como se sabe, está fundada em uma racionalidade de cunho nitidamente iluminista, para o qual, sabe-se, o direito haveria que ostentar, tanto quanto possível, a aparência de uma construção matematicamente racional, composta de soluções para todas as questões suscitadas pelo comércio social, seja no presente ou no futuro. Não é demais referir, nesse sentido, que o próprio *status* de ciência, para os filósofos iluministas, dependia essencialmente dessa formatação racionalista.

A bem da verdade, porém, já está superado, ao menos no plano teórico, esse paradigma jurídico, que se poderia chamar de idealista, porquanto, segundo tal ideologia, o Direito seria composto por um conjunto de leis perfeitas e acabadas, oriundas da vontade esclarecida e iluminada do legislador, cuja completude positiva tornava desnecessária, portanto, qualquer atividade construtiva por parte do aplicador da lei. Essa racionalidade idealista, no entanto, como bem se sabe hoje em dia, tem nítida vinculação com os valores que permeavam as estruturas políticas e econômicas que caracterizaram o momento histórico em que surgiu o Estado Moderno.

Ocorre que conceber o direito a partir de uma perspectiva idealista como esta tem como resultado conformação de um direito estático e incapaz de satisfazer as novas demandas e os novos anseios sociojurídicos que caracterizam a moderna sociedade de massas do Estado Democrático Constitucional e de Direito.

Esse idealismo jurídico consiste, na verdade, num processo de inversão da realidade mediante invocação de um pensamento racional. Ao possibilitar e incentivar uma aceitação passiva do direito positivo, o idealismo jurídico termina por esconder suas origens históricas, suas categorias e os interesses políticos que estão na sua base. Ao conceber um conhecimento e um discurso pretensamente objetivo e neutro, recusando questões metodológicas que articulam os planos da explicação e da realidade, ele também transforma a imparcialidade em instrumento para a socialização dos valores dominantes tutelados pela ordem jurídica.[1]

Observe-se que para a concepção de direito fundada no pensamento racionalista típico do período iluminista – cuja influência entre os "operadores" do direito, ao contrário do que se pensa, ainda se faz sentir nos dias atuais –, ao juiz era vedada a realização de qualquer atividade hermenêutica sobre as leis. Sua atividade deveria resumir-se à mera "aplicação" silogística dos dispositivos legais. Tal forma de ver a atividade judicial, é bom ressaltar, atendia a certa perspectiva sobre o papel do direito no

---

[1] A noção de paradigma na ciência do direito: notas para uma crítica ao idealismo jurídico. In: FARIA, José Eduardo (Org.) *A crise do direito numa sociedade em mudança*. Brasília: Editora UnB, 1988, p.14-30.

âmbito da sociedade. Contudo as motivações ideológicas que estão na base dessa concepção são várias, e seu estudo exaustivo foge ao limites do presente trabalho.

Não obstante isso, pode-se referir que outorgar ao aplicador do direito a possibilidade de interpretá-lo implicaria, na lógica então vigente, admitir, primeira e implicitamente, a incompletude do sistema de leis positivas que estava sendo construído e, por conseguinte, a incompetência do próprio legislador. Se a lei é resultado de uma atividade racional, não haveria espaço para a interpretação, pois seu sentido é claro e perfeitamente aferível por qualquer um. Portanto, a quem incumbisse a tarefa de aplicar o direito ao caso concreto, bastaria realizar a chamada "subsunção" jurídica. Montesquieu, de forma exemplar, traduz essa concepção ao se referir ao juiz como mera "*boca da lei.*"[2]

Outrossim, há que se mencionar outro aspecto, talvez mais importante ainda, a respeito da limitação imposta pela lógica iluminista à atividade jurisdicional, o qual pode ser resumido na idéia segundo a qual admitir a possibilidade de o juiz interpretar a lei, para extrair de seu texto a melhor solução ao caso concreto, poderia resultar na afirmação de um poder paralelo ao poder legislativo, o qual, como se sabe, era tido como o único e verdadeiro "poder".

De se ver que, num contexto histórico de afirmação da supremacia econômica e, principalmente, política de um grupo social até então detentor apenas de poder econômico – a burguesia capitalista –, que a duras penas conseguiu se livrar do jugo do Estado Absolutista e de sua aristocracia improdutiva (a exemplo das revoluções inglesa e francesa), admitir a possibilidade de o juiz interpretar a lei e, com tal atividade, poder dar um sentido não previsto ou diferente daquele esperado por aqueles que elaboraram a lei significaria, para as mentes da época, dentre outras coisas, assumir o risco de se cair numa nova situação de opressão, ou seja, no jugo do "Juiz Absolutista". Assim, para o pensamento liberal, nada mais "adequado" do que conformar a atuação do juiz aos estreitos limites do *jus-dicere*. O objetivo era, antes de qualquer coisa, garantir segurança jurídica às relações econômicas.[3]

---

[2] "Poderia acontecer que a lei, que é ao mesmo tempo clarividente e cega, fosse em certos casos muito rigorosa. Porém, os juízes de uma nação não são, como dissemos, mais que a boca que pronuncia as sentenças da lei, seres inanimados que não podem moderar nem sua força nem seu rigor". (*Do Espírito das Leis*. São Paulo: Abril Cultural, 1973, p. 157)

[3] "O direito do Estado Liberal realiza, de um modo superior, o ideal burguês da segurança, estando protegido do entrechoque de valores que atravessa a sociedade pluralista moderna e das vicissitudes do poder político, uma vez que não é um determinado ideal de justiça nem um ato 'nu' de poder que decide o que deve ser considerado jurídico. É o próprio direito que determina o jurídico, na medida em que regula o seu próprio processo de produção". (BARZOTTO, Luiz Fernando. *O Positivismo Jurídico Contemporâneo: uma introdução a Kelsen*, Ross e Hart. Porto Alegre: Editora Unisinos, 1999, p. 16-17)

A respeito dessa questão, oportunas se mostram as palavras de Ovídio Araújo Baptista da Silva, estribadas no pensamento de Karl Engish, quando esclarece que "o esforço da ilustração para obter um direito perfeitamente determinável e previsível não teve limites. Com o objetivo de impedir o arbítrio judicial e garantir a segurança da liberdade civil, as leis haveriam de determinar-se de tal modo que a função judicial se reduziria à pura aplicação do texto legal. Uma indeterminação do sentido da lei, que permitisse ao juiz converter-se em criador do direito, em última análise em legislador, afigurava-se contraditória com a doutrina da divisão dos poderes".[4]

Tendo em vista tais ponderações e a constatação de que tal visão do Direito ainda se faz presente, torna-se necessária a realização de um esforço, por parte dos "operadores" do direito, para trazer para dentro do discurso e do debate jurídico as conquistas do pensamento científico contemporâneo, dentre as quais a idéia de que o direito não é um conjunto de regras completo e acabado, mas sim um sistema em permanente construção, sem olvidar que, no mais das vezes, ele serve de cenário e instrumento para as disputas entre os valores que permeiam as relações políticas, econômicas e culturais estabelecidas entre os grupos e indivíduos que compõem a sociedade em geral.

Todavia, embora tal consciência já esteja assentada doutrinariamente, não são raros os que insistem em defender a idéia de que a concretização do direito é uma operação meramente silogística e desprovida de qualquer ponderação acerca dos valores subjacentes aos preceitos jurídicos. Tal posicionamento, *data venia*, não se coaduna com a idéia de justiça que deve permear o sistema jurídico, bem como não contribui para o avanço da ciência do direito.

É a partir dessas premissas que se pretende analisar a questão da responsabilidade civil no âmbito da "tutela de urgência", procurando-se, de um lado, desvelar os conteúdos paradigmáticos que permeiam e condicionam as normas processuais que a instrumentaliza e, de outro, investigar qual a conseqüência, a partir do ponto de vista aqui defendido, da incidência sobre essa questão dos conteúdos principiológicos contidos na Constituição Federal.

O que se pretende com o presente trabalho, em suma, é tentar pensar criticamente, de forma provocadora, um verdadeiro "pensar em voz alta", sem que se assuma qualquer compromisso prévio com alguma concepção doutrinária em particular. O objetivo é, simplesmente, contribuir para o debate sobre as instituições jurídicas vigentes, bem como para a busca de

---

[4] *Jurisdição e Execução na tradição romano-canônica*. 2ª ed. São Paulo: Revista dos Tribunais, 1997, p. 104.

soluções para as problemáticas jurídicas suscitadas pelo Direito Processual Civil, cuja finalidade, a partir da óptica da moderna processualística, é servir de instrumento para a efetivação de uma ordem jurídica, acima de tudo, justa.

3. Delimitando a problemática

Muitas são as questões que poderiam ser abordadas a respeito do tema da responsabilidade civil daqueles que manejam o processo na busca da obtenção de um provimento jurisdicional que atenda a seus interesses particulares. Todavia, a fim de conferir ao presente trabalho um mínimo de metodologia, bem como para evitar a criação de muitas frentes de discussão – o que terminaria por torná-lo excessivamente longo e, conseqüentemente, impróprio aos fins de um mero ensaio –, optou-se pelo tema da responsabilidade civil decorrente tão-somente da efetivação da antecipação de tutela e das medidas cautelares.

O Código de Processo Civil de 1973, em seus artigos 273, § 3°, e 811, estabelece uma generalizante e rígida disciplina acerca da responsabilidade civil do requerente das medidas antecipatórias e cautelares as quais, como se sabe, se inserem no âmbito da chamada "tutela de urgência", que cada vez mais vem recebendo atenção por parte da doutrina e do próprio legislador (vide, a respeito, as reformas legislativas efetuadas na década de 1990), mormente em virtude da consciência, cada vez mais arraigada, de que uma prestação jurisdicional somente é justa quando for, também, célere.

O caráter objetivo da responsabilidade, diz a doutrina, resulta do fato de que o dever de indenizar independerá da existência de culpa ou dolo por parte do requerente da medida, bastando, tão-somente, a ocorrência do fenômeno da sucumbência (como se verá adiante, outros elementos também são necessários para o surgimento da responsabilidade).

Em outras palavras, nos termos em que estão positivadas as normas processuais, basta que aquele que tenha postulado a medida jurisdicional urgente seja derrotado para que, *ipso facto*, tenha de ressarcir os eventuais danos causados a outra parte pela execução da medida urgente que lhe fora outorgada judicialmente.

Vale dizer: quem postular a antecipação dos efeitos da tutela jurisdicional no bojo de uma demanda, com base na demonstração da prova inequívoca da verossimilhança do direito e do *periculum in mora,* deverá sujeitar-se a efetivá-la sob a advertência de que o regime de tal "execução", no tocante à responsabilidade civil, será, no que couber, o regime das execuções provisórias, conforme a expressa remissão feita pelo § 3° do artigo 273 ao artigo 588, ambos do Código de Processo Civil. Tal regime, como se sabe, no tocante à responsabilidade civil do exeqüente, é objetiva. Nesse sentido é a lição do Ministro do Superior Tribunal de Justiça Teori Albino Zavascki:

> "O artigo 588 cuida, especificamente, da responsabilidade do autor da execução provisória. Em caso de provimento, total ou parcial, do recurso do executado, anulando ou modificando o título, responde o exeqüente (a) pela reposição dos fatos ao estado anterior (inciso III) e (b) pelo ressarcimento dos danos sofridos pelo devedor (inciso I). *Trata-se de responsabilidade objetiva, decorrente do só fato do provimento do recurso*".[5]

Semelhantemente, quem, requerendo e obtendo o deferimento de uma medida de cunho cautelar, com base na demonstração do *fumus boni iuris* e do *periculum damnum irreparabile*, vier a efetivá-la e, ao final, acabar por sucumbir no processo principal, deverá indenizar os eventuais danos sofridos por aquele contra quem ela foi direcionada, segundo o que dispõe de forma peremptória o artigo 811, inciso I, do Código de Ritos.

Ambas as situações, como já dito, ensejam responsabilidade sem que se faça necessária qualquer investigação acerca da ocorrência de culpa ou dolo por parte do requerente ao manejar as respectivas medidas jurisdicionais. O raciocínio utilizado pela doutrina para fundamentar tal entendimento é aquele segundo o qual quem promove uma "execução provisória", sabe que o faz sob o signo do risco de que ocorram prejuízos e, em razão disso, assume a responsabilidade pelas conseqüências,[6] caso não logre êxito em sua demanda.

Essa é a perspectiva adotada por Humberto Theodoro Júnior, em clássica obra sobre o processo cautelar, onde enfatiza que para a fixação da responsabilidade do requerente, na hipótese do inciso I do artigo 811 do CPC, não importa saber se ele agiu com fraude, malícia, dolo ou culpa *stricto sensu.*[7] Despicienda se torna, portanto, qualquer análise sobre o elemento subjetivo que moveu o autor a manejar a ação.

No mesmo sentido é o posicionamento de José Joaquim Calmon de Passos, para quem o pressuposto para a responsabilidade *sub examine* é a mera sucumbência no processo principal, nada mais se reclamando. Para

---

[5] ZAVASCKI, Teori Albino. *Comentário ao Código de Processo Civil: do Processo de Execução, arts. 566 a 645*. São Paulo: Revista dos Tribunais, 2000, p. 253.

[6] ALVIM, J. J. Carreira. *Código de Processo Civil Reformado*. 5ª ed. Rio de Janeiro: Forense, 2003, p. 119.

[7] *Processo Cautelar*. 18ª ed., São Paulo: Leud, 1999, p. 175.

esse jurista, exigir-se a existência ou inexistência de má-fé seria mutilar o sistema do Código.[8]

Nesse passo, convém ressaltar que é da doutrina italiana que advêm os principais argumentos expendidos em favor da responsabilidade objetiva do promovente das medidas urgentes. Cite-se, a título de exemplo, Francesco Carnelutti, ao sentenciar que a causa da obrigação é resultado tão-somente da atividade da parte no processo.[9]

Assim, se ocorrer qualquer das duas hipóteses antes referidas, aquele contra quem foi direcionada a medida urgente fará jus, por força das disposições legais contidas no Código de Processo Civil, a uma indenização pelos eventuais prejuízos que tenha sofrido em virtude da execução da medida, sendo que a apuração do *quantum* da indenização será realizada nos próprios autos do procedimento.[10] Com tal possibilidade, diz a doutrina, tem-se em mira a economia processual.[11]

Merece destaque, porém, o fato de que a responsabilidade civil somente surgirá se efetivamente restar demonstrada a ocorrência de um prejuízo sofrido pelo réu vencedor da ação. Do contrário, nada lhe será devido.[12] Ainda que a responsabilidade seja objetiva, não se prescinde da existência de um dano efetivo, bem como da existência do nexo de causalidade entre a execução da medida urgente e o dano sofrido pelo requerido.

É preciso, assim, que exista uma relação de causa e efeito entre a execução da medida e o prejuízo experimentado. A simples improcedência da demanda (ou extinção do processo sem apreciação do mérito), embora seja o fator determinante para o surgimento da responsabilidade, não é fenômeno que por si só enseje a obtenção de uma indenização, sendo

---

[8] *Comentários ao Código de Processo Civil*. São Paulo: Revista dos Tribunais, vol. X, tomo 1, 1984, p. 247.

[9] Sulla Responsabilità per Esecuzione Del Sequestro, *in Rivista di Diritto Processuale Civile*, 1925, II/193.

[10] AÇÃO CAUTELAR – RESPONSABILIDADE – ART. 811 DO CÓDIGO DE PROCESSO CIVIL – PRECEDENTE DA CORTE – 1. A decisão determinando que a responsabilidade decorrente do art. 811 do Código de Processo Civil, nos termos do respectivo parágrafo único, deve ser liquidada nos próprios autos do procedimento cautelar, está de acordo com a doutrina e a jurisprudência. 2. Recurso especial não conhecido. (STJ – REsp 169.355 – SP – 3ª T. – Rel. Min. Carlos Alberto Menezes Direito – DJU 10.05.1999 – p. 170)

[11] LACERDA, Galeno. *Comentários ao Código de Processo Civil*. 8ª ed., Rio de Janeiro: Forense, 2000, vol VIII, tomo I, p. 319.

[12] MEDIDA CAUTELAR – RESPONSABILIDADE DO REQUERENTE – (CPC, ART. 811, I) – O requerente responde pelo prejuízo que causar, desde que a execução da medida tenha comprovadamente causado prejuízo ao requerido. Pode o juiz apreciar livremente a prova, não estando adstrito a laudo pericial. Se o juiz não se aparta dos autos, cesura não se pode fazer ao seu ato de recusa de laudo. Em não havendo o prejuízo, era lícito ao acórdão rejeitar o pedido de indenização, segundo o critério que empregou. Inocorrência de ofensa à lei federal. (STJ – REsp 55.870-SP – 3ª T. – Rel. Min. Nelson Naves – DJU 19.08.1996)

necessária, para tanto, a demonstração de um efetivo prejuízo sofrido pelo demandado.

Tais disposições, para a maior parte da doutrina, não oferecem grandes dúvidas nem suscitam maiores indagações, resolvendo-se a questão com a adoção (*rectius*: aceitação) da concepção de que se trata da melhor solução para a questão. De um modo geral, a doutrina se satisfaz com uma aplicação mecânica da máxima chiovendiana segundo a qual a utilização do processo não pode reverter em dano a quem tem razão. Se o autor sucumbiu é porque não tinha "razão", e por não ter razão (desde sempre), deve indenizar o dano causado ao demandado que tem "razão" (pois venceu).

A jurisprudência, por sua vez, não discrepa do entendimento acima descrito.[13]

Em suma, de acordo com o entendimento adotado pela maior parte dos juristas que tratam dessa questão, a execução da medida urgente se dá por conta e risco[14] de quem a requer, na melhor tradição do pensamento do mestre italiano Chiovenda.

Nelson Nery Júnior e Rosa Maria Andrade Nery afirmam, nesse sentido, que o requerente da antecipação dos efeitos da tutela jurisdicional deverá indenizar a parte contra quem a medida foi direcionada, caso a demanda seja julgada improcedente, sendo que à hipótese é aplicável, ainda segundo esses juristas, o sistema adotado pelo legislador no artigo 811 do Código de Processo Civil. O requerente, portanto, da medida responde objetivamente pelo resultado danoso causado, independentemente da existência de culpa.[15]

Pelo exposto, bem se pode verificar que, para a doutrina, há identidade entre as responsabilidades derivadas do artigo 811 e do artigo 273, § 3°, para com aquela prevista no artigo 588, inciso I, todos do Código de Processo Civil.

---

[13] MEDIDA CAUTELAR INOMINADA - MEDIDA LIMINAR CONCEDIDA - EXECUÇÃO - EXTINÇÃO DO PROCESSO - RESSARCIMENTO DOS DANOS - RESPONSABILIDADE OBJETIVA - LIQUIDAÇÃO DE PERDAS E DANOS - NECESSIDADE - Medida Cautelar Inominada, deferida, executada e, posteriormente, julgada extinta. Liquidação dos danos irrogados à Requerida, nos próprios autos do processo cautelar. Inteligência do art. 811 e seu § único do CPC - Deferida medida liminar, em cautelar inominada, visando obstar, que fosse transmitida entrevista, grandemente ofensiva ao Requerente e julgada extinta, posteriormente, tal cautelar, por força dos incisos II e III do art. 811 do CPC, a responsabilidade do Requerente, em ressarcir a Requerida é objetiva, decorrendo da lei, independentemente de qualquer pronunciamento judicial. Postulada a indenização, deve ser ela liquidada nos próprios autos da medida cautelar, nos termos do § único do respectivo dispositivo legal. Provimento parcial do recurso, para se determinar tal liquidação. (MGS) (TJRJ - AC 643/99 - (Reg. 300.499) - 8ª C.Cív. - Rel. Des. Luiz Odilon Bandeira - J. 30.03.1999)

[14] CHIOVENDA, Giuseppe. *Instituições de Direito Processual Civil*. Campinas: Bookseller, 1998, p. 334.

[15] NERY JUNIOR, Nelson; NERY, Rosa Maria Andrade. *Comentários ao Código de Processo Civil*. 3ª ed., São Paulo: Revista dos Tribunais, 1997, p. 550.

Entretanto, e essa é a questão nodal do tema ora analisado, será que a responsabilização do requerente de uma medida de urgência, sob a forma objetiva, se coaduna com a lógica e com a melhor exegese do sistema processual, bem como, em última instância, com os princípios insculpidos no texto constitucional vigente?

A responsabilização objetiva do requerente, *sem exceções*, em todas aquelas hipóteses anteriormente mencionadas, sem qualquer perquirição de culpa (*lato sensu*) não implicaria restrição, ainda que de forma indireta, ao direito constitucional de acesso à tutela jurisdicional, previsto no artigo 5°, inciso XXXV, da Carta Magna?

A aplicação dos dispositivos processuais não resultará, em muitos casos, na consagração de um resultado formalmente válido mas materialmente injusto?

E, se assim é, a constitucionalidade de tais disposições não restaria seriamente ameaçada, notadamente diante da constatação de que, embora a tutela jurisdicional posta à disposição do jurisdicionado deva resultar, tanto quanto possível, de uma relação de isonomia, não há previsão de semelhante responsabilidade para o demandado, não obstante a possibilidade de ambos ocuparem posições similares em muitas situações?

A generalização contida no sistema, como, aliás, toda e qualquer generalização, nem sempre oferece a melhor resposta aos reclamos da realidade social. Fernando Sperb, num dos poucos artigos já publicados sobre a matéria, chega a caracterizar como perigosa[16] a generalização adotada. O desconforto e a perplexidade gerados pelo sistema do Código é acompanhado, em certa medida, por Victor Bomfim Marins, quando afirma que nenhum sistema é tão irrealista quanto o adotado pelo Código brasileiro.[17]

Para esses juristas, a imposição do mesmo resultado – o dever de indenizar os danos em virtude de uma responsabilidade fixada independentemente da aferição de culpa – a todos quantos se valham do processo e sejam ao final vencidos não traduz a melhor orientação num sistema que se pretenda justo, democrático e garantidor do acesso à jurisdição.

São essas as questões que o presente trabalho abordará, mormente porque a doutrina, salvante algumas poucas manifestações, não dá maior relevância à problemática, em que pesem as notáveis conseqüências práticas que o modelo de responsabilização contido no Código de Processo Civil gera aos jurisdicionados.

---

[16] Tutela de urgência: responsabilidade objetiva do autor da demanda. *In Revista de Direito Processual Civil*, n° 18, out/dez. 2000, p. 664.

[17] *Tutela Cautelar: Teoria Geral e Poder Geral de Cautela*. Curitiba: Juruá, 1996, p. 378.

4. Responsabilidade objetiva e subjetiva

Para que se possa melhor aquilatar a problemática ora analisada, faz-se mister a realização de algumas considerações prévias, de ordem geral, a fim de que se esclareçam, inicialmente, os contornos conceituais estabelecidos pela doutrina quanto ao instituto da responsabilidade civil em si, bem como quanto às modalidades objetiva e subjetiva. Tal providência, ainda que não seja objeto imediato da proposta deste ensaio ou, por outro lado, imprescindível aos seus fins, apresenta-se útil.

A convivência em sociedade gera, para aqueles que a integram, uma série de deveres cuja observância é fundamental para a própria perpetuação do grupo. Muitos desses deveres são de natureza jurídica e, quando não observados, geram a responsabilidade daqueles que os violam de forma injustificada (e, portanto, de forma ilícita).

Segundo a doutrina clássica sobre o tema, a responsabilidade deve repousar, via de regra, em uma relação de culpa, na medida em que não se mostra razoável que alguém receba um juízo de reprovação (ou uma sanção) afora das hipóteses em que a violação do dever se deu ou por vontade do agente ou porque ele não adotou as cautelas necessárias que lhe eram exigíveis diante da situação concreta.

Dito de outro modo, a responsabilidade civil exsurge, comumentemente, da violação de um dever jurídico e se constitui em fator gerador da obrigação de reparar aquele que sofreu algum dano. Com base nisso, pode-se concluir que a responsabilidade possui como pressuposto a existência prévia de um dever jurídico descumprido pela adoção de uma conduta, em virtude disso, ilícita.

Diz-se, por outro lado, que a imposição da obrigação de reparar o dano repousa na necessidade de se preservar a justiça e o equilíbrio social, uma vez que o dano ilicitamente sofrido provoca um desequilíbrio jurídico e econômico que precisa ser restaurado. O que se busca, com a reparação, então, é o retorno, tanto quanto possível, ao *status quo ante*. A justiça está em garantir, tanto quanto possível, a posição originária dos bens e dos indivíduos.

Essas, em palavras simples, as bases sociológicas da responsabilidade civil.

Cumpre destacar, porém, que, em virtude da existência de atividades sociais de diversas naturezas, a responsabilidade civil pode assumir diversas feições, "dependendo de onde provém esse dever e qual o elemento subjetivo dessa conduta".[18] Para os objetivos do presente ensaio, realçare-

---

[18] CAVALIERI FILHO, Sérgio. *Programa de Responsabilidade Civil*. 2ª ed., São Paulo: Malheiros Editores, 2000, p. 25.

mos apenas a distinção feita pela doutrina entre a responsabilidade objetiva e a subjetiva.

As diferenças conceituais entre ambas já estão assentadas doutrinariamente, não sendo necessário investigar aqui tal distinção em profundidade. Basta que se refira, singelamente, que a responsabilidade subjetiva assenta sua justificativa na existência de uma conduta culposa, real ou presumida, advindo daí o dever de reparar o dano causado pelo ilícito. Por culpa em sentido lato se deve entender, além da ausência das cautelas exigíveis no caso concreto, o dolo, que consiste na vontade conscientemente dirigida à produção do resultado ilícito.

Silvio Rodrigues leciona que o dolo se caracteriza pela ação ou omissão daquele que, antevendo o resultado danoso de sua conduta, ainda assim prossegue no seu intento.[19] Em outras palavras, o agente sabe que sua conduta causará um dano e, ponderando seus interesses particulares, prossegue no seu desiderato, em busca deliberada do resultado danoso.

A partir do que foi mencionado, é possível destacar, de forma singela, os elementos componentes da responsabilidade subjetiva, quais sejam, a conduta ilícita (porque não amparada pela norma como legítima), o dano, o nexo causal e a culpa.

A responsabilidade objetiva, também denominada "responsabilidade pelo risco", por outro lado, encontra seus fundamentos em outros fatores. Nesse sentido, costuma-se dizer que o aumento da complexidade das relações sociais ao longo dos séculos XIX e XX, em razão das transformações econômicas, políticas, sociais e científicas, terminou por tornar insatisfatória a teoria subjetiva enquanto fundamento para a responsabilidade civil, porquanto na moderna sociedade de massas a demonstração da culpa se tornou tarefa assaz difícil em algumas áreas da atuação humana.

Perante a nova realidade social, os juristas (dentre os quais se destacam Raymond Saleilles, Louis Josserand, Georges Ripert entre outros) se viram forçados a encontrar uma solução alternativa para a questão da responsabilização pelo dano, uma vez que freqüentemente ele resultava não reparado por não ter sido possível provar o elemento culpa exigido pela teoria subjetiva. Concebeu-se, então, a teoria do risco, por meio da qual seria possível responsabilizar aquele que desempenhasse uma atividade geradora de perigo. Aquele que exercesse tal espécie de atividade deveria assumir o risco de reparar o dano eventualmente produzido por ela, independentemente de ter agido com culpa (*lato sensu*).

Calha referir, nesse ponto, as palavras de Sérgio Cavalieri Filho e Carlos Alberto Menezes Direito:

---

[19] *Responsabilidade Civil*. 12ª ed., São Paulo: Saraiva, p. 160.

> "É que a implantação da indústria, a expansão do maquinismo e a multiplicação dos acidentes deixaram exposta a insuficiência da culpa como fundamento único e exclusivo da responsabilidade civil. Pelo novo sistema, provados o dano e o nexo causal exsurge o dever de reparar, independentemente de culpa. O causador do dano só se exime do dever de indenizar se provar a ocorrência de alguma das causas de exclusão do nexo causal: caso fortuito, força maior, fato exclusivo da vítima ou de terceiro.
> Na busca de um fundamento para a responsabilidade objetiva, os juristas conceberam a teoria do risco, que pode ser assim resumida: todo prejuízo deve ser atribuído ao seu autor e reparado por quem causou o risco, independentemente de ter agido ou não com culpa. Resolve-se o problema na relação de causalidade, dispensável qualquer juízo de valor sobre a culpa do responsável, aquele que materialmente causou o dano. O que importa, como assinalou Saleilles, é a criação do risco".[20]

Pois bem, no âmbito do processo civil, as duas modalidades de responsabilidade supramencionadas também são adotadas em suas linhas gerais.

Tanto isso é verdade que Galeno Lacerda refere ser a responsabilidade das partes pelos prejuízos causados umas às outras em razão de seu comportamento processual, tanto comissivo quanto omissivo, dividida em duas categorias: *objetiva*, quando resulta do simples fato do dano, oriundo do risco ou do ônus assumido pela parte, ou *subjetiva*, que pressupõe a má-fé, seja na modalidade culpa seja na de dolo.[21]

José Joaquim Calmon de Passos, por sua vez, embora adotando critério ligeiramente diferente, deixa entrever a presença das modalidades supramencionadas ao esclarecer que a responsabilidade civil no âmbito processual pode decorrer da sucumbência em si, quando, então, o perdedor deverá ressarcir ao vencedor as despesas que este tiver realizado, incluindo as custas processuais e honorários advocatícios; ou da utilização do processo de forma maliciosa, quando uma das partes litiga de má-fé e causa danos à outra parte (subjetiva, portanto); e, por fim, a responsabilidade pela simples execução da medida urgente por quem, ao final, é vencido pela outra parte (o que caracteriza a responsabilidade objetiva).

Não há dúvidas, portanto, que também no âmbito processual as categorias antes mencionadas – responsabilidade objetiva e subjetiva – estão presentes.

---

[20] DIREITO, Carlos Alberto Menezes; CAVALIERI FILHO, Sérgio. *Comentários ao Novo Código Civil*. Rio de Janeiro: Forense, 2004, v. 13, p. 11-12.

[21] *Comentários ao Código de Processo Civil*. 8ª ed., vol. VIII, tomo I, Rio de Janeiro: Forense, 2001, p. 311.

Com efeito, a par dos artigos mencionados no início do tópico anterior, que, como se analisará com mais profundidade adiante, se vinculam ao modelo de responsabilidade objetiva, existem dispositivos que prevêem a modalidade subjetiva de responsabilidade, como é o caso dos artigos 17 e 18 do Código de Processo Civil, os quais prevêem a condenação do chamado litigante de má-fé que, como se sabe, é aquele que se comporta, no processo, de forma dolosamente maldosa ou culposamente ímproba. Tal responsabilidade, aliás, não guarda qualquer ligação com o resultado da demanda, sendo cabível mesmo em desfavor daquele que se sagra vencedor da lide.[22]

Além disso, também pelo prisma histórico é possível constatar a presença destas duas espécies de responsabilidade, como decorre da própria evolução legislativa no âmbito do processo civil brasileiro. Nesse sentido, importante destacar que o próprio Código de Processo Civil de 1939 adotava, em relação à responsabilidade do requerente da medida cautelar, orientação diversa da que é adotada pela legislação processual vigente, como se infere a partir de seu artigo 688, parágrafo único, segundo o qual a responsabilidade civil pela efetivação da medida cautelar era subjetiva.[23]

Pontes de Miranda, a propósito, em seus *Comentários ao Código de Processo Civil de 1939*, deixa clara a natureza subjetiva da responsabilidade então adotada:

> "A responsabilidade – no caso de medida preventiva (a execução provisória, segundo os arts. 882, II, e 883, não o é) – *funda-se na culpa*".[24]

No que pertine ao tema do presente ensaio, cumpre frisar, tão-somente, que a espécie de responsabilidade escolhida pelo legislador de 1973 para as hipóteses de efetivação das medidas urgentes, antecipatórias ou cautelares, é a objetiva, como já mencionado.

Giuseppe Chiovenda, inicialmente no texto *La Condanna nelle Spese Giudiziali* e, posteriormente, na obra *Princípios de Direito Processual Civil*, defendeu a adoção da responsabilidade objetiva pelo manejo do processo. Lecionou o mestre italiano:

> "A medida provisória atua uma efetiva vontade da lei, mas uma vontade consistente em garantir a atuação de outra suposta vontade da lei:

---

[22] NERY JUNIOR, Nelson; NERY, Rosa Maria Andrade. *Comentários ao Código de Processo Civil*. 7ª ed., São Paulo: Revista dos Tribunas, 2003, p. 371.

[23] "A responsabilidade do vencido regular-se-á pelos arts. 63 e 64.
Parágrafo único. A parte que, maliciosamente ou por erro grosseiro, promover medida preventiva, responderá também pelos prejuízos que causar".

[24] MIRANDA, Pontes de. *Comentários ao Código de Processo Civil*. Rio de Janeiro: Editora Forense, 1949, v. 4, p. 125.

se, em seguida, v.g., se demonstra a inexistência dessoutra vontade, a vontade que se atuou com a medida provisória manifesta-se igualmente como uma vontade que não teria devido existir. A ação assecuratória é, por conseqüência, ela própria, uma ação provisória; e daí importa que se exerça, em regra, a risco e perigo do autor, quer dizer, que o autor, em caso de revogação ou desistência, seja responsável pelos danos causados pelo despacho, tenha ou não culpa; e isso pelas mesmas razões expostas a propósito da ação executiva anormal".[25]

Ao tratar da execução anormal, o mestre peninsular assevera:

"Importa, a esse propósito, observar que a lei confere a ação executória anormal ao particular a seu risco e perigo, quer dizer, fazendo-o juiz responsável da existência efetiva e seu direito à prestação: se se apurar que esse direito inexiste, ele obriga-se pelos danos. Recai num círculo vicioso a afirmação de que não se pode obrigar pelos danos aquele que se serve de um direito seu, porquanto esse direito de demandar não é absoluto, mas limitado justamente ao risco que o autor vitorioso assume. E é mais justo que suporte o dano aquele das duas partes que provocou, para vantagem própria, a medida finalmente injustificada, desde que a outra nada fez para acarretar a si própria esse dano e nada era obrigada a fazer para evitá-lo".[26]

Para o notável jurista italiano, a necessidade de utilização do processo, enquanto instrumento posto à disposição dos indivíduos, pelo Estado, para a solução dos conflitos intersubjetivos, não poderia resultar em prejuízo a quem é reconhecido (na sentença) como a parte que tem razão. Se o réu se sagra vitorioso, é porque tinha "razão" e, nessa condição, não se apresentaria justo que tivesse que suportar os prejuízos causados pela efetivação de uma medida urgente por parte de quem não a tem (a razão).

Ainda a respeito da utilização da responsabilidade civil no âmbito do processo, Galeno Lacerda esclarece que as duas modalidades antes mencionadas encontram suas raízes remotas no direito romano, sendo que a responsabilidade subjetiva teria como fonte a chamada *actio injuriarum* (fundada no ilícito subjetivo, cuja aplicação se constatou, ao longo do tempo, ser inviável em face da dificuldade com que se deparava a parte prejudicada de provar o dolo ou a culpa do causador do dano) e a objetiva na denominada *actio in factum.*[27]

---

[25] CHIOVENDA, Giuseppe. *Instituições de Direito Processual Civil.* Campinas: Editora Bookseller, 1998, p. 333-334.

[26] Op. cit, p. 329.

[27] Idem, p. 311 e 312.

Coniglio, a propósito, escreveu que os juristas medievais admitiam que aquele a quem, *injustamente*, havia sido imposta uma medida de arresto, assistia o direito de obter uma indenização pelos danos sofridos em virtude do cumprimento da medida. Porém, observa Coniglio, a prova de que a conduta daquele que executara a medida era dolosa ou culposa, pressuposto para a *actio injuriarum*, era assaz difícil, motivo pelo qual passou a adotar a sistemática da *actio in factum*, que mais facilmente satisfazia o interesse daquele que fora lesado.[28] Todavia, mesmo nessa hipótese, admitia-se a contraprova de que a medida não havia sido realizada com abuso ou má-fé.

Merece destaque, no entanto, o fato de que a responsabilidade civil pela execução de medidas judiciais jamais se afastou, durante toda a Idade Média, do elemento culpa,[29] sendo que as maiores mudanças no modelo somente começaram a ocorrer, como já dito, ao final da Idade Moderna e início da Contemporânea, momento esse que coincide com as profundas mudanças econômicas, políticas e culturais operadas na sociedade ocidental pelo surgimento e aprofundamento das relações mercantis capitalistas, com seus respectivos valores e princípios, dentre os quais a segurança jurídica, tão importante para a nova realidade burguesa do século XVIII e seguintes.

Aliás, segundo Calmon de Passos, o fundamento da responsabilidade objetiva adotada pelo legislador do Código de 1973 bem revela o seu comprometimento ideológico com o valor "segurança jurídica" que imprime aos atos emanados do Poder, mormente quando se discutem interesses de natureza patrimonial. Para aquele que se beneficiou economicamente, ainda que de forma provisória, há que incidir a responsabilidade pelo prejuízo sofrido pela outra parte.[30]

Vale dizer: a proteção que as disposições sobre a responsabilidade civil objetiva encerram têm em mira, principalmente, a salvaguarda dos interesses patrimoniais do demandado. Trata-se de se proteger, tanto quanto possível, o *status quo* contra quaisquer mudanças. É como se o sistema contivesse, de forma implícita, a regra segundo a qual aquele que pretende provocar transformações (mediante a atividade substitutiva do Estado), ainda que o faça sob o manto da legitimidade, deve arcar com a responsabilidade pelo eventual insucesso da tentativa. Privilegia-se, sobremodo, a manutenção das coisas nos lugares em que elas se encontram.[31]

---

[28] *Apud* SILVA, Ovídio A. Baptista da. *Do Processo Cautelar*. 2ª ed., Rio de Janeiro: Forense, 1999, p. 205-206.

[29] Idem, p. 206.

[30] Responsabilidade do Exeqüente no novo Código de Processo Civil. *Revista Forense*, Rio de Janeiro, Forense, n° 246, 1974.

[31] O que, mais uma vez, demonstra o comprometimento do sistema com os valores jurídicos oitocentistas.

Ora, tal escopo não poderia ser perfeitamente alcançado pela teoria subjetiva, haja vista o fato de que ela, como explica Galeno Lacerda, não contém solução satisfatória para os casos de responsabilização pela utilização legítima da ação quando ela, ao final, vem a ser julgada improcedente. Para esses casos, diz o renomado jurista gaúcho, a teoria objetiva, por necessitar da demonstração da existência de uma conduta culposa por parte do requerente, tem o mérito de autorizar a reparação do dano sofrido pelo demandado, em virtude da execução da medida urgente nas hipóteses em que este vencer a ação.

Todavia, como bem adverte Ovídio Baptista da Silva, ao contrário do que comumente se pensa, tanto a responsabilidade objetiva quanto a subjetiva repousam sobre o mesmo princípio, qual seja, o da culpa. A distinção que existe entre ambas, segundo o jurista, dá-se apenas no plano das aparências, porquanto, submetendo-as a um olhar mais crítico, se constata que suas justificativas assentam sobre essa mesma base.

Em que pese o brilhantismo dos argumentos utilizados em favor do princípio da responsabilidade civil objetiva, o fato é que tal sistema não é adotado unanimemente pelas legislações alienígenas, fato esse que, por si só, já é motivo suficiente para que se autorize a discussão ora levada a efeito.

5. Direito comparado

A sistemática adotada pelo ordenamento brasileiro – responsabilidade objetiva – não é adotada por diversos outros ordenamentos jurídicos de mesma tradição romano-canônica. Aliás, Victor A. Bomfim Marins refere que a maioria dos outros sistemas jurídicos adota o regime da responsabilidade subjetiva quanto ao ressarcimento pelos eventuais danos causados pela execução da medida urgente.[32]

Nesse sentido, impende destacar que o Código de Processo Civil e Comercial da Argentina, em seus artigos 207 e 208, consagra a opção pela responsabilidade subjetiva.[33] O Código Processual da Colômbia segue a

---

[32] Tutela Cautelar: *Teoria Geral e Poder Geral de Cautela*. Curitiba: Juruá, 1996, p. 373.

[33] "Artículo 207 – Caducidad.- Se producirá la caducidad de pleno derecho de las medidas cautelares que se hubieren ordenado y hecho efectivas antes del proceso, si tratándose de obligación exigible no se interpusiere la de manda dentro de los diez días siguientes al de su traba, aunque la otra parte hubiese deducido recurso. Las costas y los daños y perjuicios causados serán a cargo de quien hubiere obtenido la medida, y esta no podrá proponerse nuevamente por la misma causa y como previa a la promoción del proceso; una vez iniciado éste, podrá ser nuevamente requerida si concurrieren los requisitos de su procedencia.
Las inhibiciones y embargos se extinguirán a los cinco años de la fecha de su anotación en el registro que corresponda, salvo que a petición de parte se reinscribieran antes del vencimiento del plazo, por orden del juez que entendió en el proceso.

mesma linha, à medida que faz referência à responsabilidade nas hipóteses de lides temerárias ou marcadas pela má-fé. A mesma perspectiva é adotada pela legislação portuguesa, espanhola e italiana.

Aqui uma ressalva. O Código de Processo Civil brasileiro, cujas linhas teóricas são explicitamente caudatárias da doutrina italiana, não segue a opção feita pela legislação processual peninsular, pois nesta se adotou outra sistemática, como se depreende do artigo 96.1 do Código de Processo italiano, o qual impõe a responsabilidade subjetiva do exeqüente da medida urgente pelos danos causados pela execução do provimento jurisdicional quando se verificar "falta de normal prudência".[34]

De outra banda, a codificação alemã (*Zivilprozeordnung*), em seu § 945, bem como a austríaca, acolhe a perspectiva da responsabilidade objetiva, como resultado, segundo Galeno Lacerda, principalmente da influência do pensamento de Merkel e Unger. Assim dispõe o dispositivo em comento:

> "Se o decreto de arresto ou de medida cautelar resultarem injustificados, ou forem revogados, na forma dos §§ 926, inciso 2, e 942, inciso 3, a parte que os pediu terá que indenizar à outra os prejuízos que lhe houver causado em virtude da execução de tais medidas ou pela necessidade de prestar caução para evitar ou obter o arresto".

Com efeito, segundo o § 945 da legislação alemã, o autor da medida cautelar deverá indenizar o requerido quando se verificar, ao final, que ela era radicalmente injustificada. Ora, "radicalmente injustificada" quer dizer, a toda evidência, que a medida não encontrava amparo desde o seu nascedouro.

Fritz Baur, em relevante obra sobre a tutela cautelar, assevera que uma obrigação de indenizar somente terá lugar quando se verificar que a pretensão ao arresto ou à causa dele não se achavam configuradas ao tempo da decretação da medida urgente.[35] Quanto ao seu fundamento, o jurista explica que ele repousa no sacrifício que o demandado teve de fazer

---

Artículo 208 – responsabilidad.- Salvo en el caso de los arts. 209, inc. 1., Y 212, cuando se dispusiere levantar una medida cautelar por cualquier motivo que demuestre que el requirente abuso o se excedió en el derecho que la ley otorga para obtenerla, la resolución lo condenara a pagar los daños y perjuicios si la otra parte lo hubiese solicitado.
La determinación del monto se sustanciara por el trámite de los incidentes o por juicio sumario, según que las circunstancias hicieren preferible uno u otro procedimiento a criterio del juez, cuya decisión sobre este punto será irrecurrible".

[34] "Il giudice che accerta l'inesistenza del diritto per cui à stato eseguito un provvedimento cautelare, o trascritta domanda giudiziale, o iscrita ipoteca giudiziale, oppure iniziata o compiuta l'esecuzione forzata, su istanza della parte danneggiata, condanna al risarcimento dei l'attore o il creditore procedente, che há agito senza la normale prudenza. La liquidazione dei danni è fatta a norma dei comma precedente".

[35] BAUR, Fritz. *Tutela Jurídica mediante medidas cautelares*. Porto Alegre: Sergio Antonio Fabris Editor, 1985, p. 145.

para suportar uma demanda (e as medidas judiciais ordenadas) que se constata ser injustificada:

> "A idéia básica da responsabilidade certamente é a seguinte: o adversário da demanda, em razão da ordem judicial, tem de tolerar uma interferência em sua esfera de ação e em seu patrimônio que, após exame de revisão no processo ordinário (processo principal ou de reparação de dano), se constata ser injustificada. Os direitos de defesa, que de ordinário são assegurados pela ordem jurídica contra interferências ilegítimas, lhe são tirados por meio da ordenação temporária, sendo ele constrangido a 'tolerar', mas facultando-lhe 'liquidar' ulteriormente. Desta sorte, a pretensão a reparação do dano, na conformidade do § 945 do ZPO, enfileira-se na categoria das pretensões derivadas do sacrifício".[36]

Assim, ao que se constata, não é majoritária a sistemática adotada pelo Código de Processo brasileiro. Aliás, segundo Victor A. Bomfim Marins, o próprio Chiovenda reconhecia, não sem discordar, a tendência dominante em limitar a condenação pelos danos causados pela execução da medida provisória ou preventiva às hipóteses de conduta culposa.[37]

6. Crítica ao modelo:
as hipóteses de responsabilidade objetiva prevista nos artigos 273, § 3° e 811, ambos do CPC, se coadunam com as normas e princípios constitucionais consagrados na novel Carta Magna?

O direito, como já mencionado, é um sistema e como tal deve ser interpretado e analisado, sob pena de não se conseguir conferir-lhe um mínimo de aplicabilidade, pois, ainda que não se deva considerá-lo como acabado e completo, predicados esses que compõem o dogma jusracionalista fundado no iluminismo, já denunciado pela moderna doutrina como falso, nada obsta considerá-lo como um autêntico sistema. Enquanto tal, ele é orientado e estruturado sob princípios e normas que lhe dão sentido e apontam para uma, ou várias, finalidades gerais a serem alcançadas pelo ordenamento, dentre as quais se insere entrega de uma prestação jurisdicional célere e justa.

Calha referir, nesse ponto, a justa lição de Eros Roberto Grau, que assevera ser possível definir "sistema jurídico (cada sistema jurídico) como uma ordem teleológica de princípios gerais de direito. Não se trata,

[36] Idem, p. 151.
[37] Op. cit, p. 374.

note-se bem, de ordem de normas, conceitos, institutos, valores ou axiomas, mas de ordem de princípios gerais".[38]

Juarez Freitas, por sua vez, vai mais a fundo e assevera ser apropriado conceituar o sistema jurídico como "uma rede axiológica e hierarquizada topicamente de princípios fundamentais, de normas estritas (ou regras) e de valores jurídicos cuja função é a de, evitando ou superando antinomias em sentido lato, dar cumprimento aos objetivos justificadores do Estado Democrático, assim como se encontram consubstanciados, expressa ou implicitamente, na Constituição".[39]

No topo do sistema se encontra o vértice do qual emanam as diretrizes axiológicas e teleológicas, formado pela Constituição Federal da República, a qual constitui a principal fonte de princípios informadores da ordem jurídica. Assim, por exemplo, nos termos do artigo 1°, § 3°, inciso I, da Constituição Federal de 1988, constitui um dos objetivos fundamentais da República Federativa do Brasil a construção de uma sociedade livre, justa e solidária.

Partindo dessa perspectiva, as considerações a serem feitas com relação ao sistema adotado no Código de Processo Civil quanto à responsabilidade do autor são de duas ordens: a primeira diz respeito à possível desigualdade de tratamento conferida pela lei entre o requerente e o requerido no processo, impondo àquele o ônus de indenizar os prejuízos sofridos por este quando sair perdedor da demanda sem que, no entanto, exista previsão de tratamento semelhante quando se tratar de réu que resiste ao processo e vem a perder ao final. A outra linha de considerações parte da perspectiva, não menos significativa, das relações que tais disposições mantêm com os princípios constitucionais vigentes. Ressalte-se, contudo, que independentemente do foco das considerações, a discussão tem por pano de fundo, constantemente, a tessitura normativa e os valores que daqueles princípios emanam para toda a ordem jurídica.

Como já afirmado, Constituição Federal de 1988 consagra em seu texto uma plêiade de princípios de aplicabilidade necessária no âmbito do Direito Processual, dentre os quais avultam, por sua fundamentalidade em relação à problemática ora analisada, os princípios da igualdade, da ampla defesa, do contraditório, do devido processo legal e, ainda, o da garantia da inafastabilidade da jurisdição (art. 5º, inciso XXXV).

Tais princípios consubstanciam um modelo de sociedade e de Estado, representando um objetivo a ser alcançado pela atuação de seus diversos órgãos. Mas, mais do que isso, representam a positivação de uma carga de valores cuja possibilidade de concretização é imediata. Esse potencial

---

[38] *O Direito posto e o Direito pressuposto.* 2ª ed., São Paulo: Malheiros, 1998, p. 19.

[39] *A Interpretação sistemática do direito.* 3ª ed., São Paulo: Malheiros, 2002, p. 54.

pode (na verdade "deve") ser realizado, dentre outras formas, mediante a releitura dos diplomas jurídicos infraconstitucionais, adaptando-os ao novo contexto principiológico. Por força da estrutura axiológica e teleológica contida no sistema, é impossível negar que há um "dever" de que toda e qualquer hermenêutica seja, antes de qualquer coisa, uma hermenêutica constitucional.

É nesse contexto que, já adentrando na primeira ordem de ponderações, se constata que o vigente Código de Processo Civil consagra uma brutal desigualdade de tratamento processual, na medida em que atribui ao autor da demanda um ônus que não atribui ao réu, não obstante a identidade de situações que freqüentemente se possa verificar entre ambos.

Observe-se que, segundo o que dispõe o nosso Código, caso o autor da demanda que execute uma medida antecipatória ou cautelar venha, ao final, a sucumbir em seu pleito, deverá arcar com o ônus de indenizar os prejuízos sofridos pela outra parte. A idéia que está por trás disso, como antes mencionado, é que a utilização do processo pelo jurisdicionado não pode resultar em prejuízo a quem tem razão (no caso, o demandado, por ter vencido). Assim, se o autor perdeu a demanda, é porque não tinha o direito que alegava ter e, portanto, tem o dever de arcar e ressarcir o prejuízo eventualmente sofrido pelo réu, o qual foi injusto e indevido (pela ausência do direito do autor).

Tal disposição consagra algo semelhante à Teoria do Risco, impondo àquele que demanda e obtém um provimento provisório o risco de ter, ao final, que indenizar aquele que nada poderia fazer para se opor ao exercício do direito de ação por parte do autor.

O problema é que não se verifica igual forma de tratamento para a hipótese do réu que, litigando de forma aguerrida (freqüentemente, poderia se dizer, "sem razão"), ao final sucumbe ante o autor. Nessa situação, o réu que, ao longo de todo o processo, resistiu à pretensão do autor, opondo-lhe todos recursos e instrumentos processuais possíveis disponibilizados pela ordem jurídica, não arcará com qualquer ônus indenizatório. Ocorre que o "risco" assumido pelo requerido ao contestar não diverge, ontologicamente, daquele assumido pelo autor ao propor a demanda.

Note-se, contudo, que não se pode afirmar que a resistência do réu não seja absolutamente legítima sob o ponto de vista formal, ainda mais porque fundada no princípio da ampla defesa (assim como legítimo é o exercício do direito de ação), mesmo em situações que, na prática, não se mostrem legítimas. E é em razão dessa legitimidade que, ainda que tenha causado prejuízo ao autor vencedor (e não se pode dizer que o retardamento não causa), não poderão os prejuízos ser objeto de responsabilização semelhante àquela prevista em relação ao autor na hipótese em que, ao invés de sagrar-se vencedor, sucumbe.

A eventual responsabilidade do réu, como decorrência de sua conduta processual, somente surgirá em situações específicas, onde reste demonstrado que agiu de forma ímproba.

É por tais razões que, com efeito, não se pode concordar com o entendimento adotado por Paulo Afonso Brum Vaz, quando sustenta que desonerar o autor da responsabilidade seria inverter a situação de iniqüidade reinante no sistema, atribuindo ao réu um ônus suportado pelo autor, o que ao final não resolveria o problema. Não se pode concordar, também, com a afirmação do eminente jurista quando refere que o Código de Processo Civil disponibiliza uma série de instrumentos voltados a coibir abusos na conduta do réu, os quais inclusive podem ser aplicadas *ex officio* pelo juiz, tais como a antecipação de tutela punitiva (art. 273, inciso II) ou a sanção pecuniária por litigância de má-fé.[40]

A razão pela qual não se afigura possível acompanhar tal raciocínio repousa no simples fato de que as medidas disponibilizadas pelo Código de Processo pressupõem que se reconheça, em relação ao comportamento do réu, uma conduta ilegítima, fator esse que as torna diferentes da responsabilização do autor pela efetivação das medidas de urgência. Tanto a sanção por litigância de má-fé (que somente tem lugar, como já salientado, quando há uma conduta dolosa ou culposamente ímproba) quanto a antecipação de tutela punitiva (artigo 273, inciso II, do CPC) são resultados de um juízo negativo sobre a conduta processual da parte e não meras conseqüências de sua atuação.

Assim, não há, *data venia*, como enxergar nos mecanismos apontados pelo ilustre jurista elementos suficientes para equilibrar a relação.

Importa salientar que a demora na obtenção do bem da vida postulado pelo autor por conta da resistência do réu é, indubitavelmente, fonte de prejuízo para aquele que, segundo expressão correntemente utilizada, "tem razão", configurando aquilo que a doutrina tem chamado de "dano marginal". O decurso do processo, como é sabido, sempre traz em si uma ineliminável demora cuja conseqüência, para o autor, é a privação do bem que, na hipótese de ser julgada procedente sua ação, lhe teria sido devido desde o início (segundo a perspectiva adotada para justificar, *a contrario senso*, a responsabilidade civil em caso de sucumbência). Tal constatação, entretanto, não sofreu qualquer espécie de consideração por parte do legislador de 1973.

Esse é o entendimento de Fernando Sperb que, com acerto, refere que não se cogita da responsabilidade objetiva do réu que resiste às pretensões do autor, cautelares ou antecipatórias, e que vem a sucumbir ao final,

---

40 VAZ, Paulo Afonso Brum. *Manual da Tutela Antecipada: Doutrina e Jurisprudência*. Porto Alegre, Livraria do Advogado, 2002, p. 240.

quanto aos danos causados pelo retardamento da obtenção da tutela jurisdicional definitiva por parte do autor. E prossegue afirmando que seria mais adequado que se adotasse o sistema da responsabilidade subjetiva, à semelhança do processo italiano, que, como já se viu, atribui o dever de indenizar apenas quando se verificar que a parte não agiu com a prudência que seria normal. Caso essa fosse a solução dada pelo Código de Processo Civil, estaria garantido um tratamento mais isonômico entre as partes,[41] ao que se acrescenta: mais justo.

A lógica subjacente ao sistema então se revela: responsabiliza-se o autor, objetivamente, como se ele pudesse (como se isso fosse possível) saber, de antemão, qual seria o resultado da ação. Porém, se mesmo sem saber (como de fato não pode saber, pois as variáveis são muitas e imprevisíveis) resolve efetivar a medida, num gesto legítimo e por acreditar que efetivamente terá o seu direito reconhecido ao final da lide, diz a doutrina que ele assumiu o risco.

Mas, pergunta-se, e o réu, quando contesta, já sabe qual será o resultado da demanda? Se "sabe" que não tem razão e mesmo assim se opõe, litiga de má-fé. Se não sabe, e mesmo assim contesta, acaso não assumiria, à semelhança do autor, o risco de causar a este um prejuízo? A semelhança entre esta situação e aquela utilizada pela doutrina para justificar a imposição da responsabilidade objetiva (assumir o risco) é inegável, de modo que não se compreende a razão para o tratamento legalmente diferenciado entre autor e réu.

Diante disso, não há como negar que, processualmente, não há tratamento isonômico entre as partes. Observe-se que não se está a afirmar que a isonomia, enquanto princípio jurídico, deve ser levada às últimas conseqüências, igualando-se de forma absoluta quaisquer das partes, sejam elas de que natureza forem. O que se está a questionar é: se a isonomia processual é um "bem" jurídico (no sentido de ser almejável e desejável ao processo), será que a adoção da responsabilidade objetiva tão-somente em relação ao autor representa o "limite" de sua concretização, no âmbito da chamada tutela de urgência? Não será possível pensar um sistema que confira às partes um tratamento mais democrático e justo do que aquele que hoje vige em nosso sistema?

O que se verifica, assim, em virtude de a responsabilidade pelos danos recair objetivamente apenas sobre o autor que executa a medida urgente, é o surgimento de uma desconcertante disfunção no tratamento conferido às partes pela lei. Não seria temerário afirmar que, em última instância, a injustiça (por falta de isonomia) embutida na sistemática adotada pelo

---

[41] SPERB, Fernando Augusto. Tutela de urgência e responsabilidade objetiva do autor da demanda. Gênesis: *Revista de Direito Processual Civil*, Curitiba: Gênesis, vol. 18, out.-dez. 2000, p. 658-677.

legislador no Código de Processo Civil, termina por solapar a própria constitucionalidade de suas disposições, na medida em que viola um dos princípios fundamentais da ordem jurídica vigente, qual seja, o da igualdade.

Leonardo Greco, ao tratar da responsabilidade daquele que executa provisoriamente um sentença sujeita à recurso, em lição que tem plena aplicabilidade à questão ora examinada, deixa claro seu entendimento de que falta isonomia no sistema:

> "se o devedor somente responde pelos prejuízos que causar ao credor em decorrência da resistência maliciosa à execução, é conferir ao credor tratamento discriminatório sujeitá-lo ao risco de responder por prejuízos causados sem qualquer culpa".[42]

Impende destacar que, quando alguém necessita se valer da jurisdição para obter a satisfação de um direito que julga possuir, o faz principalmente porque assim impõe a ordem jurídica. Quando o direito não é realizado espontaneamente, aquele que se julga lesado por tal descumprimento não pode – via de regra –, adotar atitudes para realizá-lo privadamente, tendo de se submeter à imposição de postular a tutela estatal, por meio da função jurisdicional. A razão disso, como se sabe, repousa na já referida monopolização por parte do Estado Moderno quanto à utilização dos meios necessários à realização coercitiva dos deveres ou obrigações impostos pela ordem jurídica.

Busca-se o serviço estatal representado pela jurisdição porque não há alternativa. Essa é a lição de Ovídio Baptista da Silva, quando assevera que "a necessidade de se valer do processo não decorre nunca da resistência do vencido, mas da proibição, imposta pelo Estado, de que o titular do direito o realize privadamente."[43]

Destarte, por vedar a realização privada do direito, o Estado viu-se obrigado a outorgar aos indivíduos o direito de bater às suas portas e pedir providências, bem como a adotá-las, ainda que ao final se revele insubsistente o pedido feito pelo jurisdicionado. Ocorre que, *permissa venia* aos que pensam diferentemente, nos moldes em que está estruturada a sistemática brasileira, desigualando aqueles que deveriam ser tratados de forma igual, a conclusão não pode ser outra que não seja a de que se está a "punir" o exercício legítimo de um direito constitucionalmente assegurado.

Com efeito, e aqui iniciamos a abordagem da segunda ordem de ponderações, a aplicação da responsabilidade objetiva, quanto ao dever de indenizar os danos causados pela efetivação da medida, pelo tão-só fato

---

[42] GRECO, Leonardo. *O Processo de Execução*. Rio de Janeiro: Editora Renovar, 2001, v. 2, p. 55.
[43] *Da Sentença Liminar à Nulidade da Sentença*. Rio de Janeiro: Forense, 2001, p. 136.

da improcedência da demanda não se coaduna com os valores democráticos subjacentes ao exercício da garantia constitucional do direito de ação, previsto no artigo 5°, inciso XXXV, da Constituição Federal.

Fernando Sperb afirma, nesse sentido, que a aplicação da responsabilidade objetiva ao demandante significa, ao fim e ao cabo, impor a responsabilidade pelo exercício de uma atividade legítima, constitucionalmente garantida (direito de ação). E prossegue afirmando que "assim como o contraditório e a ampla defesa são assegurados ao demandado, não se impondo responsabilidade pelo seu devido respeito, dever-se-ia agasalhar melhor a questão do direito de ação constitucionalmente garantido".[44]

Não é outro o entendimento de Victor Bomfim Marins, quando refere que, "ao responsabilizar o litigante pela atuação (jurisdicional) do Estado, que, afinal, é quem julga e pratica o ato danoso, apenas requerido pelo interessado, o legislador levará o pretendente da cautela a inibir-se diante do risco a que esteja exposto, preferindo, não raro, sofrer o dano que considera injusto. Tal conseqüência, seguramente não consulta aos princípios do acesso à justiça e da segurança jurídica. Afinal, o manejo da ação é direito da pessoa e o seu exercício só deve ser reprimido se permeado de conduta reprovável segundo a melhor principiologia".[45]

Em obra já citada, Leonardo Greco igualmente denuncia a incompatibilidade entre a responsabilização objetiva e a moderna garantia de acesso ao judiciário. Assim leciona o eminente professor da Faculdade de Direito da Universidade Federal do Rio de Janeiro:

> "Mas a responsabilidade objetiva vulnera também o direito de acesso à Justiça do credor (Constituição, artigo 5, inciso XXXV), criando obstáculo imensurável ao exercício do direito de ação.
> Com efeito, os riscos que o litigante de boa-fé enfrenta em decorrência do ingresso em juízo hão de ser pré-determinados e módicos, limitando-se aos encargos da sucumbência, para que, devidamente sopesados pelo autor antes do ajuizamento da demanda, influam objetivamente na decisão de vir a juízo, refreando apenas o litigante temerário, e não criando efeito intimidativo excessivo em relação àquele que tem certeza do seu direito. Acresça-se que dos riscos da sucumbência o autor necessitado pode livrar-se através do benefício da assistência judiciária gratuita.
> Ora, a possibilidade de recair sobre o credor a condenação a ressarcir prejuízos ilimitados sofridos pelo devedor, ainda que tenha litigado de boa-fé, com plena convicção da existência do seu direito, consti-

---

[44] SPERB, Fernando Augusto. Tutela de urgência e responsabilidade objetiva do autor da demanda. Gênesis: *Revista de Direito Processual Civil*, Curitiba: Gênesis, vol. 18, out.-dez. 2000, p. 658-677.

[45] *Tutela Cautelar: Teoria Geral e Poder Geral de Cautela*. Curitiba: Juruá, 1996, p. 369.

tuirá injusta inibição ao exercício do direito de acesso à Justiça, equiparando o comportamento lícito ao ilícito e sujeitando quem exerceu direito constitucionalmente assegurado ao risco de perda patrimonial de alcance imprevisível".[46]

Não se pode negar que a responsabilização do autor da medida urgente nos casos em que, mesmo acreditando sinceramente que possui o direito que alega ter, vem a sucumbir, sem que tenha agido de má-fé ou temerariamente representa, indubitavelmente, a colocação de forte elemento inibidor da utilização daquela garantia constitucional antes mencionada. E por representar em alguma medida certa inibição a um princípio constitucional, não há como deixar de ter sérias dúvidas quanto à constitucionalidade de uma tal disposição.

Com efeito, a garantia constitucional do acesso à justiça, que para Rui Portanova constitui um princípio pré-processual e até supraconstitucional,[47] por ser um dos pilares do sistema jurídico e um dos fundamentos do Estado Democrático de Direito, não pode sofrer qualquer espécie de relativização ou cerceamento. Qualquer disposição normativa que, em última análise, funcione como um desestimulador ao uso legítimo do direito de acesso à tutela jurisdicional, do ponto de vista axiológico, está em desacordo com os princípios constitucionais.

Convém frisar, no entanto, que o problema não está apenas na utilização da responsabilidade objetiva em si, mas principalmente na diferença de tratamento conferida às partes no processo, porquanto não se constata, objetivamente, razões para distinguir a "injustiça" do dano causado pela execução da medida urgente em ação que ao final é julgada improcedente e a "injustiça" do dano causado pelo retardamento da obtenção do direito material quando a ação é procedente. É essa desigualdade que, a toda evidência, conflita com os valores informados pelos princípios constitucionais vigentes.

Observe-se que ninguém é obrigado a saber, de antemão, qual o resultado de uma eventual demanda. A incerteza em que se encontram as partes quanto ao resultado, ao ocuparem suas posições em uma determinada lide, aliás, é uma das características apontadas pela doutrina acerca da relação processual enquanto fenômeno jurídico. Se não há certeza alguma quanto ao resultado, não se afigura justo – pelas razões antes expendidas –, impor ao autor a responsabilidade pelos prejuízos que porventura ocorram ao demandado.

Galeno Lacerda, como já mencionado, assevera que a teoria subjetiva não satisfaz diante dos casos de uso legítimo do direito de ação. Contudo

---

[46] Op. cit., p. 55-56.

[47] *Princípios do Processo Civil*. 2ª tiragem, Porto Alegre: Livraria do Advogado, 1997, p. 109.

a teoria objetiva, fundada na assunção do risco, está assentada sobre uma circunstância que, *venia concessa*, a impede de ser acolhida de forma adequada quando se trata da questão do uso do direito de ação. É que neste caso, ainda que se possa imaginar que o autor tenha consciência de que poderão ocorrer danos por conta da efetivação da medida urgente, na maior parte das vezes tais danos não são vistos, de sua parte, como ilícitos ou indevidos. Não é demais lembrar que aquele que propõe uma ação, normalmente acredita estar com a "razão".

Há, ainda, um outro aspecto que merece ser considerado. É que a obtenção e a execução de qualquer das medidas urgentes mencionadas somente se torna possível porque, previamente, houve a apreciação, por parte do órgão estatal constitucionalmente incumbido, dos pré-requisitos estabelecidos na lei processual. Se a medida é executada é porque foi autorizada, pelo Estado-juiz, que assim agiu tão-somente porque considerou estarem presentes as condições que lhe são próprias. Do contrário, a medida não teria sido deferida e não poderia ser executada.

Ora, aqui surge efetivamente uma questão relevante. O Estado-juiz, apreciando o pedido feito pelo autor, considera estarem presentes, *prima facie*, os requisitos legais. O autor, então, respaldado na decisão judicial – que está a corroborar a sua crença de que está com a *razão* –, promove a execução da medida. Porém, ao final, após um exame aprofundado dos fatos, em cognição exauriente, em que ambas as partes, via de regra, participaram ativamente no processo, aduzindo seus argumentos, acaba não obtendo a chancela judicial de sua pretensão. Em virtude disso, deverá, não obstante a crença no acerto de sua pretensão, na legitimidade de seu direito de agir, os quais restaram confirmados, ainda que inicialmente pelo juiz, indenizar a parte contrária!

O paradoxo é evidente. O autor, que a rigor não tem como saber qual será o resultado final da demanda, é, primeiramente, autorizado pelo Estado – porque satisfez as exigências que lhe são impostas – a executar a medida e, ao final, se não lograr êxito em sua pretensão, é responsabilizado pelos danos causados pela medida legitimamente obtida e executada, sem nada ter feito para merecer isso!

Bem se vê, a partir do que foi exposto, que, em primeiro lugar, o tratamento conferido às partes pelas normas processuais resulta por ferir o princípio da isonomia processual (injustificadamente, a partir da perspectiva aqui adotada) e, em segundo lugar, que a questão da responsabilidade objetiva pela execução das medidas urgentes é matéria deveras questionável, estando a demandar maiores estudos e reflexões, a fim de que seja possível superar os problemas que a atual sistemática suscita.

Não se vêem razões para responsabilizar objetivamente o autor da demanda pelos prejuízos que a medida porventura cause e, de outro lado, não responsabilizar o réu, também objetivamente, pela demora causada quando a sucumbência revela que sua resistência foi "injustificada". Dito de outro modo, não se vislumbram argumentos irrefutáveis para que ao demandado seja concedido o "benefício" de responder tão-somente quando agir com culpa (ainda que em sua conduta force o autor a suportar um dano marginal decorrente da demora na obtenção do bem da vida pretendido) e o autor, contrariamente, de forma objetiva, quando está a exercer um legítimo direito constitucional.

Descabe alegar, nesse passo, o argumento de Giuseppe Chiovenda de que o réu nada poderia fazer para evitar a demanda e, por isso, nada mais justo do que o indenizar pelos prejuízos sofridos. Ora, se tal argumento parece justificar a responsabilidade objetiva do autor, o mesmo argumento pode ser utilizado para sustentar a responsabilidade objetiva do réu, na medida em que o autor igualmente nada pode fazer quando este, no curso do processo, se utiliza de todos os recursos e expedientes processuais para evitar (ou protelar, nalguns casos) a obtenção da satisfação de sua pretensão.

Da mesma forma, o argumento de que aquele que demanda assume o risco de sucumbir não serve para justificar a regra adotada pelo Código dos Ritos, na medida em que, semelhantemente, o réu que contesta também assumindo o risco de, com sua resistência, causar um prejuízo ao autor, decorrente da demora na obtenção da satisfação de sua pretensão. Isso porque, em princípio, todo e qualquer direito deduzido em uma demanda judicial torna-se, *ipso facto*, controverso, fazendo surgir, em razão disso, uma inevitável incerteza quanto a quem será ao final vencedor da demanda.

Destarte, por todas essas razões é que se torna extremamente difícil conseguir ver, no sistema adotado pelo ordenamento processual pátrio, a possibilidade de se consubstanciarem os princípios antes mencionados, mormente os constitucionais.

É que tais princípios, dentre os quais se insere o da isonomia processual, da igualdade material, do devido processo legal e a garantia de acesso à jurisdição, dentre outros, irradiam seus efeitos sobre todo o sistema jurídico e, na óptica defendida, impõem um tratamento igualitário entre as partes.

Ao final das contas, o que se percebe é que o sistema, ao punir o requerente que propõe uma medida urgente e a executa provisoriamente, está comprometido com um dos valores fundamentais do pensamento iluminista liberal, qual seja a segurança jurídica. Num ambiente onde deve prevalecer, tanto quanto possível, a estabilidade das relações jurídicas, mormente aquelas de cunho patrimonial, deve-se obstaculizar ao máximo a utilização temerária da jurisdição, funcionando a responsabilidade objetiva como um instrumento de desestímulo a tais ações.

Vale lembrar que Francesco Canelutti "percebeu muito bem a lógica do sistema da responsabilidade objetiva, ao dizer que fora necessário desestimular a procura do serviço judicial, pondo um freio enérgico que reduzisse o número de litígios, pela da criação de um gravame econômico, a tal ponto oneroso para o sucumbente que evitasse as lides temerárias ou improváveis",[48] mormente porque, com o fim do *antigo regime*, os segmentos sociais meramente coadjuvantes das transformações econômicas estavam a reclamar o exercício de diversos direitos, dentre os quais o de utilizar os serviços jurisdicionais prestados pelo novo Estado.

Tal argumento, contudo, deve ser visto com reservas no atual contexto histórico de massificação das relações sociais e, por conseguinte, das relações jurídicas. A expansão dos serviços prestados pelo Estado, bem como a moderna visão de acesso à justiça reclama uma nova perspectiva acerca do ônus da utilização do processo, no sentido de se encontrar um modelo que supere o paradigma liberal-iluminista. As sucessivas gerações de direitos pelas quais vem passando a humanidade ao longo dos últimos séculos impõem uma nova concepção de direito, que será tanto mais justa quanto mais inclusiva.

A par disso, não se pode olvidar que a garantia de acesso ao Judiciário traz, como corolário, o direito subjetivo à tutela de urgência, na medida em que somente esta se apresenta como eficaz diante de situações urgentes. Em outras palavras, é direito subjetivo público, a todos outorgado pela Constituição, a utilização de medidas urgentes antecipatórias ou cautelares. Ora, se há um direito à obtenção (e, por óbvio, à efetivação) das medidas urgentes, como impor, de forma legítima, a responsabilidade tão-somente pelo seu exercício?

A sistemática vigente, contudo, implica certo cerceamento do direito constitucional de ação. Ao estruturar um sistema que exige do autor mais do que a sua convicção pessoal acerca de seu direito, o Código de Processo Civil termina por exigir mais do que aquilo que é possível, impondo uma limitação injustificável a um direito fundamental.

Em suma, não parece justo, assim, que aquele que tenha executado provisoriamente a medida urgente sempre tenha que indenizar aquele contra quem ela foi dirigida e que sofreu algum dano, simplesmente por ter sucumbido na demanda. O desequilíbrio gerado pelo sistema é inegável, na medida em que não se admite a possibilidade de indenização pelo retardamento da satisfação do direito do autor quando, de outro lado, o

---

[48] SILVA, Ovídio A. Baptista da. *Da Sentença Liminar à Nulidade da Sentença*. Rio de Janeiro: Forense, 2001, p. 202.

requerido resiste à pretensão e venha, ao final, ser vencido pelo julgamento procedente do pedido.

Verifica-se, portanto, que nem mesmo a alegada "injustiça" do dano pode ser utilizada como argumento para justificar a responsabilização objetiva, pois igualmente injusto é o retardamento da satisfação do direito do autor pelo réu que perde a demanda, sem que, no entanto, se tenha notícia da possibilidade indenizatória nessa hipótese.

Com base nisso é que se torna possível concluir, com Marcus Vinicius de Abreu Sampaio, que "talvez a melhor opção fosse deixar a responsabilidade somente em nível subjetivo, estendendo-se suas hipóteses de incidência, mas condicionando-as à prudência, como requisito identificador da má intenção da parte, tal como fixado pelo legislador italiano".[49]

7. Considerações finais

O grande desafio dos processualistas modernos é a construção de um processo que seja, ao mesmo tempo, efetivo, justo e que permita a concretização célere do direito material. Nessa perspectiva, há que se reconhecer que tal escopo somente poderá ser alcançado se, na base de tal movimento, for adotada uma postura crítica e aberta à reflexão, o que constitui condição metodológica para a busca de soluções para os problemas existentes. Se o que realmente se quer é contribuir para o aprimoramento do sistema jurídico como um todo, no sentido de torná-lo um sistema cada vez mais equânime, deve-se, antes de qualquer coisa, permitir-se o questionamento de suas premissas ideológicas e institutos.

A sistemática atualmente vigente no processo civil pátrio, que impõe ao autor a responsabilidade objetiva, e ao réu, a subjetiva no tocante à responsabilização pelos danos causados no manejo do processo (não se incluindo aí os abrangidos pela sucumbência em si e os causados pela litigância de má-fé), é uma das questões que, *data venia*, está a demandar um trabalho de revisão. Ao longo de todo o texto, viu-se que são várias as indagações que podem ser suscitadas no âmbito da problemática. Algumas de maior, outras de menor peso, mas todas merecedoras de consideração.

A perspectiva explicitamente adotada neste ensaio é no sentido de que a regra adotada pelo legislador de 1973 resulta, *al fin y al cabo*, numa inegável e injustificável discriminação entre os sujeitos do processo, de-

---

[49] SAMPAIO, Marcus Vinicius de Abreu. *O poder geral de cautela do juiz*. São Paulo: Editora Revista dos Tribunais, Coleção de Estudos de Direito de Processo Enrico Tullio Liebman, v. 25, 1993, p. 200-201.

sigualando aqueles que, à luz dos princípios constitucionais e processuais, deveriam ser isonomicamente tratados.

Em virtude disso, é preciso que se faça uma releitura dos diversos subsistemas que o integram, levando-se em conta suas orientações principiológicas, sob pena de quebra do conjunto normativo vigente. Tais diretrizes principiológicas contêm, em seu bojo, um verdadeiro modelo de "justiça" a ser realizado quando da aplicação da legislação infraconstitucional. Ignorar tal apelo axiológico é, *venia concessa*, consagrar uma visão reducionista do direito.

Por tudo quanto foi dito, faz-se mister repensar a sistemática adotada pelo Código de Processo Civil, principalmente no que diz respeito à rigidez de suas disposições quanto à responsabilidade do requerente das medidas de urgência, a fim de que se possa construir um sistema que, tanto quanto possível, seja harmônico e coerente com os princípios constitucionais mas que, principalmente, contenha um critério equânime de distribuição dos ônus processuais, seja pelo exemplo das várias legislações que adotam o sistema da responsabilidade subjetiva para ambas as partes, seja adotando, ao menos, o critério objetivo também para o demandado.

Não é despiciendo aduzir, nesse ponto, a inestimável lição de Juarez Freitas, quando diz que, ao garantir a Constituição, em seu artigo 5°, inciso LIV, que 'ninguém será privado da liberdade ou de seus bens sem o devido processo legal', ela "quis assegurar um processo justo e de resultados justos (meios e fins)".[50] Resultados justos: essa é a tônica que deve ser adotada no discurso jurídico-processual.

Urge, dessa forma, que se busque, desde já, a superação das deficiências e problemas apresentados pelo sistema jurídico, no sentido de promover o contínuo aprimoramento da relação de seus princípios com o plano concreto das relações intersubjetivas, sem esquecer jamais, nesse ponto, a justa advertência de Juarez Freitas, de que o juiz só aplica a lei injusta se quiser.[51]

---

[50] *A Interpretação sistemática do direito*. 3ª ed., São Paulo: Malheiros Editores, 2002, p. 260.

[51] FREITAS, Juarez. *A substancial inconstitucionalidade da lei injusta*. Petrópolis: Vozes/Edipucrs, 1989.

— 9 —

O alargamento do conceito de jurisdição voluntária e a supressão de lacunas em sede de Biodireito

JOÃO PAULO LUCENA

Sumário: 1. Preliminarmente; 2. Introdução ao tema. O estado atual do problema: Hermenêutica e Biodireito; 3. O dogma da completude do ordenamento e os sistemas jurídicos abertos; 4. O alargamento do conceito de jurisdição voluntária e o preenchimento de lacunas do ordenamento em sede de Biodireito; 5. Conclusão: a vocação do microssistema processual da jurisdição voluntária para a tutela do Biodireito.

1. Preliminarmente

Tendo sido convidado a participar de coletânea de ensaios em homenagem ao Professor José Maria Rosa Tesheiner, de quem tenho o orgulho de ter sido aprendiz durante o curso de graduação em Direito na Universidade Federal do Rio Grande do Sul, optei por colaborar nesta obra com um tema sugestivo e estimulante ao estudo, mais consentâneo com a personalidade provocativa e perspicaz do nosso eminente homenageado.

A contribuição do Professor Tesheiner ao tema em estudo se dá com a publicação da obra Jurisdição Voluntária,[1] a partir da qual se perfilou com Lopes da Costa[2] e Frederico Marques[3] dentre os autores que ousaram

---

[1] TESHEINER, José Maria Rosa. *Jurisdição Voluntária*. Rio de Janeiro: Aide, 1992, 170 p.

[2] COSTA, Alfredo de Araújo Lopes da. *Dos processos especiais (A administração pública e a ordem jurídica privada)*. Belo Horizonte: Bernardo Álvares, 1961. 403 p.

[3] MARQUES, José Frederico. *Ensaio Sobre a Jurisdição Voluntária*. 2. ed. São Paulo: Saraiva, 1959. 321 p.

debruçar-se com mais acuidade sobre este assunto tão pouco lembrado pelos processualistas. Ressalta-se a pesquisa de José Maria Rosa Tesheiner pela abordagem prática que fez constar no seu estudo, ilustrado com decisões dos tribunais e recheado de comentários críticos e sugestões sempre construtivas, sem olvidar uma revisão histórico-evolutiva do instituto da Jurisdição.

Dentro do mesmo estilo questionador, provocativo e estimulante à pesquisa que lhe fez tão querido e admirado pelos seus alunos e leitores quanto respeitado por aqueles que lhe são adversários na arena das idéias, esperamos contribuir com esta merecida homenagem na forma do singelo ensaio que segue.

2. Introdução ao tema. O estado atual do problema: Hermenêutica e Biodireito

Uma primeira referência à existência de lacunas no ordenamento e ao modo de preenchê-las nos é feita por Aristóteles, em *Ética a Nicômacos*:[4]

> "Quando a lei estabelece uma regra geral, e aparece em sua aplicação um caso não previsto por esta regra, então é correto, onde o legislador é omisso e falhou por excesso de simplificação, suprir a omissão, dizendo o que o próprio legislador diria se estivesse presente, e o que retira incluído na sua lei se houvesse previsto o caso em questão."

Trata-se da solução mediante interpretação da *mens legislatoris* em uma época da Antiguidade em que o Direito ainda não se encontrava sistematizado, técnica hoje de importância menor, por entender parcela majoritária da doutrina que a lei, uma vez elaborada, se destaca da vontade daqueles que a criaram, permitindo, desta forma, uma interpretação paralela à evolução da sociedade por ela regulada.

O dogma da completude do Direito e, portanto, a negação da existência das lacunas, parece deitar raízes no renascimento do interesse pelo Direito Romano havido durante a Idade Média, período em que o culto à civilização clássica levou muitos estudiosos a advogar que suas disposições conteriam soluções para quaisquer lides que porventura surgissem. Afirma Norberto Bobbio[5] que, nessa época, a interpretação extensiva substituiu largamente a eqüidade, o que corrobora a noção de que o Direito

---

[4] ARISTÓTELES. *Ética a Nicômacos*. 1137 b, 19-24. Brasília: Editora UNB, 1999, 238 p.

[5] NORBERTO BOBBIO. O problema da completude, *in Teoria do Ordenamento Jurídico*, 10ª ed., Brasília, Editora UNB, 1999, p. 113 e ss.

Romano era visto como capaz de fornecer respostas suficientes a todas as demandas da sociedade.

Foi, porém, na Era Moderna, com a formação dos estados nacionais, que a noção de sistema jurídico fechado e completo pôde desenvolver-se em sua plenitude. Com efeito, o monopólio da produção do Direito pelo Estado foi concebido como garantia da soberania e meio de fixação das fronteiras, pois subordinava toda a população ao poder de uma autoridade central, única fonte de jurisdição. O Estado centralizado deveria, portanto, estar apto a resolver qualquer questão juridicamente relevante. Conseqüência do aprofundamento e da "radicalização" desse pensamento foi o fenômeno da *Codificação*[6] – ápice da crença na inexistência de lacunas – e o correspondente surgimento de escolas jurídicas empenhadas na defesa do ideal da completude dos códigos, destacando-se na metade do século XIX a Escola da Exegese e o culto incondicional ao Código Napoleão.[7]

No entanto o incessante debate que permeia a construção do Direito através dos tempos, nos traz à contemporaneidade com importantíssimas questões postas aos juristas quanto à completude do ordenamento, em especial quando se eleva à categoria de garantia universal dos homens o direito de acesso à justiça, não somente a exigir um provimento judiciário de direito material, mas também tornada efetiva por meio de um direito processual imbuído de real instrumentalidade.

Com o impressionante incremento nos avanços da ciência na área da Medicina e da Biologia, inúmeras e intermitentes descobertas científicas vêm sendo dia a dia anunciadas pela mídia global, espargindo na sociedade contemporânea efeitos revolucionários de ordem ética, moral, religiosa, filosófica, política e, especialmente jurídica, ao mesmo tempo em que têm deixado órfãos de orientação material os operadores do Direito chamados

---

[6] "A codificação é, em essência, um conceito que se desenvolve em vários momentos. Não é exclusividade de um determinado período histórico. É forçoso reconhecer, porém, que a partir do jusracionalismo consolidam-se deteminadas características que, praticamente, iriam ser associadas ao conceito de código. Na ocasião, reuniram-se, de uma só vez, duas circunstâncias importantes: uma vontade política mais acentuada, como também – e em igual medida – uma capacidade técnica maior a fim de superar as dificuldades da época. Esses elementos, sem o que não se faz, hoje em dia, um processo codificatório, não mais se reproduziram no mesmo grau. Torna-se difícil imaginar, numa sociedade tão complexa como a contemporânea, que o princípio da totalidade se apresente de forma tão intensa. Entra em cena, porém, outra idéia: a de continuidade; isso faz com que se procure presevar os códigos, agora noutra função, de coordenação." ANDRADE, Fábio Siebeneichler de. *Da Codificação – Crônica de um Conceito.* Porto Alegre: Livraria do Advogado, 1997, p. 26-27.

[7] E assim a visão do juiz conselheiro da Corte Francesa de Cassação FABREGUETTES M. P. no início do Século XX: "Cette conception du droit que nous inspirons ainsi au magistrat, elle dérive de la nécessité des choses. Je nem veux pour exemple et pour preuve que notre vieux Code civil, dont on célébrait dernièrement le centenaire. Depuis plus dum siécle, ce Code régit nos rapports civils. Ila a résisté au temps, aux révolutions, aux différents régimes politiques que se sont succédé depuis 1804." *La Logique Judiciaire et LArt de Juger*, Paris: Librairie Générale de Droit & de Jurisprudence, 1914, p. 28.

em socorro daqueles que buscam a tutela judicial nestes especialíssimos casos, os quais corrente doutrinária propôs delegar ao estudo de uma nova disciplina denominada *Biodireito.*[8]

E assim a urgente manifestação da doutrina:

> "Em meio a estes dois âmbitos: o ético ocupado pela *Bioética* e aquele do Direito existe um espaço que deve unir as disciplinas, a *Biopolítica.* Há necessidade de construir, entre o Estado e a vida material, um senso comum e um sistema de regras que permita aproximar as *Ciências da Vida* ao *Direito* e à *Ética.*
>
> A aversão dos cientistas pelas regulamentações jurídicas específicas dos vários problemas bioéticos funda-se em vários fatores. Entre eles há a presença de fortes interesses econômicos, sobretudo em alguns setores da *Biomedicina*, com a farmacologia ou a fecundação artificial.
>
> A intervenção do legislador ao disciplinar uma determinada matéria equivale à imposição de uma determinada concepção ética, uma escolha de valores que podem contrastar com comportamentos íntimos e pessoais, com os convencimentos religiosos dos cidadãos, especialmente no tema do direito à vida (Biodireito, donde *bio* = Vida; *juris* = Direito, neologismo significando *direito à vida; vida dos direitos*).
>
> Por outro lado, é imperioso que a sociedade não ignore mais a aplicação biotecnológica na vida de cada cidadão. A evolução do ser humano é inevitável, e não há exceção em nenhum campo da ciência. A busca incessante, sem fim definido, o futuro improvável...
>
> O jurista, em *thauma*, retarda sua aceitação unânime do *Biojuris* ou *Biodireito.* Esquece-se de ponderar sobre os novos tipos de conflitos, cuja complexidade ultrapassa as concepções tradicionais clássicas do Direito. A vulnerabilidade dos seres humanos em face da biotecnologia os torna 'transparentes' e nos alerta para a necessidade da 'opaci-

---

[8] "Com o reconhecimento do respeito à dignidade humana, a bioética e o biodireito passam a ter um sentido humanista, estabelecendo um vínculo com a justiça. Os direitos humanos, decorrentes da condição humana e das necessidades fundamentais de toda pessoa humana, referem-se à preservação da integridade e da dignidade dos seres humanos e à plena realização de sua personalidade. A bioética e o biodireito andam necessariamente juntos com os direitos humanos, não podendo, por isso, obstinar-se em não ver as tentativas da biologia molecular ou da biotecnociência de manterem injustiças contra a pessoa humana sob a máscara modernizante de que buscam o progresso em prol da humanidade. Se em algum lugar houver qualquer ato que não assegure a dignidade humana, ele deverá ser repudiado por contrariar as exigências ético-jurídicas dos direitos humanos. Assim sendo, intervenções científicas sobre a pessoa humana que possam atingir sua vida e a integridade físico-mental deverão subordinar-se a preceitos éticos e não poderão contrariar os direitos humanos. As práticas das "ciências da vida", que podem trazer enormes benefícios à humanidade, contêm riscos potenciais muito perigosos e imprevisíveis, e, por tal razão, os profissionais da saúde devem estar atentos para que não transponham os limites éticos impostos pelo respeito à pessoa hjumana e à sua vida, integridade e dignidade." DINIZ, Maria Helena. *O Estado Atual do Biodireito.* 2ª ed. São Paulo: Saraiva, 2002, p. 19-20.

dade'. O conhecimento do mapa genético humano, por exemplo, nos possibilita saber não só o estado atual de uma pessoa a respeito da sua saúde, sua história passada e a sua descendência, bem como, até com certo grau de segurança, suas possibilidades futuras. Donde a equação: maior transparência *x* maior autonomia".[9]

A partir da ótica jurídica, embora com divergentes posições, alguns estudiosos convencionaram chamar de *Biodireito* aquele que pode ser considerado, mais por seu campo potencial de regulação do que propriamente por sua efetiva autonomia sistêmica, um incipiente ramo da ciência jurídica tendo por objeto ordenar, a partir de métodos, princípios e normas próprias, essas novas situações que de fato já estão a criar, modificar e extinguir relações entre indivíduos, entre indivíduos e grupos, e entre esses e o Estado. Para tanto, propõe-se que o Biodireito se ocupe de tutelar questões jurídicas relacionadas às biociências, tão abundantes e variadas quanto à imaginação as pode criar e que vêm, nos últimos tempos, temperando a mídia nas suas mais diversas modalidades.

Dentre tantos exemplos de que se ocupa o Biodireito podemos citar a tutela da vida humana no que tange ao direito de nascer e à problemática ético-jurídica do aborto em suas modalidades legal e criminosa, os direitos do embrião e do nascituro (momento da formação da vida, aquisição da personalidade como sujeito de direitos, direito patrimonial e sucessório, responsabilidade civil por dano moral e patrimonial, etc.), o direito individual ao planejamento familiar (uniões homoafetivas, o "ventre de aluguel", métodos contraceptivos, etc.), fertilização assistida (natureza, responsabilidade e destinação dos embriões, implantação de embriões após a morte do doador, destinação dos embriões em caso de separação do casal, pesquisas científicas e células-tronco, etc.[10]), relacionamento entre médicos, pacientes e instituições de saúde, a eutanásia, as cirurgias para redesignação de sexo e os seus efeitos civis (registro, alteração do nome, direito ao casamento, adoção, pensão, herança), o uso do corpo humano vivo e *post mortem* (transplantes, doação de órgãos e tecidos, pesquisas científicas), as manipulações genéticas, a clonagem, o patenteamento genético, o uso das informações genéticas e o direito à privacidade, a diversidade genética e a biopirataria; bem como a tutela do meio ambiente e das demais formas de vida, assim elencando apenas alguns dos temas mais recorrentes, sem prejuízo de uma infinidade de outras questões jurídicas de importantíssimo conteúdo ético, social e humano.

---

[9] SANTOS, Maria Celeste Cordeiro Leite (Organizadora). *Biodireito – Ciência da Vida, os novos desafios*. São Paulo: RT, 2001, p. 8-9.

[10] Sobre este amplíssimo tema vide Introdução ao *Biodireito – Investigações Político-Jurídicas sobre o Estatuto da Concepção Humana*. SILVA, Reinaldo Pereira. São Paulo: LTr, 2002, 391 p.

Certo é que, se para a quase absoluta totalidade das situações fáticas antes citadas sequer há consenso quanto ao seu enquadramento ético, moral, religioso, filosófico, político ou social, quanto mais uma previsão de tutela pelo ordenamento jurídico visto que o legislador não consegue acompanhar a velocidade das descobertas biotecnológicas e seus efeitos na comunidade humana.

A evolução do ordenamento jurídico, processo que exige uma paritária e madura reflexão das instituições socioculturais, apenas de forma longínqua e insatisfatória vem atendendo aos urgentes pleitos dos titulares de direitos subjetivos que levam as suas pretensões ao Judiciário.

Os juízes, invocados a suprir as lacunas da lei perante o inafastável dever de ministrar a jurisdição, fatalmente se encontram diante de dilemas no processo de formação da convicção sem registro de precedentes orientativos similares na história jurídica. Nesse *vazio legal*, os magistrados têm-se valido de princípios gerais de Direito, alguns deles cristalizados como cláusulas constitucionais a partir das quais outros fundamentos são deduzidos, bem como de normas materiais de ordem geral constantes do Código Civil.

E essa insuficiência da legislação não se limita somente ao aspecto material, mas atinge também os normativos de ordem processual, fenômento que é diagnosticado como uma *crise* na ótica do jurista italiano Michele Taruffo:

> "Un segundo fenómeno de crisis es el relativo a la creciente incompletitud de la ley procesal. Frente a la siempre mayor complejidad de las relaciones sociales y económicas y, por tanto, de las situaciones jurídicas necesitadas de tutela jurisdiccional, el legislador procesal está frecuentemente atrasado en decenios respecto al surgimiento de los problemas que debe afrontar. Esto comporta un doble orden de consecuencias. Por un lado, aumenta el número de los sujetos (o de los derechos) que no vienen de hecho tutelados en vía jurisdiccional, porque faltan instrumentos procesales ad hoc (valga por todos el ejemplo de los intereses colectivos o supraindividuales) o porque existen lagunas y disfunciones tales que impiden de hecho el acceso a la tutela jurisdiccional (valga el ejemplo de la falta o ineficiencia de las normas para la defensa en juicio de los no adinerados). La ley procesal tiende, pues, a hacerse cada vez más incompleta, sea sobre el plano formal (o sea: por la falta de normas que serían necesarias), sea sobre el plano sustancial (o sea: por la falta de funcionamiento de normas que ya existen formalmente)".[11]

[11] MICHELE TARUFFO referencia três aspectos do fenômento de crise que associa ao Direito Processual: em primeiro uma crise de coerência dos sistemas processuais contemporâneos, em segun-

Bem colocado, assim, o pioneiro e referencial estudo de Sergio Ferraz[12] quando, já em 1991 e com uma lúcida visão do futuro que se avizinhava, questionava a posição a ser tomada pelos juristas quanto a manipulações biológicas como as doações de órgãos e tecidos, mutilações e a pena de morte, experimentos genéticos, fecundação assistida, ventre "de aluguel", redesignação de sexo, eutanásia ou os direitos dos animais, dentre várias outras. Dentre as conclusões desta clássica obra, além de invocar algumas soluções encontradas no direito estrangeiro, Ferraz antevia a ampliação do conceito de família e da concepção de dignidade humana, apontando como pauta a orientar o julgador os princípios gerais ligados à vida gravados na Constituição Federal.

Todavia, na impossibilidade de serem antecipadas pelo legislador todas as surpresas que a civilização tecnológica do futuro nos reserva, com todo o imenso caudal de conseqüências para o mundo do Direito que somente a literatura de ficção científica hoje pode-nos descrever, cremos que para a aplicação da lei e a prestação jurisdicional melhor serve aos juristas a adoção de *sistemas jurídicos abertos*, contendo princípios gerais e cláusulas genéricas cujo conteúdo deverá ser preenchido pelo intérprete do seu tempo.

Nesse sentido, face às lacunas do direito material em sede de Biodireito, buscamos, em apertado exercício, apresentar subsídios de forma a justificar, em determinadas situações, a adoção de um conceito alargado de jurisdição voluntária como instrumento processual célere e pragmático para a tutela de questões da vida privada ainda não reguladas pelo legislador, por meio do que classificamos como um *microssistema*[13]

---

do a incompletude do Direito Processual e, em terceiro, a crescente complexidade e caráter confuso da lei processual. Em *Racionalidad y Crisis de la Ley Procesual. Doxa - Cuadernos de Filosofia del Derecho.* Alicante, Universidad de Alicante, 1999, nº 22, p. 311-315.

[12] FERRAZ, Sergio. *Manipulações Biológicas e Princípios Constitucionais: Uma Introdução.* Porto Alegre: Sergio Antonio Fabris Editor, 1991.

[13] E sobre a noção de *microssistemas* registra FÁBIO ANDRADE: "Ocorre, em suma, uma mudança de sentido da técnica jurídica. Ela não visa mais a dirimir conflitos; tende, ao contrário, a gerir, racionalizar, planejar as atividades. Surge a busca incessante pelo desenvolvimento econômico. Em conseqüência, observa-se uma acelaração da história do Direito. A lei passa a ser a expressão dessa constante vontade política. Só que o alcance desse desiderato propicia para o Estado um conflito trágico: torna-se ele vítima de seu próprio sucesso, pois não consegue, com a mesma facilidade, desenvolver a sua função primária: a de controle dos conflitos sociais.
Logo entra em crise a própria idéia de que seja possível influenciar ou corrigir o curso dos acontecimentos sociais mediante o uso da norma jurídica. Passa a ser impossível a tentativa de uma planificação global, de modo que com isto o Direito não é mais o instrumento de intervenção direta sobre a sociedade. Esta apresenta-se de forma altamente diferenciada, constituindo-se de subsistemas, por sua vez tão díspares, que dificilmente o Direito logra obter o resultado pretendido: dirigir a sociedade. De modo que os microssistemas nada mais são do que um reflexo dessa tendência de polarização da sociedade. É, em suma, o retorno ao particularismo que caracterizava o sistema do *ancien regime*." Obra citada, p. 140.

aberto de direito processual, contendo cláusulas gerais e específicas, com amplíssima liberdade interpretativa para o magistrado e especial vocação para a jurisdição em hipóteses vinculadas à ainda incipiente noção de Biodireito.

3. O dogma da completude do ordenamento e os sistemas jurídicos abertos

A concepção do ordenamento como um sistema é consentânea com o surgimento do Estado moderno e o desenvolvimento do Capitalismo, sendo uma das características distintivas deste ente político a idéia de soberania.[14] Enquanto na Idade Média a soberania se refere a uma relação externa entre o senhor e o súdito, contemporaneamente toma a forma de um exercício interno de comando e de organização, transformando-se em um direito de sistematização centralizada das normas de exercício do poder de gestão. Essa é a raiz do ordenamento visto como um sistema dinâmico de normas.[15]

Tal dinâmica relaciona-se com o fenômeno da positivação do Direito havida a partir do século XIX, quando ocorreu uma reestruturação deste, deixando de assentar seus fundamentos na natureza, o costume e a razão, mas passando a buscá-los na própria vida social moderna e, conforme registra Tercio Sampaio Ferraz, "com sua imensa capacidade para a indiferença: indiferença quanto à incompatibilidade de conteúdos (aceita-se a

---

[14] Naquela que é considerada a mais importante contribuição do positivismo jurídico para a Filosofia do Direito no século XX, *O Conceito do Direito*, HERBERT HART dedicou um capítulo inteiro ao estudo dos fundamentos do ordenamento jurídico, os quais descreve como a situação em que a maioria de um grupo social obedece habitualmente às ordens baseadas em ameaças da pessoa ou pessoas soberanas, as quais não obedecem elas próprias a ninguém mais. Em uma crítica à teoria da soberania, segundo a qual o direito de uma sociedade é constituído pelo seu hábito de obediência às ordens gerais do soberano, HART questiona se a ausência de limites para o soberano, o legislador supremo, é realmente necessária para a existência do direito. Esta estrutura vertical constituída de soberano e súditos, é latente e parte essencial da sociedade, estando presente como coluna vertebral em qualquer sistema político e possuindo algumas características inatas: a *obediência como hábito; a continuidade da autoridade de criação do direito possuída por uma sucessão de legisladores diferentes; a persistência das leis muito além do desaparecimento do soberano e o fato de estar o soberano está acima do direito.* Em contrapartida ao modelo das ordens coercitivas, HART apresenta um modelo de ordenamento com regras primárias e secundárias, classificadas segundo a sua função. Enquanto as regras primárias são aquelas que estipulam dever, impondo um determinado comportamento aos cidadãos que compõem a sociedade, as secundárias são normas de sobredireito, destinadas a regular as regras primárias. *O Conceito de Direito*. Lisboa: Fundação Calouste Gulbenkian, 1986, de HART, Herbert L. A., p. 113.

[15] Assim TERCIO SAMPAIO FERRAZ JR., *in Idéia de sistema normativo e aparecimento do Estado Moderno*. Introdução ao Estudo do Direito. 3ª ed. São Paulo: Atlas, 2001, p. 174-176.

inconsistência e convive-se com ela), quanto às divergências de opinião (aceita-se a tolerância como uma virtude-chave)".[16]

Essa concepção do ordenamento como um sistema dinâmico envolve o fato de que, na prática, não poderá ele normatizar todas as espécies de comportamentos sociais possíveis, ao que se convencionou chamar de o *problema da completude dos sistemas normativos*, também conhecido como o *problema das lacunas do ordenamento*. Assim, pode-se considerar como lacuna da lei um vazio existente no ordenamento legislativo, caracterizando a inexistência de uma norma jurídica aplicada *in concreto* ou, conforme conceito de Karl Engish, a lacuna é *uma incompletude insatisfatória no seio do todo jurídico*.[17]

Todavia, divergem os juristas quanto à aceitação da possibilidade de lacunas no ordenamento. A exemplo, representando os adeptos do *método de auto-integração* do ordenamento,[18] Kelsen afirma que o sistema é, em si mesmo, bastante, pois as normas que o compõem contém a possibilidade de solucionar todos os conflitos levados à apreciação dos magistrados ou órgãos jurisdicionais competentes. Neste sentido, o autor afasta a idéia de existência de lacunas no direito, fundando-se na premissa de que *tudo aquilo que não está proibido, está permitido*, descrevendo isso como a *liberdade jurídica negativa*.[19] Os juristas que negam a existência de lacunas, admitem que a lacuna é da lei (lacuna formal) e não do direito (lacuna material), já que neste sempre haverá uma solução para o caso concreto.

Em contraposição, tem-se o *método da heterointegração*, o qual, conforme Bobbio, consiste na invocação de ordenamentos diversos, recorrendo a fontes diferentes daquelas dominantes.[20]

O problema das lacunas é assunto relevante para o estudioso do Direito por sua aplicabilidade prática, pois oferece subsídio teórico à realização de Justiça. Cotidianamente, em seu ofício, os juízes se deparam com questões cujas soluções não se encontram explicitamente desenhadas, o que os obriga a recorrer a fontes subsidiárias do Direito, porque a lei é incapaz de os auxiliar nessas ocasiões. Para admitir a existência de lacunas, é preciso reconhecer o sistema jurídico como temporal e mutável.

---

[16] Obra citada, p. 176.

[17] ENGISH, Karl. *Introdução ao Pensamento Jurídico*. 6ª ed. Lisboa: Calouste Gulbenkian, 1983, capítulo VIII.

[18] A auto-integração consiste na integração da norma feita por meio do próprio ordenamento jurídico, dentro dos limites da mesma fonte dominante, sem precisar recorrer a outros ordenamentos e com mínimo recurso a fontes diversas da dominante. O método de auto-integração apóia-se nos procedimentos da analogia e nos princípios gerais do direito.

[19] KELSEN, Hans. *Teoria Pura do Direito*. 6ª ed. Coimbra: Armênio Amado, 1984.

[20] *Teoria do Ordenamento Jurídico*, p. 146.

Logo, o conceito que adotamos para lacuna jurídica entrelaça-se com o que entendemos por Direito.[21]

Poderá ainda o preenchimento das lacunas efetivar-se pelo papel criador do juiz como agente representante de um poder-dever do Estado.

Assumindo posicionamento junto àqueles que aceitam a possibilidade de existência das lacunas, pode-se afirmar que o objetivo do Direito, como ordenamento, é regular a vida e a conduta de todo e qualquer indivíduo, e também do Estado, por meio de um complexo de normas jurídicas gerais e abstratas, a incidirem sobre casos específicos e concretos. E é exatamente a forma como se dá o objeto de estudo da *hermenêutica jurídica.*

Discorrendo sobre o tema, Carlos Maximiliano[22] descreve a aplicação do Direito como o enquadramento de um caso concreto em uma norma jurídica adequada, submetendo às prescrições da lei uma relação da vida real, desse modo descobrindo os meios de amparar juridicamente um interesse humano. Para Engisch, a aplicação do Direito é a determinação *in concreto* daquilo que é realmente devido ou permitido, o que é feito pelos tribunais e autoridades administrativas, sob a forma de decisões jurisdicionais e atos de administração. Já para Vicente Ráo,[23] a aplicação das normas jurídicas consiste na técnica de adaptação dos preceitos nelas contidos e assim interpretados, às situações de fato que se lhes subordinam.

Os autores que admitem a existência de lacunas, costumam fazer a sua classificação em lacunas formais (da lei) e materiais (do ordenamento), claramente distinguindo ordenamento jurídico de ordenamento legislativo, sendo o primeiro a expressão do Direito vivo, não possuindo lacunas e com a finalidade de corrigir as imperfeições do segundo. De outro lado, o ordenamento legislativo é expressão da vontade do Estado, possuindo lacunas que são supridas pelo ordenamento jurídico.

A constatação da existência da lacuna, ocorre no momento em que o aplicador do Direito vai exercer a sua atividade e não encontra no corpo das leis um preceito que solucione o caso concreto. Nesse instante, estar-se-á constatando a existência de uma lacuna.

---

[21] ENGISCH, Karl. *Introdução ao Pensamento Jurídico.* Lisboa, Fundação Calouste Gulbenkian, 1964, p. 224. Assim, se entendemos que o Direito se restringe à legislação, "lacuna jurídica" confunde-se com "lacuna da lei". Se, entretanto, pensarmos no direito positivado como abrangendo também as normas consuetudinárias, então só teremos uma lacuna quando tanto o direito legislado quanto o consuetudinário não apresentarem solução para o caso.

[22] MAXIMILIANO, Carlos. *Hermenêutica e aplicação do direito.* 11ª ed. São Paulo: Forense Bastos, 1984.

[23] RÁO, Vicente. *O Direito e a Vida dos Direitos.* 5ª ed. São Paulo: RT, 1998.

Assim, quando o juiz não consegue, pelos meios tradicionais de interpretação da lei, descobrir um princípio aplicável ao caso não previsto, ou então, dentre as fontes formais não possui uma adequada ao caso a decidir, deve servir-se de outros meios para a solução do caso concreto posto à apreciação do Judiciário, pois não pode deixar de sentenciar pela inexistência de ordenamento jurídico.[24]

Todavia a própria lei põe à disposição do aplicador do Direito os meios para o preenchimento da lacuna existente, conforme dispõe, no ordenamento pátrio, o artigo 4° da Lei de Introdução ao Código Civil Brasileiro, segundo o qual, quando a lei for omissa, o juiz decidirá o caso de acordo com a analogia, os costumes e os princípios gerais de Direito. Somados a tais meios como formas de preenchimento das lacunas, a lei admite ainda, outra forma, qual seja, a eqüidade.[25]

Contemporaneamente não pairam dúvidas entre os processualistas que a efetividade da justiça e a instrumentalidade do processo são os escopos primordiais dentre os diversos temas de que se ocupa a ciência processual em nossos dias, devendo prover os anseios dos seus jurisdicionados mesmo quando nas lacunas do ordenamento. Mais atual do que nunca a concepção de direito fundamental que nos trazem Alexy[26] e Gomes Canotilho[27] como o direito a uma *atuação positiva do Estado, uma prestação* no sentido de praticar *atos concretos* que instrumentalizem o indivíduo para obter dele uma entrega jurisdicional efetiva.

Ao mesmo tempo em que proibiu o exercício da justiça privada, o Estado assumiu a obrigação de distribuir a justiça, o que é hoje funcionalmente realizado por meio do seu poder-dever denominado Judiciário. Como conseqüência imediata, o mesmo Estado deve reconhecer a todos os entes sem exceção, pessoas naturais ou jurídicas, personalizadas ou não, nacionais ou estrangeiras, o direito universal de provocá-la, preventiva ou repressivamente. O corolário contemporâneo dessa obrigação estatal é o *princípio da garantia do livre acesso à justiça*, elencado como uma das

---

[24] De acordo com o artigo 5°, § 2°, da Constituição Federal, a previsão de aplicabilidade no ordenamento nacional da garantia universal do acesso à justiça encontra guarida nas convenções e tratados internacionais ratificados pelo Brasil, mais modernamente o Pacto de San José da Costa Rica, e, expressamente, pelos artigos 5°, XXXV – acesso à justiça, 5°, LV – ampla defesa e, indiretamente, artigo 1°, III – princípio da dignidade da pessoa humana.

[25] "El problema de la equidad no es el de 'corregir la ley' al emplearla em determinados casos particulares. Esto, aunque em la mente de quienes se expresan así sea algo bien intencionado, no es lo cierto. No se trata de 'corregir la ley'. Se trata de otra cosa: se trata de 'interpretarla razonablemente'". SICHES, Luis Recaséns. *Introdución al Estudio del Derecho*. 14ª edição. México: Porrúa, 2003, p. 239.

[26] ALEXY, Robert. *Teoría de los Derechos Fundamentales*. Madrid: Centro de Estudios Constitucionales, 1997, p. 427.

[27] CANOTILHO, J.J. Gomes. *Direito Constitucional e Teoria da Constituição*. 3ª ed., Coimbra: Livraria Almedina, 1999.

garantias fundamentais do indivíduo e elevado ao *status* de disposição maior por boa parte das cartas constitucionais modernas e declarações de direitos humanos do mundo.

Entretanto, sob pena de tornar-se vazia e inócua, desprovida de funcionalidade, da garantia fundamental do acesso à justiça deduz-se um segundo postulado a ela inafastavelmente vinculado: *o princípio da efetividade dos provimentos judiciais*, leia-se *instrumentalidade do processo*, constituindo uma das mais significativas preocupações dos processualistas contemporâneos. Neste contexto, coloca-se em primazia a posição dos magistrados chamados a preencher as lacunas deixadas pelo legislador como nas questões de direito decorrentes da biotecnologia, em especial quando em meio à total desorientação dos tutelados, carentes de legislação material que oriente os seus atos.

Perante a garantia maior de acesso à justiça, do princípio da instrumentalidade do processo e da obrigatoriedade de jurisdição do Estado como detentor do monopólio desta atividade, quais serão então os instrumentos disponíveis para os sujeitos detentores de direitos subjetivos em situação de conflito ou incerteza?

Como agirá o magistrado quando chamado a jurisdicionar ante a ausência de ordenamento material? Atuará como legislador criando o Direito para a integração das lacunas da lei quando se encontram em conflito valores tão importantes quanto aqueles ligados à vida e à liberdade?

Conforme a ótica que se adote, pode-se entender que o trabalho do jurista é a análise das situações para as quais busca a regra adequada e de elaboração da escala de valores para a escolha dos critérios de avaliação e formulação dessa regra, uma vez que o Direito posto nasce da escolha de uma norma em detrimento de outras. Periodicamente se enfrenta o operador do Direito com crises de envelhecimento do ordenamento, devendo aplicar métodos de trabalho de forma a superar o anacronismo da lei ou a própria ausência de normas aplicáveis à hipótese de fato ocorrida.[28]

Nestes casos, das chamadas lacunas da lei, defere-se ao magistrado a liberdade de julgar *fora do ordenamento*, ponderando valores, adaptando a decisão ao fato real e suprindo a carência de norma específica aplicável ao caso concreto *sub judice*, do que resulta, assim, a *atividade criativa do juiz*.[29]

---

[28] NERY, Rosa Maria Andrade. *Noções Preliminares de Direito Civil*. São Paulo: RT, 2002, p. 64-66.

[29] "Daí algumas doutrinas terem propugnado pela libertação do juiz de sua submissão à Lei, reconhecendo-lhe a liberdade, pelo menos em certos casos, para julgar até em desacordo com a lei que, possivelmente, possa truncar a prestação jurisdicional". NERY, Rosa Maria Andrade, obra citada, p. 67-69.

Esta possibilidade de integrar e suprir os vazios do ordenamento jurídico somente é permitida em um *sistema jurídico aberto* sob pena de, conforme as palavras de Rosa Maria Andrade Nery, "não poder acompanhar as mudanças que se desenvolvem minuto a minuto no meio social. É possível que o jurista possa superar a crise do envelhecimento do Direito posto sem que faça uso do método de trabalho que supere o anacronismo da lei, desde que se comprometa com o procedimento decisório e o trabalho de resolver conflitos, participando diretamente do poder criador do Direito e exercendo parcela do Poder".[30]

Logo, em um sistema aberto, as lacunas da lei ou o descompasso do ordenamento com a realidade das instituições sociais seria compensado por meio de técnica legislativa mais avançada, com a adoção de *cláusulas gerais*[31] e *conceitos jurídicos indeterminados,*[32] os quais delegariam à jurisprudência a mobilidade do sistema. Estas cláusulas gerais, fonte de direito e obrigações, são normas com a função de instrumentalizar o que se encontra contido, de forma abstrata e genérica, nos princípios gerais do direito, positivados ou não, nos conceitos legais indeterminados e nos conceitos determinados pela função.[33]

---

[30] Obra citada, p. 69.

[31] "Com significação paralela aos conceitos legais indeterminados, as cláusulas gerais (*Generalklauseln*) são normas orientadoras sob forma de diretrizes, dirigidas precipuamente ao juiz, vinculando-o ao mesmo tempo em que lhe dão liberdade para decidir (Wieacker, *Privatrechtsgeschichte*, § 25, III, 3 p.). As cláusulas gerais são formulações contidas na lei, de caráter significativamente genérico e abstrato (Engisch, *Einführung*, Cap. VI, p. 120/121), cujos valores devem ser preenchidos pelo juiz, autorizado para assim agir em decorrência da formulação legal da própria cláusula geral, que tem natureza de diretriz (Larenz-Wolf, *Allg. Teil*, § 3º, IV, nº 94, p. 82/83). Distinguem-se dos conceitos legais indeterminados pela finalidade e eficácia, pois aqueles, uma vez diagnosticados pelo juiz no caso concreto, já têm sua solução preestabelecida na lei, cabendo ao juiz aplicar a referida solução. Estas, ao contrário, se diagnosticadas pelo juiz, permitem-lhe preencher os claros com os valores designados para aquele caso, para que se lhe dê a solução que ao juiz parecer mais correta, ou seja, concretizando os princípios gerais de direito e dando aos conceitos legais indeterminados uma determinabilidade pela função que têm de exercer naquele caso concreto." NELSON NERY JR. E ROSA MARIA DE ANDRADE NERY, Novo Código Civil e Legislação Extravagante Anotados, São Paulo: RT, 2002, p. 5-6.

[32] "Conceitos legais indeterminados são palavras ou expressões indicadas na lei, de conteúdo e extensão altamente vagos, imprecisos e genéricos. E por isso mesmo esse conceito é abstrato e lacunoso. Sempre se relacionam com a *hipótese de fato* posta em causa. Cabe ao juiz, no momento de fazer a subsunção do fato à norma, preencher os claros e dizer se a norma atua ou não no caso concreto. Preenchido o conceito legal indeterminado (*umbestimmte Gesetzbegrife*), a solução já está preestabelecida na própria norma legal, competindo ao juiz apenas aplicar a norma, sem exercer nenhuma função criadora. Distinguem-se das cláusulas gerais pela finalidade e eficácia. A lei enuncia o conceito indeterminado e dá as conseqüências dele advindas." NELSON NERY JR. E ROSA MARIA DE ANDRADE NERY, obra citada, p. 5-6.

[33] "Os conceitos indeterminados se transmudam em conceitos determinados pela função que têm de exercer no caso concreto. Servem para propiciar e garantir a aplicação correta, eqüitativa do preceito ao caso concreto. Nos conteúdos das idéias de *boa-fé(CC, 422), bons costumes (CC, 187), ilicitude (186), abuso de direito (CC 187)*, etc., está implícita a determinação funcional do conceito, como elemento de previsão, pois o juiz deverá dar concreção aos referidos conceitos, atendendo às pecu-

Ressalta-se, assim, a absoluta importância da *jurisprudência* como fonte dinâmica e criadora do Direito, em especial dentro da esfera da biotecnologia, dentro da qual um imenso espaço de criação se descortina ante o magistrado contemporâneo, que passa a concretizar as cláusulas gerais preenchendo-as com valores devidamente ponderados e assim torna efetivo o direito subjetivo postulado.

Assim, visto que os sujeitos de um direito subjetivo material têm constitucionalmente garantido o seu acesso à justiça mesmo nas lacunas da lei, e somente um sistema jurídico aberto, contendo cláusulas gerais e "*janelas*" que permitam uma constante atualização dos seus institutos pela jurisprudência poderia sobreviver ao envelhecimento enquanto tutor das questões jurídicas vinculadas à biotecnologia, buscamos no atual ordenamento processual brasileiro remédio que permitisse de imediato aos jurisdicionados instrumentalizarem as suas pretensões enquanto inexistente legislação de regência específica.

Daí que se encontra no Livro IV do Código de Processo Civil brasileiro, constante do seu último centenar de artigos, de praxe olvidados dos currículos escolares e mesmo por parte dos operadores, o que pode ser classificado como *um microssistema jurídico processual*, composto por uma disciplina própria e característica, regida por *cláusulas gerais* aplicadas a todos os procedimentos, inclusive os inominados e não previstos pela lei, e por *cláusulas específicas*, dispondo especialmente sobre os procedimentos diferenciados que requerem uma normação autônoma e exclusiva. E complementando este conjunto, consistindo sua característica principal a permitir a abertura do sistema, estão as cláusulas que delegam especialíssimos poderes ao juiz diante da natureza dos valores postos em juízo, autorizando-o a agir de ofício na busca da verdade material e, gize-se, a *decidir por conveniência fora dos critérios de legalidade estrita quando as causas em questão o justificarem.*

É a *jurisdição voluntária*, constituindo tão especial e característico microssistema processual que parcela dos juristas negou-se a lhe outorgar natureza jurisdicional ou sequer a classificá-la em alguma das categorias jurídicas conhecidas, situando-a em uma *zona gris*, onde se interpenetram com interferência funcional os poderes Legislativo, Executivo e Judiciário do Estado.

Todavia as cláusulas gerais do microssistema processual da jurisdição voluntária, como se verá a seguir, por suas únicas e especiais carac-

---

liaridades do que significa *boa-fé, bons costumes, ilicitude* ou *abuso do direito* no caso concreto. Vale dizer, o juiz torna concretos, vivos, *determinando-os pela função*, os denominados *conceitos legais indeterminados*. São, na verdade, o *resultado* da valoração dos conceitos legais indeterminados, pela aplicação e utilização, pelo juiz das cláusulas gerais." NELSON NERY JR. E ROSA MARIA DE ANDRADE NERY, obra citada, p. 5-6.

terísticas a permitirem a mobilidade de um ordenamento jurídico que passa a apresentar imensas lacunas em sua estrutura ao não prever qualquer espécie de regulamentação para as novas questões científicas, a surtirem imediatos efeitos sobre a vida privada, constitui hoje um formidável recurso instrumentalizador dos direitos subjetivos em sede de biotecnologia, à imediata disposição dos operadores do Direito como forma de tornar efetiva a garantia fundamental do acesso à justiça.

4. O alargamento do conceito de jurisdição voluntária e o preenchimento de lacunas do ordenamento em sede de Biodireito

Atualmente, a doutrina mais progressista ultrapassou o debate acerca da completude do ordenamento jurídico, admitindo ser o Direito aberto, comportando em seu seio dimensões que não apenas a normativa, mas abraçando também e principalmente conteúdos de teor axiológico, consoante, a título de ilustração, a consagrada teoria tridimensional do Direito desenvolvida pelo eminente professor Miguel Reale.[34] O Direito não se limita a seu aspecto normativo, mas inclui em seu cerne conteúdos históricos e sociológicos, pois tem origem em um determinado contexto cultural. Para se admitir a existência de lacunas, ter-se-ia necessariamente que esposar a tese de que o Direito é mais do que um todo hermético, aceitando-se que ele tutela inclusive pretensões para as quais lhe falta solução expressa, com vistas a atingir o objetivo supremo de realização de justiça.

Isso posto, de que forma poderemos então relacionar o problema da (in)completude do ordenamento jurídico com um sistema processual que instrumentalize alegados direitos subjetivos sequer regulados pelo legislador, como é a hipótese por nós apontada do Biodireito, tornando assim efetivo o postulado jurídico que prevê a garantia universal do amplo acesso à justiça?

Por preverem larga liberdade de investigação e de criação ao juiz, entendemos plenamente vocacionados os procedimentos especiais de jurisdição voluntária como remédio processual a ser ministrado nas lacunosas questões de Biodireito, quando não estiverem imbuídas de lide em seu conteúdo, mas que a intervenção do Estado seja exigida como garantia de segurança e eficácia em face dos valores jurídicos envolvidos.

A proeminente vantagem desse sistema de cláusulas gerais de processo é justamente permitir a constante atualização pela jurisprudência das

[34] Para MIGUEL REALE, o Direito comporta três aspectos básicos: normativo, fático e axiológico. *Filosofia do Direito*. 18ª ed. São Paulo: Saraiva, 1998. p. 330-331.

instituições e do próprio ordenamento civil material, *in casu* inexistente, retardando o seu envelhecimento e suprindo as necessidades de uma sociedade em constante mutação.

No que se refere ao conteúdo do que ousamos chamar de microssistema processual da jurisdição voluntária, encontra-se disposto pelos artigos 1.103 a 1210 do Código de Processo Civil, sendo que os oito primeiros tratam exclusivamente das cláusulas gerais – os que nos interessam no presente estudo - e os demais sobre procedimentos específicos diversos.[35]

Podemos dizer que a especialidade deste microssistema jurídico de processo é tamanha, que na jurisdição voluntária se afasta tanto o princípio da demanda quanto o dispositivo, podendo ser deflagrado o procedimento voluntário por meio de requerimento da parte, do Ministério Público ou mesmo *ex officio.*[36] Em todos esses casos, no lugar de uma relação jurídica trilateral tendo em seus vértices as partes oponentes e o julgador, uma relação bilateral será formada entre os interessados a ser submetida à apreciação do Judiciário, a fim de que, depois de homologada, produza publicamente seus efeitos.

E justamente por versar boa parte do Biodireito sobre questões envolvendo interesse público e direitos indisponíveis, é que se reveste de importância nos procedimentos de jurisdição voluntária a ausência de limitação dos fatos que podem ser investigados pelo juiz na forma do art. 1.107 do CPC.

Tal condição, aliada à permissão do art. 1.109 do CPC,[37] pela qual o julgador poderá decidir da forma que reputar mais conveniente e oportuna à finalidade do procedimento, sem observar estritamente o critério da legalidade, permite solucionar a questão a ele submetida com ampliada liberdade de criação, especialmente valorada nas hipóteses de lacunas do ordenamento. Em tais casos, é nossa postura que a dispensa do magistrado de vincular-se ao critério da legalidade estrita quando da decisão não o autoriza a decidir *contra legem* quanto ao direito material invocado (obviamente quando este existir), mas limitando-se à formalidade processual, inovando nas hipóteses fora da previsão do Código e exercitando a espe-

---

[35] Atos de emancipação, sub-rogação, alienação judicial, extinção de condomínio, tutela, curatela, separação consensual, disposições sobre testamentos, bens vagos e de ausentes, constituição de fundações e outros.

[36] Assim conforme são exemplos os arts. 1113 (alienação de bens de fácil deterioração depositados judicialmente), 1129 (exibição em juízo de testamento em poder de terceiro), 1142 (arrecadação de bens da herança jacente), 1160 (arrecadação de bens dos ausentes), 1170 (arrecadação de coisas vagas) e 1197 (suspensão de tutor ou curador) do Código de Processo Civil.

[37] CPC, Art. 1.109. O juiz decidirá o pedido no prazo de dez (10) dias; não é, porém, obrigado a observar critério de legalidade estrita, podendo adotar em cada caso a solução que reputar mais conveniente ou oportuna.

cial liberdade que lhe foi conferida pelos arts. 1.107 e 1.109 para atuar nos procedimentos de jurisdição voluntária.

Dessa forma, deverá ainda o juiz velar pela observância das formalidades legais, mantendo-se imparcial e restrito à finalidade do processo, adotando a solução que, ao seu critério, entender mais conveniente e oportuna para o atendimento da vontade dos interessados.

Diante dessa construção talvez possamos, pelo menos no que tange ao direito instrumental, utilizar como paradigma na tutela jurisdicional do Biodireito também um microssistema jurídico aberto, indicando os princípios gerais que servirão de norte para um julgador munido de ampla liberdade interpretativa.

Assim, é nossa proposta, na ausência do direito material específico e quando não houver lide *sub judice*, que seja o instituto processual da jurisdição voluntária, com alargada competência, o mais apropriado para dispor no campo do Biodireito quanto à prática de uma ampla gama de experimentos científicos envolvendo genomas, clonagem, transgênicos, fertilização assistida, destinação de embriões excedentários, cirurgias de redesignação de sexo, aborto terapêutico e tantos outros procedimentos ora não listados, ou sequer passíveis de serem previstos, mas todos carentes de regulamentação legal de regência.

E, na prática, os procedimentos especiais de jurisdição voluntária já vêm sendo utilizados como método de colmatação das lacunas do ordenamento como bem se vê em decisões pioneiras do Tribunal de Justiça do Rio Grande do Sul ao autorizar a alteração no registro civil do nome de pacientes submetidos a cirurgias de redesignação de sexo,[38] assim como a

---

[38] E assim já abordamos em nossos *Comentários ao Código de Processo Civil – Arts. 1103 a 1210*, São Paulo: RT, 2000, p. 100-101:
"Tratando da responsabilidade civil do médico, RUY ROSADO DE AGUIAR JÚNIOR invoca jurisprudência do Tribunal de Justiça do Rio Grande do Sul autorizando como procedimento de jurisdição voluntária a cirurgia para mudança de sexo, quando já foi tipificada essa intervenção médica na legislação penal como lesão corporal. E assim as palavras do eminente jurista: A legislação penal brasileira prevê como crime de lesão corporal gravíssima a ação da qual resulta perda ou inutilização de membro, sentido ou função (art. 129, § 2º, CP). A jurisprudência, porém, tem autorizado a operação, do que é bom exemplo acórdão do TJRS: 'Jurisdição voluntária. Autorização para operação. A pretensão da postulante de obter autorização para submeter-se a intervenção cirúrgica com o propósito de alteração de sexo, com extirpação de glândulas sexuais e modificações genitais, é de ser conhecida pelos evidentes interesses jurídicos em jogo, dados os reflexos não só na sua vida privada como na vida da sociedade, não podendo tal fato ficar a critério exclusivamente das normas ético-científicas da medicina'. A outra questão, conseqüente à operação, é a alteração do registro civil, que também tem sido autorizada, pois se trata de simples conformidade do assento à nova realidade. As certidões fornecidas pelo Ofício do Registro Civil não devem fazer referência ao fato da operação, para não manter nos documentos a dualidade que já atormentava o transexual, salvo o caso de certidão requisitada pelo Juiz. Essas autorizações para cirurgias de alteração de sexo e as conseqüentes postulações judiciais de correção do registro civil para adaptação do paciente ao seu novo papel na sociedade foram abordadas por LUIZ FLÁVIO BORGES D'URSO, referindo-se a essas minorias, 'compulsoriamente condenados a suportar uma dicotomia entre seu sexo físico e seu sexo psíquico, inconciliáveis e totalmente antagônicos'. Defende o autor a possibilidade de alteração física do sexo

autorização para interrupção da gestação em casos de comprovada anencefalia fetal, deformação física que se caracteriza pela ausência da abóbada craniana e por inexistência ou defeito dos hemisférios cerebrais, condição incompatível com a vida em cem por cento dos casos.[39]

Em nossos dias encontra-se pacífica a doutrina quanto à competência do Poder Judiciário para a colmatação das lacunas do ordenamento. Ater-se à vontade que norteou o legislador em um determinado momento histórico não parece satisfazer todas as demandas jurídicas da mutante sociedade contemporânea, submersa sob a avalanche das novas conquistas da ciência. A dinâmica dos grupos sociais faz surgir fervorosos questionamentos e, como conseqüência, novos casos são cotidianamente apresentados aos magistrados.

Se pensarmos a jurisdição voluntária como um *microssistema interno ao subsistema jurídico do Processo Civil*, vendo-a como um conjunto de procedimentos com normas próprias, gerais e específicas, prevendo, inclusive, ampla liberdade na investigação cognitiva e de preenchimento de lacunas legais pelo juiz, teremos à imediata disposição um célere e pragmático instrumento processual para a efetivação de provimentos em matéria de Biodireito que necessitem tempestivo agir do magistrado em direção à completude do ordenamento jurídico.

5. Conclusão: a vocação do microssistema processual da jurisdição voluntária para a tutela do Biodireito

Consoante a exposição feita, temos que a lacuna do ordenamento jurídico é passível de ser suprida mediante a aplicação de técnicas de

---

e a posterior modificação dos assentos no registro civil, desde que referenciando ao sexo anterior, com única exceção feita para os casos de cirurgia corretiva". E conclui:
"As necessidades e as angústias daqueles que pretendem submeter-se à cirurgia de 'mudança de sexo', entendemos legitimar a proposta objetivando trazer tal operação para legalidade, não se vislumbrando mais o crime de lesão corporal dolosa, com perda de função. Todavia, o avanço é significativo, mas retificar-se o registro de seu sexo, sem qualquer referência ao registro anterior, parece-nos uma grande irresponsabilidade, que juridicamente revela-se insustentável. Como alternativa paliativa, poder-se-ia admitir a retificação do registro para o sexo aparente, desde que ficasse consignado o sexo, nome e demais informações anteriores que foram retificadas. Ao que parece, tal medida não impediria o constrangimento que se tenta evitar, mas continuaria a garantir nosso sistema, dando segurança a seus registros. Em obra pioneira sobre o tema, a Desembargadora do Tribunal de Justiça do Rio Grande do Sul MARIA BERENICE DIAS classifica como procedimento de jurisdição voluntária, com competência das Varas de Família, o pedido de autorização judicial para a realização de cirurgia para redesignação do sexo, buscando afastar a tipificação penal deste procedimento médico como lesão corporal, como já defendeu doutrina mais conservadora". *União Homossexual – O Preconceito e a Justiça*. Porto Alegre: Livraria do Advogado, 2000.

[39] Ressalta-se que a opção pelos procedimentos especiais de jurisdição voluntária fica condicionada à inexistência de lide, caso em que o procedimento contencioso é o único tecnicamente viável.

lógica jurídica capazes de fornecer subsídios intelectuais para a motivação das decisões do juiz.

A extração de regras gerais a partir de regras particulares, a busca da coerência do sistema por meio dos ideais básicos que o norteiam, a distinção entre os casos comparáveis e aqueles impossíveis de serem assemelhados e o recurso aos princípios gerais de Direito, comuns a todas as nações civilizadas, são instrumentos de grande auxílio segundo sua acepção. As partes, por sua vez, ao se submeterem à jurisdição de um tribunal, estão implicitamente acordando que este tem competência para completar as possíveis lacunas do ordenamento vigente, sem romper a coerência ideológica e o espírito que o sustentam.

Neste início de século, quando sobrevive a crise dos valores humanos em contraposição aos grandes interesses econômicos, quando se confronta a razão utilitarista dos juristas com os conflitos éticos dos cientistas da biotecnologia, pouco ainda há para se acrescentar além da invocação dos princípios fundamentais relacionados à vida e à liberdade, na maior parte das vezes elencados nas declarações de direitos ou nas cartas constitucionais.

Buscamos neste exercício criativo não propriamente encontrar respostas para questões de tal porte e magnitude, o que estaria absolutamente fora de nosso alcance, mas sim, descendo ao contexto da *praxis* forense, voltados para solitária missão do operador do Direito instado a laborar em pleno vácuo jurídico, encontrar justificavas para uma proposta de instrumentalização processual de determinada classe de direitos subjetivos, enquadrados na antagônica circunstância de inexistência de lide *inter partes* conforme a sua concepção carneluttiana.

Apresentamos o que entendemos ser uma vocação célere e pragmática dos procedimentos especiais de jurisdição voluntária para a tutela do Biodireito, agora com alargados limites, a compor um microssistema jurídico interno e aberto de direito processual, constante das cláusulas gerais dos artigos 1103 a 1111 do Código de Processo Civil brasileiro. Uma forma de tutela processual de direitos subjetivos materiais não legislados ao imediato alcance dos juristas e jurisdicionados, tornando efetivo o processo como expressão da garantia universal de acesso à justiça.

Ao homem moderno a justiça soa como se fosse um problema dos tribunais, uma questão para especialistas ou um valor inalcançável ao indivíduo comum e reclama-se maior espaço para a efetividade dos provimentos judiciais. O preenchimento de uma lacuna do ordenamento pressupõe a constatação de sua existência, e esta é, em última análise, uma decisão do juiz no caso concreto, quando reconhece a impossibilidade de se aplicar qualquer outra regra do ordenamento jurídico posto.

Não se trata de ato puramente descritivo, mas revela-se, sobretudo, um processo *inventivo*, em termos de retórica. Dentro dessa perspectiva ganha terreno o método hermenêutico da tópica, sistema extraído da retórica que busca analisar uma questão jurídica a partir da noção de que esta pode ser sempre encarada sob diversos pontos de vista. De acordo com a concepção tópica, não é possível chegar-se a um argumento definitivo, por ser o Direito um sistema sempre aberto a novas opiniões. Requer, portanto, o procedimento dialógico, de onde a conclusão de que uma lacuna estará sempre sujeita a distintas interpretações, devendo as partes interessadas arcar com os riscos de interpretações nem sempre unívocas dos tribunais.

Resta a conclusão, dessa forma, de que as questões apresentadas acerca das lacunas em Direito longe estão de esgotar-se no conteúdo abordado.

O tema interessa particularmente àqueles que não pretendem restringir o Direito ao tecnicismo, mas o vêem como fenômeno dinâmico de profundas implicações políticas e sociais, justificando a imperiosa necessidade de novas reflexões sobre a complexidade do sistema jurídico e de criativas formas de uso do sistema processual posto como ferramenta efetivamente instrumental de acesso à prestação jurisdicional, em especial no que se refere à tutela da novel disciplina do Biodireito.

E assim as proféticas palavras de Jeremy Rifkin:

> "A revolução biotecnológica afetará todos os aspectos de nossa vida. A forma como nos alimentamos, como namoramos e casamos, como temos nossos bebês, como criamos e educamos nossos filhos, como trabalhamos, como nos envolvemos na política, como expressamos nossa fé, como percebemos o mundo ao nosso redor e nossa posição nele – todas as nossas realidades, pessoais e coletivas serão profundamente tocadas pelas novas tecnologias do século biotecnológico. Essas tecnologias tão pessoais merecem, certamente, ser amplamente discutidas e debatidas pelo público em geral antes de ser tornarem parte de nossa vida diária".[40]

Ao final esperamos ter com este sucinto ensaio algo contribuído para o aprofundamento das discussões deste tema cuja fundamental importância recém agora passa a ser apreendida pelo mundo jurídico.

---

[40] RIFKIN, Jeremy. *O Século da Biotecnologia*. São Paulo: Makron Books, 1999, p. 248.

— 10 —

Direitos coletivos *lato sensu*:[1] a definição conceitual dos direitos difusos, dos direitos coletivos *stricto sensu* e dos direitos individuais homogêneos

HERMES ZANETI JUNIOR

Sumário: 1. Introdução; 2. Direitos difusos, coletivos (*stricto sensu*) e individuais homogêneos: o advento do Código de Defesa do Consumidor brasileiro e sua conceituação; 3. Direitos ou "interesses"; 4. Critérios para caracterização dos direitos coletivos *lato sensu*; 5. Conclusões.

1. Introdução

A escolha do tema mostra-se oportuna, pois o momento atual do direito revela a necessidade de efetiva proteção de posições jurídicas que fogem a antiga fórmula individual credor/devedor.

O Anteprojeto de Código Processual Civil Coletivo Modelo para Ibero América,[2] que nos cabe comentar, é a prova desta preocupação e esperança de progresso nas legislações nacionais.

---

[1] Denominam-se Direitos Coletivos *lato sensu* os direitos coletivos entendidos como gênero, dos quais são espécies: os direitos difusos, os direitos coletivos *stricto sensu* e os direitos individuais homogêneos.

[2] Este trabalho foi originalmente publicado em espanhol no livro coordenado por Antonio Gidi e Eduardo Ferrer Mac-Gregor, "La tutela de los derechos difusos, colectivos e individuales homogêneos: hacia un código modelo para iberoamérica." O trabalho vem agora renovado com notas e estudos posteriores do autor, porém guarda a estrutura do antigo texto como reconhecimento da importância dos estudos ali desenvolvidos e da excelência do Código Modelo. Passamos a nos referir a este Anteprojeto como Código Modelo ou simplesmente CM, por óbvias razões de estilo. Poderíamos acrescentar como subtítulo que se trata de um estudo sobre o CM com os olhos voltados para o modelo brasileiro de processo coletivo, sua matriz.

Destacamos do Código Modelo o seu artigo 1 para o nosso comentário, o que porém não nos limitará a análise, vez que também em outros momentos este rico projeto traz tópicos de relevância para o nosso objetivo: lançar luzes e questionamentos sobre o conceito de direitos e/ou interesses coletivos.

Em verdade procuraremos abordar o tema explicitando o que se entende hoje no Brasil por direitos coletivos *lato sensu*, subdividindo este em direitos difusos, direitos coletivos *stricto sensu* e direitos individuais homogêneos.

Esta, aliás, é a subdivisão feita pelo artigo em comento, que traz nos seus incisos: I – interesses ou direitos difusos; II – interesses ou direitos coletivos; III – interesses ou direitos individuais homogêneos.[3]

Obrigatório advertir que a Lei 8.078/90, o Código Brasileiro de Defesa do Consumidor (CDC), em seu artigo 81, parágrafo único, regulamenta a matéria exatamente da mesma maneira que o Código Modelo.

Metodologia de abordagem. O trabalho será desenvolvido na perspectiva da legislação brasileira (CDC) em comparação com o Código Modelo (CM). No primeiro tópico abordaremos os conceitos, no segundo faremos uma breve crítica à equívoca denominação "interesses", que no nosso entender pode prestar desserviço à tutela coletiva; por último, trataremos da caracterização destes direitos na prática, ou seja, como identificar se no caso concreto se tutela um direito difuso, coletivo *stricto sensu* ou individual homogêneo. Ao final traremos as conclusões principais para facilitar ao leitor o acesso ao nosso entendimento.

2. Direitos difusos, coletivos (*stricto sensu*) e individuais homogêneos: o advento do Código do Consumidor brasileiro e sua conceituação

Quando a doutrina passou a enfrentar o problema das ações coletivas, viu-se inicialmente com sérias dificuldades para definir conceitos para os novos direitos que lhe estariam na base, o que levou alguns juristas a afirmar que estes se tratavam de "personagens misteriosos".[4] [5] Apesar de

[3] Cf. Apéndice I – Instituto Ibero-Americano de Direito Processual: Anteprojeto de código modelo de processos coletivos para Ibero-américa. In: Gidi, Antonio e Mac-gregor, Eduardo F. *La tutela de los derechos difusos, colectivos e individuales homogéneos: hacia un código modelo para iberoamérica.* México-DF: Editorial Porrúa, 2003, p. 663-670.

[4] VILLONE, La collocazione istituzionale dell'interesse difuso. In: La tutela degli interessi diffusi nel diritto comparato. Milano, 1976. p. 73. *apud* NERY JR., Nelson. Mandado de segurança coletivo. Revista de Processo, v.15, n. 57, p. 151-158, jan./mar. 1990, p. 151.

[5] Kazuo Watanabe aponta essa convergência em recensão bibliográfica onde inclui artigos de Barbosa Moreira, Ada P. Grinover, Rodolfo C. Mancuso, Hugo Nigro Mazzilli entre outros. (Cf. WATANA-

certa homogeneidade obtida com relação aos direitos difusos e coletivos, vistos sob o aspecto subjetivo como direitos transindividuais e, no aspecto objetivo como indivisíveis, sua conceituação sempre foi objeto de dúvida.[6] Porém, com o advento do CDC, esta problemática restou resolvida no direito brasileiro. O Código estabeleceu, no art. 81, parágrafo único, as categorias em que se exerce a defesa dos direitos coletivos *lato sensu*. São elas: os direitos difusos, os direitos coletivos (*stricto sensu*) e os direitos individuais homogêneos. A mesma solução foi adotada pelo Código Modelo (CM).

Assim, tem-se por direitos difusos (art. 81, parágrafo único, I, do CDC e art. 1, I, do CM) aqueles transindividuais (metaindividuais, supraindividuais, pertencentes a vários indivíduos), de natureza indivisível (só podem ser considerados como um todo), e cujos titulares sejam pessoas indeterminadas (ou seja, indeterminabilidade dos sujeitos, não há individuação) ligadas por circunstâncias de fato, não existe um vínculo comum de natureza jurídica, *v.g.*, a publicidade enganosa ou abusiva, veiculada através de imprensa falada, escrita ou televisionada, a afetar uma multidão incalculável de pessoas, sem que entre elas exista uma relação jurídica-base.

Já os direitos coletivos *stricto sensu* (art. 81, parágrafo único, II do CDC, e art. 1, II do CM) foram classificados como direitos transindividuais, de natureza indivisível, de que seja titular grupo, categoria ou classe de pessoas (indeterminadas, mas determináveis, frise-se, enquanto grupo, categoria ou classe) ligadas entre si, ou com a parte contrária, por uma relação jurídica base. Nesse particular cabe salientar que essa relação jurídica base pode se dar entre os membros do grupo *affectio societatis* ou pela sua ligação com a "parte contrária". No primeiro caso temos os advogados inscritos na Ordem dos Advogados do Brasil (ou qualquer associação de profissionais); no segundo, os contribuintes de determinado imposto.

Cabe ressalvar que a relação-base necessita ser anterior à lesão (caráter de anterioridade). No caso da publicidade enganosa, a "ligação" com a parte contrária também ocorre, só que em razão da lesão e não de vínculo precedente, o que a configura como direito difuso e não coletivo *stricto sensu* (propriamente dito).

BE, Kazuo *et al. Código brasileiro de defesa do consumidor: comentado pelos autores do anteprojeto.* Rio de Janeiro: Forense Universitária, 1998. p.624, nota 17).

[6] WATANABE, *Código brasileiro de defesa do consumidor: comentado pelos autores do anteprojeto.* p. 625.

O elemento diferenciador entre o direito difuso e o direito coletivo é, portanto, a determinabilidade[7] e a decorrente coesão como grupo, categoria ou classe anterior à lesão, fenômeno que se verifica nos direitos coletivos *stricto sensu* e não ocorre nos direitos difusos.

Portanto, para fins de tutela jurisdicional, o que importa é a possibilidade de identificar um grupo, categoria ou classe, vez que a tutela revela-se indivisível, e a ação coletiva não está disponível aos indivíduos que serão beneficiados.[8]

O legislador foi além da definição de direitos difusos e coletivos *stricto sensu* e criou uma nova categoria de direitos coletivos (coletivamente tratados) a qual denominou direitos individuais homogêneos (art. 81, parágrafo único, III, do CDC, e art. 1, III,do CM). A gênese dessa proteção/garantia coletiva tem origem nas *class actions for damages* norte-americanas.[9]

A importância desta categoria é cristalina. Sem sua criação pelo direito positivo nacional não existiria possibilidade de tutela "coletiva" de direitos com natural dimensão coletiva, decorrentes da massificação/pa-

---

[7] Para Kazuo Watanabe, o que diferencia os direitos coletivos dos direitos difusos é a determinabilidade das pessoas titulares, "seja através da relação jurídica-base que as une entre si (membros de uma associação de classe ou ainda acionistas de uma mesma sociedade), seja por meio do vínculo jurídico que as liga à parte contrária (contribuintes de um mesmo tributo, contratantes de um segurador com um mesmo tipo de seguro, estudantes de uma mesma escola etc.)" (ibidem). Nosso entendimento diverge no sentido de determinar o grupo, categoria ou classe beneficiado em sua amplitude e dimensão não-individual, sendo indiferente a identificação da "pessoa titular" pois a prestação será indivisível, "beneficia um, beneficia a todos".

[8] Não por outro motivo a coisa julgada será ultra partes, nos termos do art. 103 do CDC e do art. 26 do CM, e os autores dos processos individuais não serão prejudicados desde que optem pela suspensão destes processos enquanto se processa a ação coletiva ou poderão, ainda, excluir-se do seu âmbito optando pelo *right to opt out* (direito de sair) com a continuidade de suas ações individuais. Assim, art. 104 do CDC e art. 30 do CM.

[9] Nesse sentido, "Assim, por exemplo, não se admite nos países europeus a defesa dos interesses individuais com caráter coletivo, alternativa porém expressamente facultada no art. 81, parágrafo único, III, combinado com os arts. 91 a 100 da lei brasileira. Esta orientação, herdou-a nosso sistema principalmente dos Estados Unidos, onde se desenvolveu o instituto da chamada *class action* (Rule 23, *Federal Rules on Civil Procedure,* 1966), que encontra equivalente na *relator action* e nas *representatives proceedings,* do Reino Unido e da Austrália, e no *recours collectif,* previsto nos arts. 999 e s. do *Code de Procédure Civile* de Quebec, de 19 de janeiro de 1979." Cf. ALVARO DE OLIVEIRA, A ação coletiva de responsabilidade civil e seu alcance. p.94. Ainda sobre a origem da expressão direitos individuais homogêneos versa Gidi: "Na doutrina brasileira a expressão foi utilizada pela primeira e última vez antes da publicação do CDC por Barbosa Moreira, ao se referir despretenciosamente a 'feixe de interesses individuais homogêneos e paralelos', quando comentava as *class actions for damages* do direito norte-americano." Cf. GIDI, Coisa julgada e litispendência em ações coletivas. p. 19, nota 49. Na expressão do próprio Barbosa Moreira: "....*class action*, que pressupõe um feixe de interesses individuais homogêneos e paralelos, defendidos em juízo, na sua totalidade, por apenas um ou vários dos co-interessados, em razão da impraticabilidade da participação de todos no processo..." BARBOSA MOREIRA, J.C. Tendências contemporâneas do Direito Processual Civil. *In: Temas de Direito Processual*, terceira série. São Paulo: Saraiva, 1984. p. 10, nota 24.

dronização das relações jurídicas e das lesões daí decorrentes. Assim, "Tal categoria de direitos representa uma ficção criada pelo direito positivo brasileiro com a finalidade única e exclusiva de possibilitar a proteção coletiva (molecular) de direitos individuais com dimensão coletiva (em massa). Sem essa expressa previsão legal, a possibilidade de defesa coletiva de direitos individuais estaria vedada".[10]

O CDC conceitua os direitos individuais homogêneos como aqueles decorrentes de origem comum,[11] ou seja, os direitos nascidos em conseqüência da própria lesão ou ameaça de lesão, em que a relação jurídica entre as partes é *post factum* (fato lesivo).

Para evitar equívocos na interpretação transcreve-se a precisa lição de Watanabe: "Origem comum' não significa, necessariamente, uma unidade factual e temporal. As vítimas de uma publicidade enganosa veiculada por vários órgãos de imprensa e em repetidos dias ou de um produto nocivo à saúde adquirido por vários consumidores em um largo espaço de tempo e em várias regiões têm, como causa de seus danos, fatos com homogeneidade tal que os tornam a 'origem comum' de todos eles.",[12] ou seja, o que têm em comum é a procedência, e a gênese na conduta comissiva ou omissiva da parte contrária.

O fato de ser possível determinar individualmente os lesados, não altera a possibilidade e pertinência da ação coletiva. Permanece o traço distintivo: o tratamento molecular das ações coletivas em relação à fragmentação da tutela (tratamento atomizado), nas ações individuais. É evidente a vantagem do tratamento uno da pretensão em conjunto para obtenção de um provimento genérico. Como bem anotou Antonio Gidi as ações coletivas garantem três objetivos: proporcionar economia processual, acesso à justiça e a aplicação voluntária e autoritativa do direito material.[13]

Não por outra razão se determinou em ambos os códigos em comento (no CDC, art. 103, III, e no CM, art. 26, III) que a sentença terá eficácia

---

[10] GIDI, *Coisa julgada e litispendência em ações coletivas*. p. 20.

[11] "A homogeneidade decorre da circunstância de serem os direitos individuais provenientes de uma origem comum. Isso possibilita, na prática, a defesa coletiva de direitos individuais, porque as peculiaridades inerentes a cada caso concreto são irrelevantes juridicamente, já que as lides individuais, no que diz respeito às questões de direito, são muito semelhantes e, em tese, a decisão deveria ser a mesma em todos e em cada um dos casos.". Idem. p. 30-31.

[12] WATANABE, *Código brasileiro de defesa do consumidor: comentado pelos autores do anteprojeto*, p. 629.

[13] Cf. GIDI, Antonio. Las acciones colectivas en Estados Unidos. In: GIDI, Antonio e MAC-GREGOR, Eduardo F (coord.). *Procesos colectivos: la tutela de los derechos colectivos e individuales en una perspectiva comparada*. México – DF: Editorial Porrúa, 2003. Ressalte-se que esta obra, de excepcional valor, porta estudos sobre os processoas coletivos produzidos por autores de diversas nacionalidades.

erga omnes. Os titulares dos direitos individuais serão "abstrata e genericamente beneficiados".[14]

Nessa perspectiva, o pedido nas ações coletivas será sempre uma "tese jurídica geral" que beneficie, sem distinção, aos substituídos.[15] As peculiaridades dos direitos individuais, se existirem, deverão ser atendidas em liquidação de sentença a ser procedida individualmente.

Como corolário desse entendimento – e ainda da lição de que os direitos coletivos *lato sensu* têm dupla função material e processual e foram positivados em razão da necessidade de sua tutela jurisdicional – para fins de tutela os direitos individuais homogêneos são indivisíveis e indisponíveis até o momento de sua liquidação e execução.

Como exemplo da abstração e generalidade dos direitos individuais homogêneos pode-se referir a ação coletiva de responsabilidade civil pelos danos individualmente causados. Nessa ação somente ocorrerá a determinação dos indivíduos lesados quando ingressarem como assistentes (art. 94 do CDC, e art. 19 do CM)[16] ou no momento em que exercitarem o seu direito individual de indenização, em decorrência da habilitação para a liquidação da sentença (art. 97 do CDC, e art. 22 do CM). A condenação também poderá ser executada (abrangendo as indenizações já fixadas em sentença de liquidação) pelos legitimados processuais sem prejuízo do ajuizamento de outras execuções individualmente movidas (art. 98 do CDC, e art. 23 do CM).[17]

---

[14] ARAÚJO FILHO, Luiz Paulo da Silva. *Ações coletivas: a tutela jurisdicional dos direitos individuais homogêneos*. Rio de Janeiro: Forense, 2000. p. 116.

[15] Segundo Luiz Paulo da Silva Araújo Filho, "uma ação coletiva para a defesa de direitos individuais homogêneos não significa a simples soma das ações individuais. Às avessas, caracteriza-se a ação coletiva por interesses individuais homogêneos exatamente porque a pretensão do legitimado *concentra-se* no acolhimento de uma tese jurídica *geral*, referente a determinados fatos, que *pode* aproveitar a muitas pessoas. O que é completamente diferente de apresentarem-se inúmeras pretensões *singularizadas*, especificamente *verificadas* em relação a *cada um* dos respectivos titulares do direito." (sem negrito no original) ARAÚJO FILHO, Luiz Paulo da Silva. *Ações coletivas: a tutela jurisdicional dos direitos individuais homogêneos*. Rio de Janeiro: Forense, 2000. p. 114.

[16] O CM preferiu a mais acertada denominação de assistentes, à equivocada de litisconsortes feita no CDC. Cf. ARAÚJO FILHO, Idem. p. 151. Alguma dissidência na doutrina existe quanto a se tratar, aqui, de assistência simples, litisconsórcio ou de assistência litisconsorcial, porém quanto aos efeitos práticos não tem maior relevância a polêmica visto que por força da teoria geral das ações coletivas o mais correto entendimento é que os intervenientes não estejam defendendo seu direito individual, mas sim um mero interesse no sucesso da demanda, vez que não poderão ser prejudicados pela passagem em julgado de decisão de improcedência. Fique claro, como prescreveu o art. 19, parágrafo único do Código Modelo: "Os intervenientes não poderão discutir no processo coletivo suas pretensões individuais." Vedada a intervenção de titular individual por se entender "inadequada aos fins do processo coletivo", Cf. GIDI, Antonio. Assistência em ações coletivas. *In: Processo civil. Evolução. 20 anos de vigência*. Coord. José Rogério Cruz e Tuccci. São Paulo:Saraiva, 1995.

[17] Essa é também a opinião de Antonio Gidi: "A divisibilidade, perceba-se, somente se manifestará nas fases de liquidação e execução da sentença coletiva.". Segue: "E mais. Como a homogeneidade decorre tão-só e exclusivamente da origem comum dos direitos, estes não precisam ser iguais quantitativa ou qualitativamente." GIDI, Coisa julgada e litispendência em ações coletivas, p. 31-32.

A idéia de unicidade no tratamento dos direitos individuais homogêneos é clara no CDC e no CM. A lei brasileira (art. 100) e o CM (art. 25) determinam expressamente que no caso de passado um ano sem a habilitação de interessados em número compatível com a gravidade do dano, poderão os entes legitimados propor a liquidação e execução da indenização devida. Nesse caso, reverte-se o produto para um fundo governamental (no Brasil criado pela Lei 7.347/85 - Lei da Ação Civil Pública - no art. 13, denominado Fundo de Direitos Difusos; e no CM inserto no art. 6).[18] Ao legislador interessa a compensação integral do prejuízo; concede-se assim primazia ao interesse público na regulação da conduta ilícita.

Como particularidade inovadora, o Código Modelo exige em seu art. 1°, § 1°, para a tutela dos direitos individuais homogêneos, a necessidade de se reconhecer "também a necessária aferição da predominância de questões comuns sobre as individuais e da utilidade da tutela coletiva no caso concreto." Este detalhamento corresponde à adequação da ação coletiva à tutela de direitos individuais homogêneos. No dizer de Ada Pellegrini Grinover (também autora do Anteprojeto), revela-se imprescindível a demonstração da prevalência das questões comuns (sobre as individuais) e da superioridade da tutela coletiva "em termos de justiça e eficácia da sentença".[19]

Por último, cabe mencionar o entendimento de parte da doutrina de que os direitos individuais homogêneos não seriam direitos coletivos, mas sim direitos coletivamente tratados (*sic.*).[20]

Esta visão mostra-se excessivamente restritiva e afastaria tal categoria do rol expressamente criado pelo CDC, referendado agora pelo Código Modelo, relegando-a a personagem de segunda categoria na proteção coletiva. Em sentido contrário, contudo, posicionou-se o pleno do Supremo Tribunal Federal brasileiro, em julgamento unânime, no RE 163231-SP, pela admissão destes direitos como subespécie de direitos coletivos. Transcrevemos trecho da ementa: "4. Direitos ou interesses homogêneos são os que têm a mesma origem comum (art. 81, III,da Lei 8.078, de 11.09.1990),

---

[18] Sobre a construção da *fluid recovery*, que é a possibilidade de recuperação dos valores indenizatórios não reclamados pelos titulares individuais em ações coletivas ver: GRINOVER, Código brasileiro de defesa do consumidor: comentado pelos autores do anteprojeto. p. 697-699. Cabe ressaltar que essa "recuperação fluída", para a autora, tem fins diversos dos ressarcitórios, porém "conexos com os interesses da coletividade", na linha deste estudo, esses fins incluem a repressão à conduta lesiva, procurando coibir sua repetição.

[19] Cf. GRINOVER, Ada Pellegrini. Da *class action for damages* à ação de classe brasileira: os requisitos de admissibilidade. In: Ação civil pública: lei 7347/1985-15 anos, coord. Edis Milaré. São Paulo: RT, 2001. p. 24.

[20] Cf. ZAVASCKI, Teori Albino. Defesa de direitos coletivos e defesa coletiva de direitos. *Revista Jurídica*, Porto Alegre,n. 212, p. 16-33, jun. 1995.

constituindo-se em subespécie de direitos coletivos".[21] Esta leitura jurisprudencial pelo principal tribunal brasileiro, somada ao que antes foi exposto, parece afastar a inadequada *capitis diminutio* daqueles direitos coletivos.

As categorias de direito antes mencionadas (difusos, coletivos *stricto sensu* e individuais homogêneos) foram conceituadas com vistas a possibilitar a efetividade da prestação jurisdicional; são, portanto, conceitos interativos de direito material e processual, voltados para a instrumentalidade, para a adequação da teoria geral do direito à realidade hodierna e, dessa forma, para a sua proteção pelo Poder Judiciário.[22] Assim, sua conceituação tem caráter explicitamente ampliativo da tutela dos direitos.

3. Direitos ou "Interesses"

Na legislação brasileira revela-se comum a denominação conjunta "direitos e interesses" referindo-se a direitos difusos e direitos coletivos (art. 129, inc. III da CF/88,[23] CDC, LACP,[24] etc.). O Código Modelo seguiu a mesma orientação (art. 1).

Contudo, em nosso entender, o termo "interesses" é expressão equívoca,[25] seja porque não existe diferença prática entre direitos e interesses, seja porque os direitos difusos e coletivos foram constitucionalmente garantidos (*v.g.*, Título II, Capítulo I, da CF/88). Ao que parece, deu-se mera transposição da doutrina italiana, um italianismo decorrente da expressão "*interessi legitimi*" e que granjeou espaço na doutrina nacional e, infelizmente, gerou tal fenômeno não desejado.

Cabe, por dever de precisão, afastar a erronia. Vale lembrar, não se trata de defesa de interesses e, sim, de direitos, muitas vezes, previstos no próprio texto constitucional.

---

[21] Cf. DELGADO, José Augusto. Interesses difusos e coletivos: evolução conceitual. Doutrina e jurisprudência do STF. Revista de Processo,ano 25, n. 98, p. 61-81, abril/junho de 2000. p. 80. Para consultar a decisão acessar www.stf.gov.br

[22] No mesmo sentido arremata Kazuo Watanabe "O legislador preferiu defini-los para evitar que dúvidas e discussões doutrinárias, que ainda persistem a respeito dessas categorias jurídicas, possam impedir ou retardar a efetiva tutela dos interesses ou direitos dos consumidores e das vítimas ou seus sucessores." WATANABE, *Código brasileiro de defesa do consumidor: comentado pelos autores do anteprojeto*, p. 623.

[23] CF/88 – Constituição da República Federativa do Brasil, promulgada em 5 de outubro de 1988.

[24] LACP – Lei da Ação Civil Pública.

[25] Já se expressaram neste sentido autorizadas vozes da doutrina brasileira: Cf. ALVARO DE OLIVEIRA, Carlos Alberto. *A ação coletiva de responsabilidade civil e seu alcance* In: BITTAR, Carlos Alberto (coord.). *Responsabilidade civil por danos a consumidores*. São Paulo: Saraiva, 1992, p. 87-116. p. 98.; CALMON DE PASSOS, *Mandado de segurança coletivo, mandado de injunção e habeas data*, p.11.; GIDI, *Coisa julgada e litispendência em ações coletivas*, p. 17-18.

Exemplo de conseqüência não pretendida pelo legislador está na limitação imposta por parte da doutrina ao "mandado de segurança coletivo".[26] Os primeiros textos sobre o mandado de segurança coletivo traziam uma advertência séria a respeito da impossibilidade de serem tutelados pelo *writ* "meros interesses". Nesse sentido manifestavam-se, por exemplo, as vozes autorizadas de José Cretella Junior[27] e Celso Neves, como demonstra a crítica abaixo.

Afirmando que "interesses" não são tuteláveis por mandado de segurança coloca Celso Neves a noção clássica de direito subjetivo como poder da vontade vinculado a um interesse pessoal ou individual ao qual o Estado, mediante o ordenamento jurídico, confere coercibilidade como forma de atuação. Afirma, ainda, que "interesses simples" ou até mesmo "interesses juridicamente protegidos" não podem ser tutelados pelo mandado de segurança ou qualquer outra ação porque justamente estão desprovidos da coercibilidade, não têm os seus titulares o "poder de vontade para a prevalência de seu interesse" que configuraria direito subjetivo.[28]

Podemos opor as seguintes considerações críticas: 1) não se trata de tutela de interesses e sim de direitos subjetivos coletivos; 2) Os titulares desses direitos subjetivos são aqueles indicados no art. 81, parágrafo único, do CDC e no art. 1° do CM,[29] sendo sua legitimação *ad causam,* nas ações coletivas brasileiras, atribuída às entidades expressamente elencadas na legislação.

Baseado na perspectiva de direito processual "moderno" conclui Celso Neves: "A autonomia do direito de ação não se compadece com tal extremo, porque ineliminável o binômio direito-processo, mormente num momento em que a instrumentalidade essencial da relação processual volta a ser proclamada, com redobrado vigor, pelos doutrinadores contemporâneos".[30] Aqui, também, devem ser feitas certas considerações. A instru-

---

[26] Esta ação tipicamente brasileira, que não encontra similar em língua espanhola (excetuando uma "certa proximidade" com o *juício de amparo*), ganhou dimensão coletiva a partir da Carta Constitucional de 1988 (art. 5, LXX). O mandado de segurança individual já foi objeto de diversos estudos comparados em língua espanhola, destes destacamos o trabalho de FIX ZAMUDIO, Hector, RÍOS ESPINOZA, Alessandro, ALCALÁ ZAMORA, Niceto. *Tres estudios sobre el mandado de seguridad brasileño.* México: UNAM, 1963.

[27] CRETELLA JUNIOR, José. *Do mandado de segurança coletivo*, 2 ed. Rio de Janeiro: Forense, 1991. p. 78.

[28] NEVES, *Mandado de segurança, mandado de segurança coletivo e mandado de injunção.* LTr, São Paulo, v. 52, n. 11, p. 1315-1320, nov/1998. p. 1318.

[29] O art. 81 do CDC, integrado à sistemática das ações coletivas identifica os titulares dos direitos subjetivos coletivos em seu parágrafo único, bem como o Código Modelo o faz em seu artigo 1°. Dessa forma, são titulares: *I*) direitos difusos, as pessoas indeterminadas e ligadas por circunstâncias de fato; *II*) direitos coletivos *stricto sensu*, o grupo, categoria ou classe de pessoas; *III*) direitos individuais homogêneos, os indivíduos lesados, quando a lesão decorrer de origem comum.

[30] Ibidem.

mentalidade consiste, justamente, em fornecer um instrumento hábil e eficaz para a defesa dos direitos. O processo é instrumento (meio) de realização do direito. A autonomia do direito de ação, nesse sentido, é primordial para que sob a égide de "preconceitos" de direito material, ou interpretações "fixas" não se evite a apreciação pelo Poder Judiciário da lesão ou ameaça ao direito afirmado pelo autor. Assim, ocorre um abrandamento do "ineliminável" binômio *substância-processo*, sempre orientado pelo fim: o processo existe para a *ordem jurídica justa*.

No sentido do até agora exposto, contra a concepção estreita e excludente de "interesses", e voltados para a correção da erronia legislativa esforçaram-se os juristas brasileiros. Calmon de Passos, por exemplo, chama atenção para o "conteúdo de direitos, inclusive em sua dimensão subjetiva" com que se revestem os "interesses" coletivos, como também, para a inaplicabilidade do conceito de "interesses legítimos" na atual realidade democrática. Assim, "Trazer-se para o direito brasileiro categorias já sem funcionalidade como a dos interesses legítimos, para colocá-los ao lado dos direitos subjetivos, ou pretender excluir os interesses transindividuais da categoria dos direitos subjetivos é insistir numa visão do direito, do Estado, da organização política e da sociedade já ultrapassada".[31]

Carlos Alberto Alvaro de Oliveira assevera que o legislador teria agido com melhor técnica no art. 6º, ao mencionar apenas "direitos básicos do consumidor" ao invés de "interesses e direitos" como fez no Tít. III.[32] A lição revela-se ainda mais vantajosa por esclarecer, adiante, que a distinção entre o direito subjetivo e o interesse, na doutrina nacional, assenta, justamente, na coercibilidade posta à disposição da "vontade autônoma" do indivíduo frente a um interesse seu tutelado pela norma. Comentando a distinção entre interesse legítimo e direito subjetivo, na doutrina estrangeira, o mesmo autor salienta o seu caráter quantitativo e acidental segundo a "maior ou menor proeminência do interesse individual objeto da tutela normativa", o que em outro ordenamento pode determinar a "atribuição da cognição a órgãos distintos", mas não lhes altera a categoria de direitos submetidos a jurisdição e a sua imperatividade.[33] Por óbvio, o que se salienta na lição acima, é que mesmo nos sistemas que distinguem os direitos subjetivos e os interesses legítimos, esses não ficam desprotegidos ou submersos em subcategorias intangíveis e, portanto, não tuteláveis.

---

[31] PASSOS, *Mandado de segurança coletivo, mandado de injunção e habeas data*. p. 11.

[32] ALVARO DE OLIVEIRA, Carlos Alberto. A ação coletiva de responsabilidade civil e seu alcance *In*: BITTAR, Carlos Alberto (coord.). *Responsabilidade civil por danos a consumidores*. São Paulo: Saraiva, 1992, p. 87-116.

[33] Idem. p. 99.

Mas qual o escorço histórico necessário para se afastar a erronia apontada? O ordenamento jurídico brasileiro, respeita o princípio da unidade de jurisdição e da inafastabilidade da apreciação, pelo Judiciário, da lesão ou ameaça de lesão a direito (*rectius*: afirmação). Os direitos subjetivos, no Brasil, se subdividem em direitos subjetivos privados e direitos públicos subjetivos.[34] Contudo, o mesmo não ocorre com o sistema italiano que prevê uma separação de órgãos jurisdicionais (dualidade de jurisdição). Assim, a doutrina italiana construiu dois conceitos distintos, um referente aos direitos subjetivos e outro, aos chamados interesses legítimos. Os primeiros são julgados pela justiça civil (relações entre particulares); os outros, perante órgãos da justiça administrativa (relações entre particulares e administração pública ou de interesse social relevante).

A nota essencial na distinção, para este estudo, é que enquanto o direito subjetivo se vincula diretamente ao indivíduo, protegendo seu interesse individual, os interesses legítimos se dirigem ao interesse geral e favorecem o indivíduo apenas como componente, como "membro do Estado".[35] Porém, diferenças à parte, tanto os direitos subjetivos como os interesses legítimos (na doutrina italiana) se tornam concretos como direitos à tutela jurisdicional;[36] percebe-se que se trata, assim, de uma distinção histórica e peculiar ao sistema italiano, que não tem qualquer aplicação ao direito brasileiro, em que os conceitos de interesse legítimo e direito subjetivo se reduzem à categoria por nós conhecida como direitos subjetivos (que aqui podem ser públicos ou privados).

Tanto o direito subjetivo quanto o interesse legítimo são, portanto, direitos. A distinção da doutrina italiana pode fazer sentido na Itália, mas não se justifica no ordenamento brasileiro, que prevê a unidade da jurisdição. Ocorre que o legislador brasileiro foi fortemente influenciado pelo direito italiano, porque a doutrina brasileira é fortemente influenciada pela doutrina italiana, onde as categorias de direitos coletivos e direitos difusos

---

[34] Para uma breve visão sobre as teorias de Jhering (direito subjetivo como interesse juridicamente protegido), Savigny (direito subjetivo como fenômeno da vontade), Jellinek (teoria eclética ou mista; direito subjetivo como um bem ou interesse protegido por um poder da vontade) e Jean Dabin (direito subjetivo como uma pertença-domínio). Cf. FERRAZ JR., Tércio Sampaio. Direito Subjetivo – II. *In: ENCICLOPÉDIA Saraiva de Direito*. São Paulo: Saraiva, data. p. 330-334.

[35] ALVARO DE OLIVEIRA, *Do formalismo no processo civil*, p. 95.

[36] Nesse sentido o ensinamento de Michelli "Tanto il diritto soggettivo, per cosi dire, classico, quanto l'interesse legittimo dunque si concretano nella titolarità di un potere di dare inizio al processo davanti ad un organo giurisdizionale per conseguire una forma di tutela giurisdizionale..." (p. 409), segue, "Ma anch'essi dovrebbero essere considerati, secondo la concezione sattiana, esclusivamente nella loro proiezione processuale, nell'essere essi «diritti» alla iniziativa per conseguire la tutela giurisdizionale." (p. 408). Sobre o tópico e as diferenças e similitudes entre direitos subjetivos e interesses legítimos na doutrina italiana Cf. MICHELI, Gian Antonio. "Sentenza di annullamento di un atto giuridico e risarcimento del danno patrimoniale derivante da lesione di interessi legitimi". *Rivista di Diritto Processuale*, Padova, v. 19, n.3, p. 396-434, giugl./sett.1964.

encontram-se em território cinzento, a meio caminho entre o público e o privado, sendo constantemente referidas como *interessi diffusi* e *interessi collettivi* até mesmo pela sua aproximação, por vezes, do que se entende por *interessi legitimi*. Como visto, tal não pode prosperar em nosso sistema que não admite a categoria de interesses legítimos, e onde a categoria de "interesses" não tem a menor operacionalidade prática.

Como já havia advertido Dinamarco, verifica-se uma "sutil distinção entre os direitos subjetivos e interesses legítimos" que, em conjunto com a discricionariedade do poder administrativo, decorre da idéia fascista de liberdade política da administração (Poder Executivo), e que foi "usada como escudo" para evitar a censura jurisdicional[37] em regimes totalitários (*v.g.*, o de Mussolini).

Na esteira do exposto supra, Antonio Gidi considera mais correto e adequado o termo "direitos" e não "interesses" para o ordenamento jurídico brasileiro. Sua visão expõe a resistência à ampliação do conceito de direito subjetivo. Assim, esta lhe parece mais um "ranço individualista" decorrente de um "preconceito ainda que inconsciente em admitir a operacionalidade técnica do conceito de direito superindividual" e da dificuldade de enquadrar um direito com características de "indivisibilidade" quanto ao objeto e "impreciso" quanto à titularidade no direito subjetivo, entendido como "fenômeno de subjetivação" do direito positivo. Portanto, o legislador chamou "...'interesse' essa situação de vantagem." E conclui: "...não utilizamos (e mesmo rejeitamos) a dúplice terminologia adotada pelo CDC. Este trabalho se referirá, indiscriminadamente, a 'direito difuso', 'direito coletivo' e 'direito individual homogêneo".[38] Subjetivação, para o processo tradicional, significa individualização, daí a dificuldade.

Uma última nota. Parte da doutrina insiste na necessidade de aceitar a denominação "interesses" porque esta configuraria uma maior amplitude de tutela também para situações não reconhecidas como direitos subjetivos (tendo em vista a própria "novidade" dos direitos coletivos *lato sensu*).[39] (*sic.*).

Esta preocupação é válida e coerente com os valores a serem tutelados (principalmente se pensarmos no direito ao meio ambiente e nos

---

[37] Cf. DINAMARCO, *A instrumentalidade do processo*, p. 304. Ver, ainda, VENTURI, *Apontamentos sobre processo coletivo, o acesso à justiça e o devido processo social*, ponto. 2.1.

[38] Cf. GIDI, *Coisa julgada e litispendência em ações coletivas*, p. 17-18.

[39] Neste sentido confrontar LEONEL, Ricardo de Barros. *Manual do processo coletivo*. São Paulo: RT, 2002, p. 432. Pelos mesmos motivos, alguns autores brasileiros recentes preferem a manutenção da dupla referência ora a direitos, ora a interesses, preferindo até a denominação interesses por ser mais ampla. Cf. MENDES, Aluísio Gonçalves de Castro. *Ações coletivas: no direito comparado e nacional*. São Paulo: RT, 2001, p. 250 e ss; VIGLIAR, José Marcelo Menezes. Tutela jurisdicional coletiva, 3ed. São Paulo: Atlas, 2001, p. 60 e ss; DINAMARCO, Pedro da Silva. *Ação Civil Pública*. São Paulo: Saraiva, 2001, p. 50.

direitos do consumidor), contudo a melhor solução passa, não por admitir a categoria dos "interesses" tuteláveis pelo processo, mas sim pela ampliação do conceito de direito subjetivo, para abarcar as diversas "posições jurídicas judicializáveis" que decorrem do direito subjetivo *prima facie* (portanto, não expressas) e que merecem igualmente guarida pelo Judiciário.[40]

A superação do problema pela doutrina brasileira fica óbvia nas palavras de Watanabe: "Os termos 'interesses' e 'direitos' foram utilizados como sinônimos, certo é que, a partir do momento em que passam a ser amparados pelo direito, os 'interesses' assumem o mesmo *status* de 'direitos', desaparecendo qualquer razão prática, e mesmo teórica, para a busca de uma diferenciação ontológica entre eles".[41]

4. Critérios para caracterização dos direitos coletivos *lato sensu*

A natural proximidade entre os direitos de natureza coletiva pode levar a situações (não raras) em que uma mesma lesão, *v.g.*, publicidade enganosa ou abusiva, mereça tutela por ação visando direito (afirmado) difuso, coletivo ou individual homogêneo.

Nesse sentido já decidiu o Conselho Superior do Ministério Público do Estado de São Paulo: "Em caso de propaganda enganosa, o dano não é somente daqueles que, induzidos a erro, adquiriram o produto, mas também difuso, porque abrange todos os que tiveram acesso à publicidade.", presentes estariam elementos para propositura de uma ação civil pública em defesa de direitos difusos e de uma ação civil pública em defesa de direitos individuais homogêneos.[42]

---

[40] Cf. ALEXY, Robert. *Teoria de los derechos fundamentales*. Madrid: Centro de Estudios Politicos y Constitucionales, 2001.p. 173-245. Este tema foi explorado no texto citado onde se afirmou que "quando existe um direito este também é justicializável" (Idem, p. 496) visando à superação da resistência à defesa judicial de determinados direitos objetivos fundamentais, assegurados no texto legal, mas excepcionados no foro. Esta, aliás, revelou-se a orientação do nosso Supremo Tribunal Federal no reconhecer direito subjetivo à saúde para concessão de medicamento para portadores do vírus HIV: "O direito público subjetivo à saúde representa prerrogativa jurídica indisponível assegurada à generalidade das pessoas pela própria Constituição da República (art. 196)... A interpretação da norma programática não pode transformá-la em promessa constitucional inconseqüente." Ag.Reg. no Recurso Extraordinário n 271286/RS, Relator Min. Celso de Mello, julgamento 12.09.2000, Segunda Turma. www.stf.gov.br, jurisprudência, acórdãos, verbete: HIV/AIDS, acesso em: 09.02.2003.

[41] WATANABE, Kazuo. Arts. 81 a 90. In: GRINOVER, Ada Pellegrini et al. *Código brasileiro de defesa do consumidor: comentado pelos autores do anteprojeto*. Rio de Janeiro: Forense Universitária, 1998, p. 623.

[42] Súmula CSMP-SP nº 2 *apud* NERY JÚNIOR, Nelson, NERY, Rosa Maria Andrade. *Código de processo civil comentado e legislação processual civil extravagante em vigor*. 4.ed. rev. e ampl. São Paulo: Revista dos Tribunais, 1999, p. 1563.

Qual seria, então, o critério para distinção e classificação do direito na demanda? Antonio Gidi entendeu, de modo pioneiro, que o caminho mais adequado seria identificar "o direito subjetivo específico que foi violado" (*rectius*: afirmado). Para ele, a associação comum entre a lesão decorrente de publicidade e o direito difuso da comunidade não é necessária. De um mesmo fato lesivo podem nascer "pretensões difusas, coletivas, individuais homogêneas e, mesmo, individuais puras, ainda que nem todas sejam baseadas no mesmo ramo do direito material."

Supondo a hipótese de uma publicidade enganosa, onde o anunciante pratica falsidade ideológica ao induzir o consumidor a confundir o seu produto com outro de uma marca famosa, afirma que "diversas pretensões podem surgir e diversas ações (civis e criminais; individuais e coletivas) podem ser propostas em função desse ato ilícito." Para exemplificar aduz a ação criminal estatuída no art. 66 do CDC, as ações coletivas para defesa de direitos difusos da comunidade requerendo a retirada dos produtos, a contra-propaganda ou a indenização devida pelo dano já causado (a reverter para o fundo de recomposição criado pela LACP). Havendo lesão a direitos individuais de consumidores que já adquiriram o produto influenciados pela publicidade ilícita, seria igualmente cabível ação para recompor esses prejuízos movida molecularmente, por um dos legitimados do art. 82 do CDC, visando a condenação genérica, art. 95 do CDC. E, ainda, não se pode esquecer da ação individual da empresa concorrente lesada.[43]

Concluindo, Antonio Gidi, reafirma que o "critério científico" na identificação do direito coletivo *lato sensu* "não é a matéria, o tema, o assunto abstratamente considerados, mas o direito subjetivo específico que foi violado" (*rectius*: que se afirma violado); e continua: "Nesse ponto dissentimos ligeiramente da tese de Nelson Nery Júnior quando conclui ser o tipo de tutela jurisdicional que se pretende obter em juízo o critério a ser adotado".[44] Atribui, assim, extrema relevância ao direito material, na sua fundamentação, "Primeiro, porque o direito subjetivo material tem a sua existência dogmática e é possível, e por tudo recomendável, analisá-lo e classificá-lo independentemente do direito processual. Segundo, porque casos haverá em que o tipo de tutela jurisdicional pretendida não caracteriza o direito material em tutela. Na hipótese acima construída, por exemplo, a retirada da publicidade do ar e a imposição de contrapropaganda podem ser obtidas tanto através de uma ação coletiva em defesa de direitos difusos como através de uma ação individual proposta pela empresa con-

---

[43] GIDI, Coisa julgada e litispendência em ações coletivas, p.20-21.
[44] Ibidem.

corrente, muito embora propostas uma e outra com fundamentos jurídicos de direito material diversos".[45]

Para Nery Junior, de outra banda, revela-se freqüente o "erro de metodologia" da doutrina e jurisprudência na classificação do tipo de direito coletivo: "Vê-se, por exemplo, a afirmação de que o direito ao meio ambiente é difuso, o do consumidor seria coletivo e que o de indenização por prejuízos particulares sofridos seria individual.". Adiante complementa, "A afirmação não está correta nem errada. Apenas há engano na utilização do método para a definição qualificadora do direito ou interesse posto em jogo." Nery Junior, entende ser preponderante "o tipo de pretensão material e de tutela jurisdicional que se pretende".[46] Assim, para o autor, "Da ocorrência de um mesmo fato, podem originar-se pretensões difusas, coletivas e individuais".[47]

O jurista traz o exemplo de um acidente ocorrido no Brasil com um navio turístico, o *Bateau Mouche IV*. Este acidente possibilitaria várias ações distintas: "ação de indenização individual por uma das vítimas do evento pelos prejuízos que sofreu (direito individual), ação de obrigação de fazer movida por associação das empresas de turismo que têm interesse na manutenção da boa imagem desse setor da economia (direito coletivo), bem como ação ajuizada pelo Ministério Público, em favor da vida e segurança das pessoas, para que seja interditada a embarcação a fim de se evitarem novos acidentes (direito difuso)." Concluindo, "Em suma, o tipo de pretensão é que classifica um direito ou interesse como difuso, coletivo ou individual".[48]

Ora, o CDC e o CM conceituam os direitos coletivos *lato sensu* dentro da perspectiva processual, com o objetivo de possibilitar a sua instrumentalização e efetiva realização.

Do ponto de vista do processo, a postura mais correta, a nosso juízo, é a que permite a fusão entre o direito subjetivo (afirmado) e a tutela requerida como forma de identificar, na "ação", de qual direito se trata e, assim, prover adequadamente a jurisdição. Não por outro motivo reafirmamos a característica híbrida ou interativa de direito material e direito processual intrínseca aos direitos coletivos, um direito "a meio caminho".

---

[45] GIDI, *Coisa julgada e litispendência em ações coletivas*, p. 21.

[46] O texto de GIDI foi publicado em 1995 enquanto que a menção por Nelson Nery Jr ao "tipo de pretensão material" ocorreu apenas em 1998. Assim, basta uma análise da 4ed do CDC comentado pelos autores do anteprojeto para perceber que ali Nery Jr ainda não mencionava a pretensão de direito subjetivo coletivo "afirmada" como critério para carecterização da ação coletiva.

[47] NERY JUNIOR, Nelson. Art. 109 a 119. In: GRINOVER, Ada Pellegrini *et al. Código brasileiro de defesa do consumidor: comentado pelos autores do anteprojeto*. Rio de Janeiro: Forense Universitária, 1998. p. 778.

[48] Ibidem.

Nesse particular, revela-se de preponderante importância a correta individuação, pelo advogado, do pedido imediato (tipo de tutela) e da causa de pedir, incluindo os fatos e o direito coletivo aplicável na ação. Portanto, propõe-se a fusão entre o pensamento de Antonio Gidi e Nery Junior, que em verdade se completam e complementam reciprocamente.

Por exemplo, em determinada ação onde se afirma a lesão cometida por veiculação de publicidade enganosa o autor da ação deverá descrever os fatos que justificam a demanda e embasam sua pretensão afirmando que a publicidade foi ao ar nos dias *x* e *y*, através da mídia televisiva, atingindo um universo de pessoas circunscritos em determinada região. Deverá afirmar, ainda, que existe uma extensão possível de várias pessoas atingidas pela publicidade que adquiriram o produto em erro e que foram lesados em seus direitos individuais, e que estes direitos, pela característica de origem comum, se configuram como individuais homogêneos. Requererá, assim e ao final, "a condenação genérica, fixando a responsabilidade do réu pelos danos causados" (art. 95 do CDC, e art. 20 do CM).

No exemplo acima temos, 1) fatos (causa de pedir mediata ou remota), que originam lesão de direitos individuais; 2) um direito afirmado (causa de pedir imediata ou próxima), que pode ser configurado (em tese) como direito individual homogêneo por ter origem comum e se estender a vários titulares de direitos individuais hipotéticamente lesados; e, 3) um pedido imediato de condenação genérica, de acordo com o direito afirmado. Assim, trata-se claramente de uma ação para tutela dos direitos individuais homogêneos.

5. Conclusões

A importância da conceituação dos direitos coletivos *lato sensu* relaciona-se de forma direta com a efetividade que se pretende dar à sua proteção. Esclarecido o conceito, facilita-se o trabalho dos operadores do direito e diminui aquela equívoca fenda existente entre o direito material e o direito processual, tudo com vistas a que o Direito se realize com Justiça.

Como o art. 21 da Lei da Ação Civil Pública (com a redação dada pelo art. 117 do CDC) e o art. 90 do CDC estabelecem, essas idéias poderão ser aplicadas no ordenamento brasileiro em todas as ações coletivas. Portanto, não há que se falar, dogmaticamente, em distinção: todas as ações coletivas estão sujeitas ao mesmo conceito de direito coletivos *lato sensu*. Roga-se que esta saudável dogmática se aplique no Brasil e nos países que adotarem o CM como modelo de seu ordenamento interno em ações coletivas.

Repetindo as idéias já expostas ao longo do texto, mas dando-lhes congruência e síntese, seguem as principais conclusões:

1 – O Código Modelo segue a mesma conceituação utilizada pelo Código de Defesa do Consumidor Brasileiro.

2 – São direitos coletivos *lato sensu* os direitos difusos, os direitos coletivos *stricto sensu* e os direitos individuais homogêneos.

3 – Os direitos difusos caracterizam-se pela transindividualidade, indivisibilidade, indisponibilidade, indeterminabilidade dos titulares e ligação por circunstâncias de fato anteriores à lesão.

4 – Os direitos coletivos *stricto sensu* se distinguem dos direitos difusos pela determinabilidade de seus titulares, que são os grupos, categorias ou classes de pessoas ligadas entre si ou com a parte contrária por uma relação jurídica-base (que preexiste ao fato ilícito).

5 – Os direitos individuais homogêneos são vagamente definidos pelo projeto de Código Modelo, seguindo a diretriz já traçada pela legislação brasileira. O que define estes direitos é a origem comum ligada à circunstância danosa ou potencialmente danosa aos direitos individuais que apresentam características de homogeneidade.

6 – São características dos direitos individuais homogêneos a sua coletivização, a sua indisponibilidade, a sua indivisibilidade, a titularidade é aferida através da afirmação de lesão à direitos individuais abstrata e genericamente considerados, conseqüentemente não há individuação dos titulares no processo.

7 – Sendo direitos novos, a categoria dos direitos subjetivos coletivos *lato sensu* implica em atribuir ao seu tratamento as seguintes características comuns: transindividualidade, indivisibilidade, indisponibilidade, titularidade e legitimidade em lei. Isso porque se tratam de direitos criados para garantir a sua efetividade através do processo, sua justicialidade.

8 – Os direitos coletivos *lato sensu* são direitos, não devendo ser adotada a denominação "interesses". A erronia decorre de uma transposição de conceitos e categorias estranhas aos ordenamentos/sistemas jurídicos latino-americanos e causam desnecessária confusão.

9 – É mais efetivo e acertado dogmaticamente adotar os desdobramentos do direito subjetivo coletivo *prima facie* (v.g., direito ambiental e direito do consumidor) em posições jurídicas judicializáveis, do que pretender a tutela de "interesses" ainda não positivados nos ordenamentos jurídicos nacionais.

10 – Do mesmo fato podem surgir pretensões para tutela de direitos difusos, direitos coletivos *stricto sensu* e direitos individuais homogêneos. São incorretas as afirmações de que o direito ao meio-ambiente seria difuso e os direitos dos consumidores seriam coletivos *stricto sensu*.

11 – A caracterização do direito tutelado se dará pela fusão entre o direito subjetivo coletivo afirmado e a tutela processual requerida (tipo de pretensão material e de tutela jurisdicional que se pretende).

12 – Cabe aos operadores do direito, nesse particular, identificar bem a causa de pedir e o pedido na ação coletiva. Vale advertir o papel importante que a titularidade afirmada assume como elemento característico do direito coletivo *lato sensu* indicado. Assim, se os beneficiários forem pessoas indeterminadas (quer pela impossibilidade de determinação, quer ainda pela ausência de interesse nesta determinação) teremos um direito difuso; se for individualizado um grupo, categoria ou classe de pessoas com vínculos entre si ou com a parte contrária que se lhes seja atribuível como relação jurídica-base e tutelados nesta relação base como um todo, teremos um direito coletivo *stricto sensu*, por fim, a afirmação de titularidade abstrata e genérica de direitos individuais com características específicas que lhes atribuam prevalência de questões comuns e superioridade no tratamento coletivo demonstrará a existência de um direito individual homogêneo afirmado.

Portanto, *de lege ferenda*, sugerimos a supressão no anteprojeto de Código Modelo do termo "interesses" e pela indicação, no *caput* do art. 1º do CM, de que os direitos que serão qualificados nos incisos são direitos coletivos *lato sensu*, portanto com características comuns. Seria de todo conveniente, ainda, a inclusão de uma justificativa, a título de "exposição de motivos", onde questões referentes ao critério para caracterização dos direitos coletivos *lato sensu* e sua evidente criação para fins de tutela judicial (principalmente de situações antes desconhecidas pelo Judiciário) seja aclarada, permitindo o correto entendimento do "sistema de proteção" coletivo que se propõe.

Esperamos de alguma forma, mesmo que modestamente, ter contribuído, com nossas dúvidas e questionamentos, ao belo trabalho que representa este Anteprojeto de Código Modelo.

CALABRIA
Artes Gráficas
(51) 3245-7200
Entidade Social